QUELQUES ANNÉES
DE MA VIE

PAR

MME OCTAVE FEUILLET

HUITIÈME ÉDITION

Ouvrage couronné par l'Académie française

PARIS

CALMANN-LÉVY, ÉDITEURS

3, RUE AUBER, 3

Prix : 9 francs

QUELQUES ANNÉES

DE MA VIE

CALMANN-LÉVY, ÉDITEURS

DU MÊME AUTEUR

Format in-8°

SOUVENIRS ET CORRESPONDANCES . . . . 1 vol.

ÉMILE COLIN ET Cⁱᵉ — IMPRIMERIE DE LAGNY
E. GREVIN, Sucʳ.

QUELQUES ANNÉES

DE MA VIE

PAR

MME OCTAVE FEUILLET.

OUVRAGE COURONNÉ PAR L'ACADÉMIE FRANÇAISE

PARIS

CALMANN-LÉVY, ÉDITEURS

3, RUE AUBER, 3

QUELQUES ANNÉES DE MA VIE

CHAPITRE PREMIER

Mademoiselle de Sainte-Suzanne à Nantes. — Arrivée de ma mère à
Trécœur. — Madame Desmontiers. — Monsieur de Quigny. — Mariage
de mademoiselle de Sainte-Suzanne.

Ma mère s'appelait Elvire Le Conte de Sainte-Suzanne. Elle était restée orpheline à deux ans et avait été recueillie par une sœur de son père, Sophie de Sainte-Suzanne qui habitait le château paternel, situé sur la route de Thorigny-sur-Vire, derrière de hautes avenues seigneuriales.

Mademoiselle de Sainte-Suzanne avait eu de glorieuses pages dans sa vie ; pendant la terrible révolution de 1793, elle avait sauvé son père de la guillotine : Un matin, — elle n'avait que dix-huit ans, — on la vit monter à cheval et disparaître au fond des avenues. Elle était accompagnée d'un domestique. Tous les deux suivirent la route de Bretagne, couchèrent à la belle étoile, traversèrent les champs de bataille prenant tantôt la cocarde blanche, tantôt la cocarde tricolore et arrivèrent à Nantes, où étaient les représentants du peuple Bouret, —

Boursault et le général Hoche, alors général en chef des armées de Brest et de Cherbourg. Ils étaient à table lorsque Sophie fut introduite près d'eux. Elle était belle ou plutôt charmante. Elle raconta avec une sympathique énergie les fatigues et les tristesses de son long voyage et demanda que l'on récompensât son courage en lui accordant la liberté de son père, détenu au château de Thorigny, d'où il ne devait sortir que pour aller à l'échafaud. Hoche qui avait écouté avec intérêt le récit de mademoiselle de Sainte-Suzanne, se leva, lui prit la main et lui dit les larmes aux yeux : « Citoyenne, j'ai une fille toute petite, je prie Dieu qu'elle te ressemble un jour, — ton père est libre ; » et il l'embrassa [1].

Bouret et Boursault applaudirent et insistèrent pour que la citoyenne dînât avec eux. « Nous savons, dirent-ils, que c'est aujourd'hui Quatre-Temps, on te servira du maigre ». Sophie accepta l'invitation mais voulut que son domestique restât derrière elle pendant le repas.

Le lendemain mademoiselle de Sainte-Suzanne et son compagnon traversèrent de nouveau les pays qu'ils avaient parcourus. La fatigue les accablait. Ils mouraient de faim. Mettant fort longtemps à aller d'une ville à l'autre ils étaient quelquefois obligés de s'arrêter dans les fermes pour demander un morceau de pain noir.

Cependant il fallait se hâter. Sophie portait toujours sur sa poitrine cette lettre de Hoche qui lui assurait la liberté de son père, parfois elle la sortait de sa robe et

---

[1] Cette fille est devenue la comtesse Desroys. Nous avons toujours eu avec elle d'excellentes relations.

la couvrait de baisers pour se donner le courage d'accomplir l'œuvre jusqu'au bout [1].

Un soir, à la nuit tombante, nos voyageurs apparurent sur la place du château de Thorigny. Sophie descendit de cheval et voulut se faire ouvrir les portes de la prison, mais sa tâche étant accomplie, les forces lui manquèrent, elle tomba évanouie dans les bras de son serviteur. Quelques heures plus tard M. de Sainte-Suzanne rentrait sous les avenues de Trécœur au bras de celle qui lui avait sauvé la vie.

Ce fut à cette héroïque personne que l'on confia la petite Elvire dans ses vêtements de deuil. Il y avait de longues années que le voyage de Nantes avait eu lieu. Sophie de Sainte-Suzanne n'était plus cette gracieuse personne que nous avons vue galopant sur la route de Bretagne, c'était une femme de quarante-cinq ans, d'aspect masculin, parlant haut, s'occupant du conseil municipal et de la fabrique, faisant marcher le maire et le curé. Le matin on la surprenait chez les pauvres, le soir on la trouvait battant les bois avec un couteau de chasse. Lorsqu'elle apprit la mort de sa belle-sœur Julie de Sainte-Suzanne décédée à Amiens dans sa famille, Sophie partit aussitôt pour chercher l'enfant qui restait orpheline [2]. Elle trouva la petite Elvire confiée aux soins d'une gouvernante appelée mademoiselle Rose qui n'avait point quitté ma grand'mère depuis la mort de son mari. Mademoiselle Rose fut fort surprise et fort peinée en voyant la petite Elvire s'élancer de

1 Cette lettre de Hoche a été pendant longtemps entre les mains de ma mère ; à sa mort elle fut égarée avec beaucoup d'autres lettres écrites à plusieurs membres de la famille par Charles X et Louis XVIII.

2 Mon grand-père était mort du typhus en 1814.

ses bras pour se jeter dans ceux d'une tante inconnue qu'elle appela maman.

On ramena l'enfant au château de Trécœur. La vue de cette riante maison aux balustrades blanches, de ces bois charmants, la franche gaieté de mademoiselle Sophie, sa tendresse maternelle, finirent par éclairer la petite âme de ma mère dont les premières heures s'étaient passées au milieu des larmes. Elle perdit sa tristesse, mais conserva une vague rêverie qui ne la quitta jamais.

Mademoiselle de Sainte-Suzanne avait perdu ses parents et vivait avec une tante veuve ruinée comme elle par la Révolution. La vieille dame, appelée madame Desmontiers, avait dans l'un des pavillons du château une installation des plus modestes, n'ayant recueilli du naufrage de sa fortune que les portraits de ses ancêtres, une pendule en albâtre représentant Vénus le pied dans une coquille, une tabatière en écaille et quelques livres de prières. Ses jours se passaient mystérieusement au milieu de ces souvenirs; elle refusait presque toujours de se joindre à sa nièce et à l'enfant qui formait déjà une douce compagnie.

Quand elle quittait son lit à baldaquin c'était pour se mettre dans un fauteuil au coin du feu. Même, dans les plus chaudes journées de l'été elle dédaignait le soleil, laissait ses volets fermés et se chauffait en se plaignant d'un éternel hiver, ses pensées se reportaient sans cesse vers Paris où elle était née; elle ne pouvait se consoler d'être à la campagne, d'entendre le vent, de marcher dans la boue et sur les feuilles sèches.

Quand mademoiselle Sophie entrait dans sa chambre comme un tourbillon, la vieille dame fermait les yeux; Elle criait qu'elle avait des rhumatismes, des spasmes, que le bruit la faisait mourir. Un pareil accueil irritait fort mademoiselle Sophie, aussi le lendemain à la leçon de la petite Elvire, se plaisait-elle à énumérer les inconvénients de l'éducation parisienne.

Les leçons se donnaient régulièrement mais duraient peu. Mademoiselle Sophie avait à s'occuper de ses pauvres, de ses fermiers et de ses domestiques. Le soir, après la prière en commun, elle rentrait dans sa chambre et travaillait à l'aiguille pendant que l'enfant jouait ou faisait la lecture. Mais dans l'intervalle de ses heures heureuses ma mère restait seule et son imagination cherchait pâture. Après avoir couru dans les jardins, à l'abri des hautes charmilles avec sa poupée qu'elle tenait tendrement dans ses bras, elle regagnait la maison, traversait les salons déserts, errait le long des corridors, entrait dans la chambre que l'on appelait la bibliothèque où quelques livres moisis dormaient depuis des années. Puis elle s'asseyait à terre, fouillait chaque page, lisait chaque ligne jusqu'à ce que la nuit vînt abattre ses ombres sur le toit du pigeonnier.

Souvent, en sortant de la bibliothèque elle rencontrait Jeanneton, femme de chambre de madame Desmontiers qui regagnait l'appartement de sa maîtresse. L'envie lui prenait de suivre cette fille et de se glisser chez la vieille dame, c'était l'heure où elle dormait !

L'enfant courait se blottir au coin de la cheminée et demeurait en extase devant la tabatière d'écaille et devant les portraits des vieux seigneurs qui lui souriaient du fond de leurs cadres dorés. Bientôt il lui semblait qu'ils se détachaient de la muraille et reprenaient la vie où ils l'avaient laissée. Elle croyait voir le chevalier polissant son armure, le mousquetaire redressant son épée, la dame poudrée semant ses cheveux de fleurs et de pierreries. Elle n'était ramenée à la réalité de la vie que par le bruit des aiguilles à tricoter de Jeanneton ou par la voix de mademoiselle Sophie qui rassemblait au dehors ses gens pour le souper.

Quelquefois, Jeanneton profitant du sommeil de Madame Desmontiers contait sur les fils de sa maîtresse, fusillés à Quiberon, d'intéressantes histoires. Quelques-unes d'entre elles, la faisaient pleurer, d'autres la faisaient rire. Parmi celles-là, il s'en trouvait une qui comblait d'aise la petite Elvire. Il y était question d'une farce faite à Jeanneton par les deux jeunes Desmontiers. Un jour, il leur avait pris la fantaisie d'affourcher la pauvre fille, malgré sa résistance et ses cris, sur un âne fort méchant qui se mit à ruer et la jeta par terre. On la releva meurtrie et elle courut se plaindre à madame Desmontiers qui ne badinait pas tous les matins. Elle badina moins que jamais ce jour-là. C'était cependant une petite femme maigre, qu'un souffle eût renversée, toujours malade, toujours se plaignant, soignant des mouches sous un fin treillage de laiton. Je la verrai toujours, à la fin de sa vie, car moi aussi je l'ai connue, sortant du sucre d'une petite boîte en or, pour donner une régalade à ses mouches, que je trouvais plus heureuses que moi, à qui l'on défendait les bonbons. Eh bien, cette même petite tante avait une volonté de fer. Ses fils la redoutaient presque autant qu'ils redoutèrent leur colonel quand ils furent soldats. Mais ils l'aimaient aussi et admiraient en elle sa fine intelligence, ses hautes vertus et cette force cachée qui fût devenue de l'héroïsme à un moment donné. En apprenant les tourments imposés à Jeanneton, madame Desmontiers fit appeler ses fils. Ils

arrivèrent et s'approchèrent de leur mère chapeau bas.
« Messieurs, leur dit madame Desmontiers, je connais
vos inconvenances, vous allez les payer. On n'agit pas
ainsi à votre âge, (ils avaient quinze et dix-sept ans).
Enlevez vos culottes ». Ils les enlevèrent. Ma tante leur
cracha sur ce qu'il ne m'est pas permis de nommer,
après quoi leur ayant ordonné d'apporter le petit balai
de l'âtre, elle leur balaya l'endroit où elle avait cra-
ché. Aucun murmure, aucune révolte de la part de
ces futurs héros, humiliés par la justice maternelle.
Ils sortirent penauds et repentants de la chambre qui
leur avait servi de tribunal et pour achever le sacrifice furent tendre la main à Jeanneton.

Plusieurs fois la vieille dame se réveilla pendant les
visites de l'enfant, et après avoir dit qu'il était cruel
de ne plus être chez soi, de n'avoir pas une minute de
liberté pour souffrir seule et pour regretter ce que l'on
avait aimé, elle se prit à désirer l'arrivée de l'enfant
dont l'esprit rêveur la charma. Elle comprit qu'elle
pourrait en faire sa confidente, l'associer à ses souvenirs et à ses tristesses !

Pendant cette partie de la veillée, elle lui conta
qu'elle avait été belle et riche, entourée d'amis. Elle lui
parla de Paris sa patrie, des spectacles, des musées.
Elle lui chanta des airs d'Opéra, elle lui confia sa haine
pour la campagne, où l'on vivait au milieu de gens
grossiers ennemis des arts et des plaisirs de l'intelligence. L'enfant ouvrait sur elle ses grands yeux et
recevait une a une ces plaintes dans son âme. Elle
aussi comprenait d'autres joies que celles de marcher
dans les bois ou de courir autour du grand étang.
Elle aussi trouvait parfois la vie monotone à Trécœur. Elle aimait cependant avec passion sa mère

adoptive, si dévouée, si tendre dans leurs heures de réunion et sa conscience lui reprochait de rêver au delà du bonheur qui lui était donné.

Quand mademoiselle Sophie s'apercevait des tristesses de l'enfant, elle perdait la tête et cherchait promptement à la distraire. On attelait le vieux cheval au gigantesque cabriolet et l'on partait pour Thorigny. Les magasins étaient vidés. On achetait des perles et du satin pour les poupées, des rubans pour se faire belle le dimanche à l'église. L'enfant rapportait ces richesses et en jouissait avec reconnaissance, mais ses meilleures distractions furent celles qu'elle se créa elle-même. On la vit un jour pétrir de l'argile et se mettre à sculpter. Elle peignit les fleurs qu'elle trouva dans les champs. Elle joua sur une harpe abandonnée les airs qui chantaient dans sa tête. Les heures passèrent douces et rapides. Elle finit par trouver de la poésie dans cette solitude qui la faisait maîtresse de sa vie, elle fut heureuse. Tout lui sourit alors, ses leçons, ses promenades, la prière en commun, les offices du dimanche, les soirées dans la petite chambre de mademoiselle Sophie. Peu à peu et après avoir tremblé d'abord, elle confia à sa mère adoptive l'accomplissement de ses rêves. Elle fut écoutée avec bonté et put dès lors parcourir sans obstacle le champ de l'idéal.

Un matin, par un riant soleil, l'enfant avait installé sa table de peinture dans la bibliothèque et copiait avec recueillement les personnages allégoriques d'une vieille tapisserie. Les fenêtres étaient ouvertes, les pigeons roucoulaient et faisaient grand bruit de leurs ailes sur les gouttières et sur les toits. La cour était déserte, tous les gens étaient au travail. Parmi les sons vagues et mélancoliques qui remplissent l'air dans les campagnes, l'enfant distingua bientôt les pas d'un cheval. Elle jeta les yeux vers l'avenue et aperçut un cavalier ayant fort bon air qui se dirigeait vers le château. Il tourna au galop le long des balustrades et s'arrêta devant la cour d'honneur.

Quand le cavalier passa sous les fenêtres, l'enfant s'aperçut qu'il avait les cheveux poudrés comme l'aïeule de madame Desmontiers. Elle le vit mettre pied à terre, attacher sa monture aux anneaux rouillés qui pendaient aux murailles. Elle entendit bientôt après ses éperons résonner sur les marches du perron. Alors, croyant sa mère absente, Elvire descendit pour recevoir l'étranger. Sa surprise fut grande en entrant dans le salon de trouver cet homme dans les bras de mademoiselle Sophie.

— Elvire, venez que je vous présente à mon oncle, le chevalier de Quigny, dit mademoiselle Sophie en s'emparant de la main de la petite fille qu'elle mit dans la main du vieux monsieur. Il vous aimera bien, et j'espère que vous l'aimerez aussi.

Ces étranges paroles et ce ton pénétré frappèrent l'enfant et lui firent penser dans sa naïveté que l'on voudrait un jour la marier à M. de Quigny et qu'elle n'aurait plus le droit de rêver aux princes charmants qui remplissaient déjà son âme. Un sanglot l'étouffant, elle s'échappa des bras de sa mère et alla confier aux charmilles, témoins de ses jeux, son amère douleur. Elle marcha longtemps dans les allées ombragées, priant Dieu de la retirer de ce monde avant le sombre jour des fiançailles.

Étant allée à l'heure accoutumée chez la tante Desmontiers, elle la questionna sur M. de Quigny. Il lui fut dit que M. de Quigny était un fort galant homme, lieutenant-colonel au régiment de Condé, oncle maternel de mademoiselle de Sainte-Suzanne, et quand l'enfant s'étonna de ne l'avoir pas encore vu, madame Desmontiers lui répondit qu'il demeurait loin de Trécœur depuis l'émigration, et qu'étant resté fort pauvre il voyageait rarement. L'enfant aurait bien voulu en savoir plus long sur le lieutenant du régiment de Condé, mais elle n'osa pousser plus loin son interrogatoire, madame Desmontiers avait, ce soir-là, ses nerfs et ses migraines.

Un des gens de M. de Quigny apporta le lendemain un fort gros bagage que l'on installa dans la chambre d'honneur où le maître avait déjà passé la nuit. Le salon, qui ne s'ouvrait que le dimanche, reçut le soleil dès son lever. Les vieux meubles furent secoués et tirés de leurs housses. Une main invisible plaça des fleurs dans les potiches, fit briller le cuivre des tables, remonta la pendule surmontée du char d'Apollon et glissa non loin d'un fauteuil tout préparé, le journal arrivé du matin.

Elvire jetait de temps en temps un regard curieux vers les appartements rajeunis, puis elle s'enfuyait sur le perron et plongeait ses yeux dans la profondeur des horizons.

Mademoiselle Sophie parut à l'heure du dîner de midi, dans son costume des grands jours. Son bonnet de dentelle était orné de nœuds tremblants. Elle avait une perruque blond cendré, attachée sur le front, au milieu de la raie, par une épingle à tête d'or qui lui donnait de loin l'apparence d'un cyclope. Sa robe jetait mille reflets, son mouchoir exhalait mille parfums.

Malgré cet air de fête répandu sur sa personne, on devinait son trouble et son agitation. Elle marchait à grands pas, accrochant les franges de son mantelet à tous les meubles qu'elle finissait par traîner après elle sans s'en apercevoir. Puis tout à coup et mettant ses poings sur ses hanches, elle recueillait sa pensée, toussait, soupirait avec bruit et reprenait sa course désordonnée, jetant par intervalle un œil distrait vers les portraits de ses pères et vers la porte ouverte qui laissait voir l'enfant perdue dans ses contemplations.

Le nom d'Elvire fut tout à coup prononcé d'une voix sonore. L'enfant bondit et répondit : me voilà ! puis elle entra et ferma la porte derrière elle.

— Ma fille, il faut tout vous dire, s'écria mademoiselle Sophie. Un secret pèse sur mon cœur, il m'étouffe, aidez-moi à vous en faire l'aveu.

L'enfant tendit sa main.

— Ma fille, vous ne serez plus la seule affection de ma vie, un autre, un vieillard, me deviendra cher comme vous.

— M. de Quigny, dit tout à coup Elvire.

— Oui, M. de Quigny, reprit mademoiselle Sophie, mon oncle le chevalier de Quigny. Puis elle ajouta : Je me fais vieille, mon enfant et je ne vous garderai pas longtemps. Vous êtes riche, vous vous marierez jeune. L'abandon m'effraie et la crainte de mourir seule m'a fait chercher un compagnon pour mes derniers jours.

Les grands yeux d'Elvire s'étaient abaissés et des larmes tombaient avec bruit sur sa robe.

Mademoiselle Sophie continua :

— Pour des raisons que vous ne pouvez comprendre nous ne devons pas vivre, ce compagnon et moi, sous le même toit sans être mariés. Cependant, ma fille, ce mariage n'aura lieu que si je vous vois consolée et prête à marcher entre nous deux jusqu'à l'église.

— Je vous y suivrai, dit l'enfant.

— Et sans chagrin? demanda mademoiselle Sophie.

— Sans beaucoup de chagrin, reprit la petite fille, sans autant de chagrin que j'en aurais eu, si ce que j'avais pensé était arrivé.

— Et qu'aviez-vous pensé?

— Que c'était à moi, que vous vouliez faire épouser M. de Quigny.

Mademoiselle de Sainte-Suzanne, que cette conversation avait terriblement ébranlée, fut prise d'un accès de rire qui se termina par une attaque de nerfs ; mais la cloche du dîner, rappelant tout le monde aux réalités de la vie, les rires et les pleurs furent interrompus.

M. de Quigny se montra beau parleur. Il raconta sa vie pendant l'émigration. Ses relations avec le comte d'Artois. Il parla des bals de la cour, des fêtes de Versailles. Il se leva au dessert et ébaucha quelques pas du menuet de la reine. Ce fut alors qu'une vague odeur de poudre à la maréchale se répandit autour des convives et que l'enfant éblouie proclama son grand-oncle gentilhomme accompli.

Le mariage fut célébré quelques semaines plus tard, lorsque les dispenses furent arrivées de Rome : Les parents de Boisnay, les Duchâtel et les Sainte-Suzanne de Thorigny, y assistaient.

M. de Quigny voulut escorter la voiture de la fiancée, à cheval, dans son costume des gardes du corps. Il exigea que les cousins Duchâtel et son domestique La Jeunesse, l'accompagnassent également à cheval, jusqu'à l'église. Quant à Elvire, elle disparaissait sous la robe blanche de mademoiselle de Sainte-Suzanne, bien installée au fond du vieux cabriolet. Ses yeux et sa pensée erraient avec les papillons sur les haies en fleurs et sur l'herbe des sentiers. Elle ne parlait pas. Elle avait peur de pleurer. Elle avait promis d'être **forte,** même d'être heureuse.

La pauvre enfant ne manqua à ses serments que vers le soir, quand les cousins de Boisnay l'entraînèrent en lui disant qu'elle ne pouvait rester dans la chambre de sa mère. Alors, un déluge de larmes s'échappa de son cœur.

La fidèle Jeanneton ne la quitta point pendant cette longue nuit. On avait porté le lit de la petite fille dans la bibliothèque au milieu de tout ce qu'elle aimait. Plusieurs fois, elle se prit à pleurer en regardant sa harpe. J'aimais tant chanter quand maman s'endormait, disait-elle à la vieille servante. Maintenant, je ne chanterai plus, je mourrai. Et Jeanneton, ouvrant la fenêtre dirigeait à travers l'obscurité, un poing menaçant vers le pavillon où reposaient les époux.

Elvire ne mourut point et vécut heureuse et tendrement aimée comme par le passé. Son oncle, qu'elle appela bientôt « mon père », devint pour elle un ami. Il lui apprit l'allemand, l'italien, il lui fit des cours d'histoire. Il l'intéressa à la politique et lui transmis son fanatisme pour les Bourbons. Puis après les heures d'études, on vit le vieillard prendre son chapeau, ceindre son épée, exécuter des pas et apprendre le fameux menuet à l'enfant. Que de fois j'ai entendu ma mère, dire que ces heures-là furent les plus douces de son existence.

Lorsqu'Elvire eut atteint sa treizième année, M. et madame de Quigny résolurent de l'envoyer à la Visitation de Caen pour perfectionner son éducation. L'enfant fut accablée par cette nouvelle, mais comme toujours elle obéit et s'occupa avec soumission de ses préparatifs de départ.

On quitta Trécœur un matin, au point du jour. L'enfant ne monta en voiture qu'après avoir revu le jardin, les bois, les charmilles, qu'après avoir rempli ses poches de pierres, de feuilles, de bouts de ruban, de tout ce qui pouvait lui rappeler des lieux et des êtres si chers. Elle était allée coller mystérieusement ses lèvres sur la porte de la tante Desmontiers qui dormait encore, et lui avait ravi en passant un bouquet de jacinthes que Jeanneton avait sorti de la chambre pendant la nuit. « J'ai longtemps conservé ce bouquet, me disait ma mère, je le mettais tout desséché qu'il était dans mon corsage. Il me rappelait un monde de souvenirs ».

Elvire resta une année au couvent. Elle ne put jamais s'habituer à la gaieté des pensionnaires, à leurs jeux, à leurs frivoles pensées. Elle passait ses récréations auprès de ses maîtresses, s'abritant sous leurs voiles, écoutant leurs lectures, se pénétrant de leur piété. Plus d'une fois la supérieure dut prévenir madame de Quigny que l'on était inquiet des tristesses et des exaltations de l'enfant. « Elle pleure quelquefois toute la nuit, écrivait la première maîtresse. Et puis si nous la menons à l'église, elle chante et sa physionomie s'illumine, comme si elle était inspirée. »

Sur ces dernières nouvelles, madame de Quigny partit pour Caen, décidée à ramener sa fille à Trécœur. Il fut convenu qu'on tâcherait d'éteindre cette âme ardente. La revue des livres fut passée. On en brûla quelques-uns. La harpe fut cachée au fond d'un garde meubles. On barbouilla les bergers et les bergères de la bibliothèque.

Ces profanations ne changèrent pas la nature d'Elvire. Au bout de quelque temps, elle retrouva sa harpe, à laquelle elle adjoignit une guitare. Les bergers, bien nettoyés, reparurent avec leurs guirlandes, leurs houlettes et leurs amantes. Les rêveries reprirent leur cours au bord de l'étang sombre. Souvent le soir, les enfants du village en passant sur la chaussée voyaient une ombre élégante étendue sous les saules. Ils disaient entre eux : « C'est la demoiselle, on dirait qu'elle dort ». Et ils ôtaient leurs sabots pour courir sans bruit sur la route pierreuse.

Ma mère avait alors quatorze ans. Elle était admirablement belle, grande et d'une grâce parfaite. Son front était celui des statues antiques. Ses cheveux, noir-bleu légèrement ondés, formaient des coques luisantes sur le sommet de sa tête et dégageaient son cou charmant. Ses yeux étaient des yeux brun velouté qui livraient toutes les impressions de son âme. Tantôt ils étaient doux, tantôt ils étaient fiers. Elle avait le plus beau nez du monde et aussi la plus charmante bouche. Mais que lui importait d'être belle ? Elle voulait être appréciée seulement pour sa bonté, pour son intelligence. « Je veux être aimée, disait-elle, non pour ce que je suis, mais pour ce que je pense ».

Pendant ce temps la dot allait grossissant. Ma mère avait une très belle fortune dont chacun se préoccupait et que chacun enviait. Les demandes en mariage étaient déjà nombreuses et jetaient M. et madame de Quigny dans de grandes perplexités.

CHAPITRE II

Lorsqu'Elvire eut quinze ans, on accueillit comme
fiancé **M.** Ernest Dubois, jeune homme riche et de
bonne famille. Madame Dubois, sa mère, était alliée
aux vieux noms du pays, aux Laval, aux Dangy,
aux Beauffremont. Quant à son père, il descendait
d'un nommé Duret dit Dubois, qui avait vécu sous
Louis XI et avait été élevé par le roi au collège
de Coutances. On prétendait même que ce Duret
n'était pas seulement le protégé de Louis XI, mais
qu'il était son petit-fils, le fils d'Anne de Beaujeu
laquelle, ayant voulu cacher la naissance de l'enfant
avait été faire ses couches chez des bûcherons dans
l'une des forêts du Berri et avait ajouté au nom de
Duret que devait porter le petit garçon celui de du

Bois à cause de sa venue au milieu des forêts. Lorsque Duret eut atteint sa douzième année, le roi créa pour lui le collège de Coutances et l'y déposa en faisant son voyage au mont Saint-Michel.

Jean Dubois, l'un des descendants de ce Duret, a laissé de grands souvenirs dans le pays normand. « Cet homme, disent les archives de Saint-Lô, s'élevait au-dessus de tous par sa grande science, son éloquence et son intégrité. Il passait pour un des plus doctes et des plus judicieux de son siècle et pour le plus zélé défenseur du roi et de la patrie. Il vécut sous Henri IV et sous Louis XIII et quand il mourut il fut enterré dans l'Église du Couvent des Pénitents qu'il avait fondé. »

Les parents de mon père vivaient fort retirés. Mon grand-père avait fait une chute qui l'avait laissé infirme jeune encore. Ma grand'mère, femme d'un esprit peu cultivé, passait une grande partie de ses journées à l'église ou chez sa couturière. Pendant ce temps mon père promenait partout un sombre ennui et le souvenir de sa jeunesse écoulée entre un père malade et une mère frivole, semblait laisser chez lui un sentiment d'éternel mécontentement. Il était beau et ce beau visage restait impassible. Jamais un sourire ne l'éclairait, et quand ma mère vint à chercher dans ses yeux un peu d'encouragement aux élans de son âme, elle ne trouva qu'un regard sévère qui la glaça.

Il fut décidé que les jeunes mariés habiteraient Trécœur. Mon père, n'ayant embrassé aucune carrière, pouvait accepter la vie de la campagne. Il éprouvait d'ailleurs un certain charme à s'éloigner de la triste maison paternelle ; mais au bout de quelques mois il lui sembla qu'il tombait sous un nouveau joug. Madame

de Quigny ne pouvait s'habituer au sombre caractère
de celui qu'elle appelait son gendre. Elle avait le cœur
sur la main. Elle montrait son âme à découvert. Elle
voulait un retour de franchise et de généreux abandon. Elle le réclamait hautement, avec reproches et de
façon à brouiller les cartes pour jamais.

D'autres griefs surgirent bientôt. Mon père dépen-
sait trop d'argent. Il avait trop de chevaux dans ses
écuries, trop de luxe dans ses livrées. Il courait trop
le monde. Pourquoi cette rage d'aller chez le voisin
quand on était si bien chez soi ?

Mon père se fâcha, se plaignit à sa femme et la
menaça de l'enlever de Trécœur si les scènes se renou-
velaient. Alors ma mère en pleurant supplia madame de Quigny de montrer plus d'indulgence ; sur
quoi madame de Quigny s'écria : « Je n'ai plus ton
cœur, cet homme me l'a pris, tu l'adores et tu ne
m'aimes plus ! »

La révolution de 1830 donna un autre cours aux
esprits. Les discussions intestines se calmèrent un instant devant les grandes haines qui soulevaient la
France. Mon père se lança dans la politique et seconda
les ardeurs de madame de Quigny passionnée pour les
Bourbons.

Lorsque le roi Charles X fit ce triste voyage qui le
menait en exil il passa devant les avenues de Trécœur
pour gagner la route de Cherbourg ; ce fut alors que
madame de Quigny, ses gens et sa famille allèrent
s'agenouiller sur le passage du roi, pour recevoir son
dernier salut. Madame de Quigny se détacha du groupe
et se joignit jusqu'à Cherbourg au royal cortège.

Un an plus tard mon père se mêlait aux affaires de la
Vendée. Il envoya en une seule nuit deux mille fusils

à la duchesse de Berry. Ma mère aida de ses belles mains à l'envoi des armes et quand il lui vint à la pensée qu'elle courait un danger en participant à la conspiration, elle s'écria tout heureuse : « J'aimerais à mourir pour mon roi ! »

Les déceptions causées par madame la duchesse de Berry vinrent éteindre ce généreux enthousiasme, on n'entendit bientôt plus que plaintes et que sanglots dans les bosquets de Trécœur, et le découragement, l'inaction succédant aux émotions de la politique, ramenèrent au sein de la famille toutes les luttes passées.

Il fallut un jour se séparer. Madame de Quigny faillit en mourir. Elle resta plus d'un mois criant, pleurant, ne voulant voir personne, refusant même d'adresser au ciel ses prières de chaque jour, et le curé qui ne pouvait pénétrer chez l'affligée passait des heures sous sa fenêtre appelant sur elle les bénédictions de Dieu.

Pendant cela, mon père et ma mère s'installaient à Saint-Lô chez un oncle qui leur avait offert l'hospitalité, mon père n'ayant pas voulu rentrer chez ses parents, dont il redoutait les austères habitudes. Ce fut chez cet oncle, M. Lanon de Beauffremont, que je vins au monde le 11 novembre 1832.

On me plaça, quand j'eus jeté mon premier cri, dans le lit de drap d'or où reposait ma mère. Ce lit avait appartenu à ma tante de Beauffremont. C'était un objet sacré dont on avait fait les honneurs à l'accouchée. Je me souviens, quand je fus un peu plus grande, du plaisir que j'éprouvais à sauter sur les courtines de ce beau lit et à regarder les panaches blancs qui surmontaient le baldaquin se mettre en branle sous mes **bonds** comme une troupe d'oies effarouchées.

J'étais laide à ce qu'il paraît. J'avais la peau **noire,**

les cheveux crépus, le nez écrasé. Les commères du quartier furent très déconcertées quand elles soulevèrent mon voile brodé, et d'un commun accord en faisant la moue elles m'appelèrent noircibaude. Ce nom m'est resté pendant de longues années.

Quant à ma mère, elle me trouva charmante. Je remplis tout à coup sa vie. Ses rêves, la poésie qui débordait en elle, tous les sentiments exaltés que ses dix-sept ans n'avaient point encore su fixer se reportèrent sur moi. Je fus un peu de l'idéal qu'elle avait si souvent évoqué dans ses aspirations de jeunesse.

Ma naissance et la mort de M. de Quigny qui arriva quelques jours après, rapprochèrent mes parents de Trécœur. Madame de Quigny que j'appellerai désormais ma grand'mère fut priée d'être ma marraine, elle accepta, et je reçus d'elle sur les fonts baptismaux les noms de Valérie-Marie-Elvire.

Je grandis, je me débrouillai, et bientôt je fis mes premiers pas dans les allées moussues du jardin potager. L'oncle Lanon pour me plaire traînait devant moi sa canne à pomme d'ivoire ou faisait tomber en pluie rose la fleur des pêchers, et moi, je m'en allais les bras tendus, le nez au vent, cherchant à saisir la canne, les fleurs et l'oncle Lanon tout gros et tout rond qu'il était.

Ma bonne Victoire me suivait avec son bonnet à la Maintenon. C'était une rondelette personne, fraîche, propre, un peu bourrue, mais très tendre au fond. Je l'aimais telle qu'elle était. J'aimais sa jupe éclatante, la collerette finement plissée qui entourait son cou, et le bouquet de Lavande qui parfumait sa bavette blanche.

Lorsque j'avais une provision de petits cailloux dans

mes souliers bleus et que l'oncle Lanon tombait essoufflé sur le banc qu'abritait un vieux laurier, Victoire me prenait dans ses bras, vidait mes souliers et m'entraînait vers un herbier de pois sur lequel s'agitait dans l'espace un bonhomme de paille vêtu d'un habit de général républicain acheté chez un fripier de la ville. La peur me saisissait et mon âme d'enfant comprenait qu'il était très mal de laisser entrer du sable dans ses souliers et que le général saurait s'en venger. Victoire riait et m'emportait vers une vieille tour d'où l'on voyait la rivière, les bois lointains et le toit des maisons de la basse ville.

Cette tour qui fut le théâtre de nos jeux et de mes rêveries de jeune fille faisait partie du domaine de l'oncle Lanon. Ce domaine était situé lui-même sur un roc à pic, jadis point le plus fortifié du pays. On prétendait que pendant les guerres de religion, le duc de Montgommery poursuivi par le seigneur de Matignon sauta avec son cheval par-dessus le parapet du roc et alla tomber dans la rivière d'où il sortit vivant. La légende dit encore que Jeanne Couillard, une héroïne normande, avait habité ces fortifications pendant que Saint-Lô était en état de siège, et que du haut des murailles cette fille guerrière jetait de l'huile bouillante sur les huguenots.

La tour seule était restée debout avec ses créneaux, ses souterrains et ses lierres. Le jardin fleurissait à ses pieds. Quant à la maison, elle apparaissait sur un autre point du rempart et semblait suspendue dans l'espace. On apercevait à travers ses cheminées les flèches de la cathédrale et les arbres qui dominent les coteaux dont Saint-Lô est enveloppé.

Ma mère était malade depuis ma naissance. Elle

avait voulu me nourrir, et j'avais bu sa vie avec son lait. On partit un beau jour pour Paris, tous les médecins furent consultés et d'un commun accord l'envoyèrent à Plombières. Le voyage se fit en poste. Nous arrivâmes après huit jours de route. De cet événement, il ne me reste que des souvenirs effacés Je sais que Victoire me promena dans les montagnes, qu'elle me mena chez une vieille appelée Dorothée qui faisait des vers et se disait inspirée; que je dînai à table d'hôte, sur une grande chaise d'où je dominais tous les convives, et que je fis parmi ces convives la connaissance d'un vieux chanoine qui déposait chaque matin dans ma chambrette un bâton de sucre d'orge après avoir dit un *Ave Maria* sur mon berceau. Je me souviens aussi que le retour fut triste, que mon père ne parlait point, que ma mère, toujours malade, pleurait en me regardant. Je me rappelle surtout que mon cœur s'épanouit d'aise en retrouvant la maison du rempart et l'oncle Lanon tout attendri.

Quelques mois après le retour de Plombières, on m'annonça un beau matin que j'avais un frère. Victoire toute troublée m'emmena dans la chambre de ma mère et me jeta dans les bras de mon père dont le visage me parut illuminé pour la première fois. « Viens, et regarde », me dit-il en me penchant sur le berceau du nouveau-né.

Après avoir embrassé doucement ce petit être arrivé si mystérieusement parmi nous, je courus au lit de ma mère. Elle reposait au milieu de ses oreillers brodés. Son beau visage tout pâle se tourna vers moi et m'inonda de tendresse. Elle ne me dit rien ; je demandai à lui parler du petit frère, mais la garde qui travaillait avec importance devant la cheminée, se leva, me prit par la main et me conduisit vers la porte. Ce renvoi cruel me transporta de fureur. Je pleurai. Je déchirai ma robe. Je frappai madame de Quigny qui montait l'escalier tout agitée. Victoire se vit contrainte de me mener de nouveau au général républicain qui défendait toujours les pois contre les moineaux.

Lorsque ma mère fut à peu près remise de ses couches, elle reprit sa vie mondaine. Elle était très élégante, ma mère. Elle se faisait habiller chez la fameuse Alexandrine, alors la coqueluche de Paris. Quand les caisses de modes arrivaient, tout le voisinage était convié à leur ouverture. Je me souviendrai toujours d'une robe de poult de soie gris que j'ai vu déballer de la sorte. Elle était couverte de perles et de dentelles d'argent. On l'avait installée sur un mannequin pour la défatiguer du voyage et quand je passais près d'elle, je la saluais avec respect comme si elle eût été un personnage de qualité.

Quand ma mère allait au bal, elle y allait en chaise à porteurs. Je vois toujours cette chaise peinte sur fond d'or, ses amours et ses roses un peu défraîchis par le temps, mais si jolis encore dans leurs nuages et leurs nœuds de ruban. Et le vieux velours rouge éteint qui décorait l'intérieur et gardait un inoubliable parfum de violettes. Le suisse et le sacristain de la cathédrale étaient les porteurs habituels. Lorsqu'ils avaient fermé l'église, ils arrivaient à la maison prendre les ordres et on leur servait du vin dans le vestibule, pendant que ma mère finissait sa toilette. Quand on entendait un froufrou de soie le long des escaliers, le grand suisse ouvrait magistralement la porte de la chaise et ma mère s'y glissait avec sa suprême élégance. Où est la petite? disait-elle. La petite, c'était

moi! Quand j'avais été sage, elle me permettait de la
conduire au bal et me faisait ramener à la maison par les
gens d'église. Quelle ivresse, quand je lui entendais dire :
Où est la petite? En la bénissant, je me blottissais sous
ses jupes au fond de la chaise dorée. Quel joli voyage
à travers les rues ! Une petite lanterne, portée en avant
par le domestique, éclairait la toilette de ma mère et
faisait briller dans l'ombre son aigrette de pierreries.
Ainsi balancée dans son palanquin, cette belle créature
me faisait songer aux sultanes des contes de fées se
promenant dans leurs jardins enchantés. On arrivait
au lieu de la fête. Mon père qui nous avait précédées
attendait ma mère sous le porche plein de verdure et
de fleurs. Ma mère sortait alors du palanquin et
m'embrassait sous les feux de son aigrette. « Je vous la
recommande bien », disait-elle au suisse et au sacristain, et là-dessus je reprenais ma route. Quelquefois les
pieux serviteurs s'égayaient en portant le dépôt qui leur
était confié. Un jour, où je pense qu'on leur avait donné
trop de vin dans le vestibule, ils se mirent à danser le
cancan avec le domestique porteur de la lanterne.
C'était sur la place des Beaux-Regards, une place où
personne ne passait à neuf heures du soir. Je dansai
moi-même le cancan sans le vouloir, au fond de la
chaise, car en arrivant à la maison on me retrouva
les pieds en l'air et la tête en bas.

On dansait à Saint-Lô, été comme hiver, mais ma
mère préférait aux bals, les soirées passées dans notre
vieux jardin, sur ces hauts remparts qui parlaient à
son imagination. On allait s'asseoir au bout de la
charmille, près du petit mur qui nous séparait des
grands espaces et là, ma mère me désignait les étoiles.
Quel plaisir de connaître tous ces noms, de suivre tous

ces mondes, dans ce grand ciel azuré où ma mère me promettait que j'irais un jour si je restais sage! Quel plaisir d'assister de là au départ des corbeaux qui quittaient le clocher de la cathédrale pour aller prendre gîte dans les ruines du château de Canisy. Chaque soir, c'étaient les mêmes récits, les mêmes réflexions sur les mœurs et sur les habitudes de ces oiseaux. Chaque soir, nous tenions la tête en l'air pendant que le volier noir passait en croassant et en battant des ailes avec un bruit de moulin. Quand le bruit s'éteignait, quand les croassements rauques se perdaient dans les profondeurs brumeuses de la vallée de la Vire, quand les derniers fugitifs ne se détachaient plus qu'en signes hiéroglyphiques sur la pureté des cieux, c'étaient les mêmes mots d'adieu. Bonsoir, mes amis, à demain, dormez bien là-bas. Tout le monde s'en allait heureux et moi-même, je m'endormais délicieusement dans mon petit lit, me répétant comme une chanson. Bonsoir mes amis, à demain, dormez bien là-bas [1].

---

1. Ce château de Canisy, où les corbeaux allaient finir leur journée, était habité en 1793, par la famille de Fodoas. Ce fût là que la charmante mademoiselle de Fodoas fût arrêtée, pour être traduite devant le Tribunal révolutionnaire, qui la condamna à la peine de mort pour avoir écrit à l'une de ses amies : Ma chienne est accouchée de six petits républicains.

CHAPITRE III

Mon frère se ressentait des souffrances que ma mère
avait éprouvées en le portant. Il était chétif, criard, et
ne riait jamais. J'avais seule le pouvoir d'éclairer son
front ridé, comme celui d'un petit vieux. Il aimait à
voir mes cheveux crépus inonder mon visage quand je
sautais à cloche-pieds. Il chantonnait doucement quand
je le berçais à toute vapeur et que ma mère éperdue
s'élançait vers moi en disant : Tu vas le tuer. Mais vint
un jour où je ne charmai plus le pauvre enfant. Il fut
si malade, qu'il fallut se réinstaller à Trécœur, afin de
le ranimer par l'air des bois. Alors, chaque matin,
ma mère le prit dans ses bras et fut s'asseoir à
l'ombre des avenues. Elle étendait un tapis sur l'herbe
et roulait dedans le petit mourant, dont le regard se

portait avec avidité vers les feuilles que le vent agitait dans un rayon de lumière.

Ma grand'mère travaillait quelquefois avec nous l'après-midi. Elle arrivait avec un panier rempli de pelotons, de petites boîtes, de sachets ambrés, de pieuses reliques fourrées dans un étui de satin. Moi, je jouais dans ses jupes avec les marrons que le vent avait abattus dans la nuit, ou bien je feuilletais certaines images laissées imprudemment sur les tables. C'étaient des caricatures représentant : Louis-Philippe dans une poire; Louis-Philippe en habit bleu ayant une tête d'âne; Louis-Philippe avec deux perroquets, l'un criant Jemmapes, l'autre criant Valmy. Un jour, mon père vint à passer comme je m'amusais à cracher sur l'habit bleu du Louis-Philippe à tête d'âne. Ma grand'mère se frottait les mains devant cet audacieux mépris de la royauté, mais mon père voulait que l'on m'apprît le respect pour qui nous gouvernait, et il me défendit désormais de jouer avec ces méchants portraits.

Ma grand'mère parut fort mécontente de la leçon et dès que mon père eut le dos tourné, elle me prit sur ses genoux et me confia que Louis-Philippe n'était pas notre roi, qu'il avait pris le trône de France à son neveu, un pauvre enfant chassé de sa patrie; que je ne devais point l'outrager pour obéir à mon père, mais qu'il ne faudrait jamais l'aimer. Ce fut alors que ma mère, trouvant l'instant favorable pour m'initier aux secrets de leur politique, me ramena vers elle et, sortant de son corsage un médaillon dans lequel était une boucle blonde et au-dessous, gravé en lettres d'or, ce nom : Henri. « Tiens, dit-elle, baise les cheveux de ton roi! » Ce mystère, ces jolis cheveux, l'enthousiasme maternel, jetèrent en mon cœur un sentiment doux et tendre pour l'exilé. Vers la fin du jour, nous quittions l'avenue où le brouillard s'amassait. Ma mère rentrait dans sa chambre jusqu'à l'heure du souper. Ma grand'-mère s'en allait à la ferme, moi, j'allais courir dans les bois avec Gautier.

Gautier était un des plus vieux serviteurs du château. Il avait assisté à mon baptême. Il m'avait reçue dans ses bras en rentrant de l'église et m'avait prédit bonheur et longue vie en pleurant sur mes langes. Je l'aimais passionnément, je le trouvais beau et je le lui disais en fourrant mes petites mains dans ses mains calleuses. Que de promenades nous avons faites ensemble, que de nids nous avons dénichés. Que de couronnes il m'a laissé mettre sur ses cheveux blancs. Quelquefois, je l'entraînais fort loin, au delà des limites de la propriété. J'adorais l'indépendance, le grand air, les chemins inconnus. Il se laissait conduire. Si j'allais trop vite, il s'essuyait le front. Si je m'asseyais, il restait debout, devant moi, la tête découverte.

Nous passions par l'étang pour revenir au château et souvent, nous rencontrions la vachère qui s'en allait aux prés. Alors, elle me prenait sur ses robustes épaules, enjambait les barrières avec moi, sifflait comme un homme tout le long du chemin, et quand nous étions arrivés, me déposait dans les hautes herbes et se mettait à traire. Les vaches ruminaient en fermant les yeux, pendant que leur lait tombait avec un bruit mélancolique dans la cruche plus brillante que l'or.

On rentrait vers huit heures. Nous trouvions les domestiques échelonnés sur les marches du perron. Au-dessus d'eux, fumait dans une énorme bassine la bouillie de sarrazin. Quelle joie! on faisait un grand tour dans la bouillie pour y mettre du beurre et chacun trempait sa cuillère dans ce bon beurre qui sentait la laiterie. J'étais conviée à la fête et prenais place entre le petit berger et ma bonne Victoire, qui m'allongeait des tapes sur les doigts quand je plongeais trop souvent ma cuillère dans la bassine. Qui m'eût dit que de longues années plus tard, je retrouverais Pierre, le petit berger, à la table impériale? Pierre, qu'on appelait le petit Pierre, s'était engagé à dix-huit ans comme soldat. Il était arrivé lieutenant aux lanciers de l'impératrice. Ce fut au palais de Compiègne que je le retrouvai. Nommé capitaine pendant la guerre de 1870, il fut tué à Bapaume. Je conserverai toujours sa dernière lettre. Il me disait qu'il n'oublierait jamais la petite fille avec laquelle il mangeait de la bouillie sur le perron de Trécœur.

Lorsque l'horloge sonnait neuf heures, les gens du souper se préparaient au sommeil. Alors ma grand'-mère apparaissait et disait : Voilà l'heure de la prière. Si la soirée était belle, on restait dehors. Ma grand'-mère se plaçait au milieu du perron, groupait son monde autour d'elle, et dans la nuit calme, appelait sur tous les bénédictions de Dieu.

Chaque journée passait ainsi. Le dimanche d'autres joies nous attendaient. On se rendait en troupe à l'église. Le départ était charmant. Mon père et ma grand'mère se joignaient aux fermiers, aux domestiques assemblés dans la cour, on se comptait comme des oiseaux voyageurs puis l'on se mettait en marche vers le village.

J'allais fièrement en avant avec ma roble blanche et mon grand chapeau qui me donnait l'air d'une ruche. Les cloches carillonnaient bruyamment, tout était plein de soleil et de vie sur la route. De tous les sentiers sortaient des paysannes parées de jupes éclatantes avec la croix d'or sur leurs collerettes blanches. On s'abordait, on riait, on attaquait les garçons. On descendait la côte au milieu d'un nuage de poussière, et l'on entrait ainsi dans le cimetière, où la procession, bannière en tête, circulait à travers les tombes.

La messe terminée, nous allions dîner au presbytère. Le couvert était mis dans une pièce ouvrant sur le jardin et le parfum des roses et du réséda venait se mêler à l'odeur du jus et de l'oignon brûlé qui arrivait par la cuisine. M. le curé entrait suivi de sa nièce mademoiselle l'Ermite. Mademoiselle l'Ermite avait quinze ans. C'était une riche paysanne à laquelle j'aurais volontiers donné le titre de princesse tant elle me paraissait accomplie. Je la vois encore dans ses brillants costumes. Je vois son haut bonnet dont les barbes ressemblaient à des ailes, son bandeau pailleté, son chignon luisant, le châle de satin plissé qui s'étendait en éventail sur ses fines épaules et le lourd collier d'or qui faisait pencher son cou d'enfant. Je me souviens qu'elle allait manger son dessert dans le jardin tandis que M. le curé et ma grand'mère discouraient sur la *quotidienne*. Elle s'installait sur le bord du puits, un pied en l'air, l'autre posé sur les marches et s'amusait à jeter dans le gouffre les coquilles de noix et les petits morceaux de pain dont elle avait rempli ses poches. Je m'asseyais devant elle sur une touffe de thym et je la trouvais si belle que je le lui disais. Alors elle se penchait pour se voir dans l'eau et elle riait devant son image tremblottant au fond du trou noir.

Quand nous partions pour les vêpres, combien j'étais fière de lui donner la main. Tout le monde la regardait. Elle le voyait bien et baissait les yeux. Quand elle les relevait, je croyais voir les anges que nous implorions dans l'église.

Un jour, au salut, au moment où le prêtre élevait l'hostie sur la foule prosternée et où la fumée de l'encens montait vers la voûte comme de petits flocons d'écume, je me penchai à l'oreille de mon amie et je lui dis que je l'aimerais toujours. Hélas! je crois que ce fut la dernière fois que je la vis. La mort la prit avec tous ses charmes le printemps d'après.

Que j'aime à me rappeler ces saintes et suaves émotions! Celles du Jeudi et du Vendredi Saints dans le domaine de mon enfance me sont restées chères entre toutes. Cette journée du Vendredi Saint à Trécœur enveloppait mon âme de poésie et de piété. Dès la pointe de l'aurore je me mettais à la fenêtre pour me bien pénétrer du silence de la terre en deuil. On m'avait dit la veille que les cloches étaient parties pour Rome et je voulais m'assurer que celle de notre église, dont j'entendais chaque matin le carillon, avait suivi ses compagnes dans leur pieux voyage. Notre cloche était bien à Rome avec les cloches voisines, car dans l'air plus le moindre son argentin. On ne surprenait à travers les espaces alanguis par la nuit que le bêlement des agneaux s'éveillant au fond des prés, ou le roulement d'un char matinal traversant les routes encore désertes.

Bientôt au fond de l'avenue, apparaissaient deux petits mendiants, courant pieds nus avec de grands crucifix noirs à la main. Ils apportaient leurs *crux ave*, comme ils appelaient ces croix, à madame de Quigny pour qu'elle les ornât de feuillages et de rubans. C'était avec les *crux ave* ainsi embellis qu'ils se présentaient dans les villages et dans les fermes, chantant la complainte de la passion; c'était grâce à eux qu'ils recevaient des paysannes et des autorités rurales de la galette, des œufs, du pain blanc pour célébrer la Pâque.

Ma grand'mère arrangeait généralement les *crux ave*, au bord de l'étang près de la maison du cygne Les pieds sur les marches où les blanchisseuses faisaient la lessive ; je m'asseyais devant elle avec les deux mendiants et tous les trois nous la regardions tresser ses palmes vertes. A mesure qu'elle entortillait le bon Dieu dans la verdure et dans les flots de gaze légère, ma foi et ma religion s'exaltaient. « Grand'mère permettez-moi de baiser les pieds de Jésus », lui disais-je, quand je voyais la besogne terminée, et ma grand'mère penchait vers moi la croix enrubannée dont les eaux paisibles du vieux lac reflétaient l'image.

Ce matin-là je jeûnais comme les gens de la maison. Mon estomac éprouvait parfois de tels besoins, de telles tortures que j'enviais le sort des poulets qui picoraient dans la cour avec leur voracité accoutumée. Mais la faim cruelle que je ressentais me rendait fière, il me semblait que je coopérais par mon sacrifice à l'accomplissement des grandes œuvres de l'Église.

On allait à l'office sans mot dire. Ma grand'mère ne me permettait pas de courir sur la route comme à l'ordinaire. Je marchais près d'elle la main dans sa main, les yeux baissés, l'âme recueillie comme si j'eusse suivi le corps d'un cher défunt. Nous entrions ainsi à l'église, où les prêtres psalmodiaient déjà les lamentations des prophètes, et où d'autres voix leur répondaient sur un ton glapissant qui me faisait tout d'abord croire à une discussion dans le chapitre. Bientôt le prêtre officiant lisait l'évangile de la passion en penchant tristement la tête. Quelques-unes des voix glapissantes répétaient avec lui « Barabbas, Barabbas ! »

Et sous les voûtes obscures de la chapelle, les paysannes et leurs enfants prosternés redisaient « Barabbas! » Ma grand'mère elle-même, du fond de notre banc moisi, criait Barabbas avec des accents si profonds et si courroucés que je croyais entendre le loup quand il se préparait à manger le petit chaperon rouge. Tout cela me faisait trembler et j'aimais pourtant ces échos douloureux qui me reportaient vers la superbe et coupable Jérusalem, vers le Jardin des oliviers, vers le Dieu martyr, expirant pour nous sur la croix entre deux larrons. Avec quel respect et quelle componction je baisais le plancher poudreux du vieux banc quand le prêtre ayant répété le dernier cri de Jésus, se prosternait à terre avec la foule. Toutes les têtes étaient relevées que la mienne restait encore courbée vers le sol! J'ai tant à expier, me disais-je. Ne sont-ce pas mes fautes qui ont fait mourir l'homme-Dieu? Mais tout en me frappant la poitrine, je me demandais comment Il avait pu se sacrifier pour moi, puisque je n'étais pas née? Comment Il avait pu prévoir que je mentirais ou que je donnerais des soufflets à ma bonne et qu'Il devrait pour cela s'offrir en holocauste? Les enfants aiment les mystères et je me complaisais dans celui-là, le nez par terre et les bras en croix.

Avant de quitter l'église, nous allions visiter la chapelle des morts. Là, dans les flancs de l'autel entr'ouvert, derrière quelques branches de houx et quelques crêpes flottants, on apercevait l'image sanglante du rédempteur. De chaque côté de cette tombe, un enfant de chœur avec un long surplis, des ailes en papier et une grande torche à la main, se tenait sévère et immobile comme l'image de la mort. Une fois, je crus reconnaître dans l'un de ces anges un petit garçon qui nous apportait du beurre le samedi; dans l'autre un jeune gars qui élevait des écureuils dans une petite bicoque à l'entrée du village. L'association de ces êtres vulgaires avec ces êtres sacrés fut pour moi un nouveau mystère dont j'essayai de sonder les profondeurs avec une curiosité sainte et respectueuse.

Plus tard, quand je compris que les anges aux ailes et aux torches funéraires étaient les mêmes polissons que je rencontrais crasseux et indisciplinés le long des routes, ma foi faillit en subir une mortelle atteinte. Je me dis : si l'on me trompe sur un point, on doit me tromper sur les autres. Ma grand'mère m'expliqua toutes ces choses dans son langage ferme, clair et croyant, ce qui ne tarda pas à faire rentrer la paix dans mon âme.

La veille nous avions eu le lavement des pieds. Il était de tradition dans certaines contrées de Normandie, que les notables renouvelassent la cérémonie inaugurée par le Christ et lavassent eux-mêmes les pieds à douze enfants pauvres, représentant les douze amis de Jésus. Ma grand'mère était restée fidèle à cette coutume et lui donnait toute la dignité qu'elle imposait habituellement à ses plus simples devoirs.

Dès que les enfants avaient fait leur entrée dans la cour, sous la conduite de leur maître, M. Noirot, on les faisait asseoir un à un sur les marches du perron. Six d'un côté, six de l'autre. Il y en avait bien un treizième, mais celui-là représentait Judas et devait se tenir à l'écart comme un traître. Judas troublait la paix de ma journée. Je pensais qu'il devait être si malheureux sous le vieux noyer où on l'envoyait en exil. Il l'était en effet, car on le voyait s'essuyer les yeux, pendant que les camarades rayonnaient comme le soleil lui-même.

Ma grand'mère apparaissait bientôt, serrée dans son tablier de toile blanche, portant deux serviettes et un gros livre. Je la suivais respectueusement, portant à mon tour une corbeille remplie de primevères jaunes, appelées plumerolles dans nos campagnes. Grand'mère s'agenouillait sur la plate-forme du perron après avoir relevé les coins de son tablier pour ne pas le salir, puis elle ouvrait son livre et lisait ce doux évangile : « Laissez venir à moi les petits enfants. » Je pleurais sur mes plumerolles en entendant cela, parce que je pensais à Judas qu'on ne comprenait pas dans cet appel. Une fois, je me penchai vers ma grand'mère, lui disant mystérieusement : « Alors, si je rappelais Judas ! — Pas encore », répondit-elle ; et il fallut bien attendre.

La lecture terminée, ma grand'mère, précédée d'un domestique qui portait une bassine d'eau tiède descendait lentement les marches du perron. Elle s'arrêtait devant chaque enfant déchaussé d'avance, lui plongeait les pieds dans l'eau, les essuyait avec ses serviettes lustrées, après quoi, elle me faisait signe d'arriver avec mes fleurs, dont je frottais en dernier ressort tous ces pieds humides. Pendant cela, M. Noirot, piqué dans la cour comme un mai, chantait le *Veni Creator* d'une voix tonnante. Les échos des bois répétaient ses accents qui s'en allaient au loin effrayer les voyageurs. Ils m'effrayaient aussi, je m'imaginais que telle devrait être la voix de l'Éternel, quand il appellerait les morts dans la vallée de Josaphat.

Quelques minutes plus tard, les enfants régénérés se ruaient sur les brioches préparées par madame de Quigny à leur intention. C'était alors pour moi l'instant de me glisser sous le vieux noyer avec la part réservée à Judas : « Viens mon petit, console toi, lui disais-je, l'an prochain tu auras à ton tour les pieds lavés, tu ne seras pas toujours Judas », et j'entraînais l'enfant vaguement rassuré vers ce groupe heureux qui se partageait nos largesses. M. Noirot, voyant arriver son treizième élève le visage encore noyé de larmes, lui fourrait des coups de poing dans le dos en l'appelant grand bêtat, ce qui achevait d'arranger les choses.

On ne se séparait qu'à la nuit. Adieu, mes petits, disait ma grand'mère, soyez sages, vous savez qu'après demain les cloches reviennent de Rome !

Le souvenir de Judas survivait à ces fêtes. J'en parlais à ma bonne dans mes rêves. Ma nature sensible et tendre ne pouvait voir souffrir. « Comme la petite est nerveuse », disait Victoire à ma mère. Je pense que cette nervosité constatée par Victoire était la cause de ma poltronnerie, mais j'avais des terreurs folles pour un rien et pour tout. Je rougissais dans l'ombre de mes faiblesses, mais ne savais m'en corriger. Je me souviens par exemple de la frayeur que me causait un des chevaux de mon père, acheté par lui à la duchesse de Berry.

Ce cheval qui avait bien vingt ans, était resté un démon. Il jetait mon père par terre au moins une fois la semaine. Les autres jours, il s'échappait de son box et traversait dans un galop infernal les prés et les avenues. On apercevait sa croupe luisante bondir entre les arbres, paraître et disparaître au fond des sentiers. Puis, au pas de course, on l'entendait revenir vers son écurie où il rentrait en envoyant de terribles ruades. Néro était mon cauchemar. Dans mes promenades, je le croyais toujours sur mes talons. J'entendais toujours son galop dans l'espace. Une feuille agitée par le vent me faisait crier : « C'est Néro », et vite j'escaladais un fossé, ou même, je grimpais dans un arbre au risque de me briser les os.

Je redoutais le silence comme le reste. La solitude de la maison, quand mes parents étaient absents, me terrifiait. Si les domestiques étaient aux champs et si Victoire m'interdisait l'entrée de la nursery, à cause de mon frère endormi, il me semblait que j'étais transportée tout à coup dans l'un de ces déserts dont parlait ma géographie. C'était alors que je me réfugiais vers la vieille horloge, occupant le frontispice du château. Je m'asseyais sur les dernières marches de l'escalier qui y conduisait et là, près des battements sonores de son balancier, je perdais le sentiment de mon isolement. Il me semblait que je me rapprochais d'un être vivant et qu'un mystérieux ami veillait sur mes jours.

La politique elle-même me jetait dans toutes les transes. Je frissonnais quand j'entendais ma mère parler de la Révolution de 1830 encore si près de nous, et de sa haine contre certains habitants de la commune, qui avaient, en ces temps-là, dénoncé mes parents aux libéraux du pays, comme ayant servi la cause de madame la duchesse de Berry en Vendée. Je savais qu'un de ces gens, appelé Deslongchamps, avait fait mettre mon père en prison après avoir démoli sa voiture à coups de pierres en criant : « A bas les nobles. » Cet homme était notre plus proche voisin; dans mon imagination, j'en faisais le Robespierre des temps modernes. Les années passées sur les orages révolutionnaires n'avaient pu amener l'oubli dans les cœurs ennemis; on restait à Trécœur et chez Deslongchamps le poing sur la hanche. Mon père qui, d'habitude, saluait tous les vieillards, enfonçait son chapeau sur ses oreilles quand il passait près de Deslongchamps et il y passait souvent, car il allait souvent au bourg de Condé pour ses affaires, et le vieux libéral habitait à l'entrée du bourg et vivait à sa porte, la pipe aux lèvres et le journal le *Siècle* entre les doigts.

Dans les réunions du soir à Trécœur, Deslongchamps faisait malheureusement pour moi les frais de toutes les conversations. Ma grand'mère, dans sa haine passionnée, l'accusait de tout le mal qui se faisait dans le pays. C'était lui qui démoralisait la jeunesse. C'était lui qui volait les poules du presbytère. Un jour, une des boutiques du village flamba; ce fut Deslongchamps qui avait allumé l'incendie. Une jeune fille se noya dans la Vire sous les ailes du moulin, ma grand'mère sussura dans l'oreille de mon père des choses sur Deslong-champs, que je n'entendis point mais qui devaient être des choses terribles, car mon père, après avoir recueilli le secret, se leva en disant : Canaille, va !

Les cheveux me dressaient sur la tête au récit de toutes ces abominations. Dans mes terreurs, je trouvais qu'on était par trop dur pour notre ennemi, que ma famille l'exaspérait inutilement et j'entrepris d'être plus humaine pour le rendre moins méchant. Quand je passai avec ma bonne devant sa porte, je le saluai tout bas. J'en arrivai même à lui crier : « Bonjour M. Deslongchamps. » Il me répondait : « Bonjour, petite, » sans quitter son journal des yeux. Ma bonne eut un beau jour l'indiscrétion de confier à ma mère les avances coupables faites par moi à Deslongchamps. Alors, ma mère m'appela lâche petite fille. Je pleurai et j urai de courir à l'avenir tous les dangers du monde plutôt que de m'entendre accuser de lâcheté. Quand je rev. Deslongchamps, je ne le saluai plus. Un beau matin, ce fut lui qui me cria : « Bonjour petite, comment

cela va-t-il ? » Je ne lui répondis point et passai digne-
ment. Le bonhomme se leva furieux de sa vieille
chaise de paille, m'appela gueuse et rentra dans sa
demeure.

Le fait accompli, mes frayeurs redoublèrent. Le
jour je les oubliais un peu, mais la nuit, je tremblais
sur mon oreiller comme les feuilles de nos vieux peupliers. Je voyais Deslongchamps arrivant par l'avenue,
un grand couteau à la main ou bien portant une torche
criminelle et incendiant le château, ma chambre et
mon lit. Baignée de sueur, j'attendais avec angoisse
l'apparition du jour. Le grand calme des campagnes,
ensevelies dans les ténèbres, m'était odieux. Pas un
bruit d'êtres vivants dans ces bois, sur ces routes, dans
cette maison où tout dormait, excepté moi. Je me
levais pour regarder les étoiles. Il me semblait que
j'étais moins seule au milieu de ces mondes lointains.
Puis je me recouchais et revoyais Deslongchamps avec
sa torche et son couteau. C'était un martyre, et cela
durait jusqu'au moment où j'entendais le gloussement
des canards réveillés par l'aurore. Oui, c'était elle qu'ils
saluaient de leur voix nazillarde. Bientôt leurs couans
couans devenaient plus clairs et plus vibrants. Ils passaient en procession sous mes fenêtres pour gagner
l'étang. Le jour grandissait derrière eux. Deslongchamps n'oserait plus venir, maintenant que tout
s'éveillait. Les canards me rendaient la confiance et le
sommeil. Je m'endormais doucement en les bénissant,
pendant qu'ils s'ébattaient sur l'eau, et je rêvais d'eux,
comme on rêve des anges.

Il y avait trois ans que nous avions repris gîte à
Trécœur lorsque le pauvre oncle Lanon mourut, nous
laissant pour héritage la maison du rempart et les

vieux meubles qu'elle contenait. Mon frère étant revenu à la vie, mes parents désirèrent rentrer à Saint-Lô et promirent à madame de Quigny de passer chez elle chaque année quelques mois, pendant l'été, ce qui la consola de nous perdre encore. Il fut également convenu que je viendrais souvent la voir, particulièrement, quand elle ferait la lessive et que je lui aiderais à plier ses serviettes dans les armoires parfumées d'iris

Lorsque l'heure de la fameuse lessive était venue, je partais de Saint-Lô sur un âne, escortée de Victoire et du cocher qui était son amoureux. C'était généralement à l'automne qu'avait lieu ce grand événement. Pendant que je trottais sur les feuilles sèches, mes compagnons se disaient de mystérieuses choses à l'oreille et se tenaient la main en donnant à leurs bras un mouvement de balançoire que je croyais, dans mon innocence, nécessaire pour faire aller mon âne.

J'entrais à Trécœur par l'avenue qui longeait l'étang. Les peupliers sans feuilles me laissaient voir le cygne endormi sous le grand saule et la petite statue de pierre qui semblait commander éternellement la chute de la cascade. Mes chers canards blancs s'ébattaient à ses pieds dans l'eau bouillonnante et les pigeons ramiers venaient boire les gouttes limpides qui tombaient de ses bras.

Grand'mère m'attendait à la porte de la boulangerie où fumait le linge dans des cuves pleines de cendre. Elle avait les poings sur les hanches et les pieds dans des sabots remplis de paille. Je descendais d῀ mon âne pour tomber dans ses bras, où je restais ᴄomme un oiseau qui retrouve son nid.

On commençait par me peser dans les grandes **balances** à blé pour voir si j'avais bien mangé pendant les jours d'absence. Si le poids avait augmenté, je recevais des tartines de raisiné et mille baisers sur mes joues fraîches

Le soir, grand'mère faisait allumer dans sa chambre un feu clair. Elle me prenait sur ses genoux, enlevait mes souliers, mes bas et chauffant d'abord ses mains, les promenait ensuite sur mes pieds glacés en me contant de fantastiques histoires. J'aurais passé la nuit ainsi, mais grand'mère voulait se coucher. Il fallait se déshabiller pendant qu'elle préparait le lit qui devait nous recevoir toutes les deux.

En une seconde le surtout était enlevé, l'oreiller secoué, le chapelet d'ambre placé sous le traversin.

— Dépêche toi, me disait grand'mère en ajustant sa fontange devant le miroir, les petits anges t'attendent pour s'endormir.

La crainte de fatiguer la patience de l'armée céleste faisait que j'allais vite, que je nouais mon lacet, que je faisais sauter les boutons de ma longue robe de nuit et que pour rattraper le temps perdu, fourrant mes cheveux en désordre dans ma calotte festonnée, je m'élançais d'un bond, jusqu'au fond du grand lit où je restais ensevelie sous les couvertures soyeuses. Combien j'aime à me rappeler ce vieux lit profond où je dormais d'un radieux sommeil et où ma chère grand'mère reposait la tête sur mon cœur...

CHAPITRE IV

En rentrant à Saint-Lô, je n'avais pas de si douces
impressions auprès de mon autre grand'mère, madame
Dubois. Elle ne me parlait pas quand j'étais près
d'elle. Elle ne me permettait pas de me chauffer quand
j'avais froid. J'y trouvais presque toujours une douzaine de prêtres, animés par le dîner et rangés comme
des corbeaux autour des murailles. Il fallait leur réciter alternativement mes prières et des fables ; leur
chanter des chansons et même les embrasser à la ronde,
en commençant par le curé.

Mes parents et moi passions la plupart de nos soirées
dans cette triste maison, deux chandelles qu'il fallait
moucher sans cesse éclairaient le salon sèchement meublé. Nous nous tenions très loin de madame Dubois
pour éviter le bruit assourdissant de son rouet. Elle

filait, disait-elle, les premiers draps de mon trousseau. Mon grand-père à demi couché, dévidait les écheveaux de ce précieux fil et faisait de beaux pelotons ronds et lisses avec lesquels j'aurais aimé jouer à la balle.

Dans cette demi-obscurité où nous vivions, je devais tricoter des jarretières, ourler des mouchoirs de poche et quand j'avais bien piqué mes doigts pendant de longues semaines, mon grand-père me donnait un écu de trois francs avec lequel j'achetais des gants, un savon et des aiguilles.

Madame Dubois avait de nombreuses connaissances à Saint-Lô. Parmi les plus intimes se trouvaient madame Murielle et l'abbé Fauchon. Cela m'amuse vraiment de me rappeler cette madame Murielle avec sa douillette de soie noire, sa petite pélerine, ses manches étroites, son bonnet de blonde et sa ferronnière ; et cet abbé Fauchon qui lui servait de chapelain, de confesseur et de confident. L'abbé Fauchon avait une face joviale qui me faisait rire dans mon mouchoir derrière le paravent. Ce n'était pas un vieux prêtre, c'était un jeune lévite, fort comme Hercule, rouge et frais comme une pomme d'api, avec des favoris épais et une chevelure d'Antinoüs. Pendant que ma grand'mère était en visite avec moi chez son amie, l'abbé m'appelait dans un coin et m'invitait à danser la pie-crottée. Quelquefois, il la dansait lui-même après avoir retroussé sa soutane comme l'habit d'un garde française. C'était pour moi un spectacle extraordinaire que d'apercevoir la culotte de velours de l'abbé et les petites boucles d'argent qui la serraient au dessous du genou ; car jusque-là, ma jeune imagination n'avait vu les prêtres que dans des costumes sévères et d'une décence exceptionnelle ; je m'étais même habitué à la pensée qu'ils vivaient cousus dans un maillot.

La maison de madame Murielle tenait presque à la maison de mon père. Un petit jardin en séparait les deux pignons. Des fenêtres de notre grenier on avait vue sur l'enclos de la voisine, sur son grand prunier, sur ses rosiers et sur la plate-bande d'angélique qu'elle cultivait pour faire confire. On voyait aussi l'abbé qui fumait sa pipe et la petite servante qui soignait les roses. Un jour, que j'étais de faction à cet observatoire j'aperçus l'abbé, qui sans doute par inadvertance envoyait de fortes bouffées de tabac au nez de la petite servante ce qui la fit crier, se renverser en arrière et trébucher par-dessus les buis. Le soir, au souper, je demandai à mon père s'il était permis aux prêtres de faire des farces aux jeunes filles à quoi mon père me répondit que cette question était de l'irrévérence et méritait une punition ; cela dit on me fit sortir de table et l'on m'enferma dans l'office aux bouteilles vides. Au milieu des ténèbres et du silence de ce cachot, je me dis que l'abbé devait être un grand criminel et je jurai de ne plus danser la pie-crottée avec lui.

Ma grand'mère avait une amie appelée madame Christi chez laquelle nous passions en hiver nos soirées du dimanche. Ces réunions s'appelaient assemblées. J'allais aux assemblées de madame Christi avec horreur et désespoir. La société que j'y trouvais me glaçait les os. Puis on me faisait moucher les chandelles et quand la réunion était par trop nombreuse et qu'on manquait de sièges, on me forçait à céder ma chaise et à m'asseoir sur une chaufferette qui grillait ma robe et « autre chose » encore.

Je vois toujours ces personnages de cabinet de cire, rangés en cercle autour de madame Christi. Il y avait d'abord madame Pitrou, sœur de madame Christi, une pauvre hydropique qui prenait deux fauteuils pour s'asseoir. Sur l'un, elle se posait, sur l'autre, elle installait son ventre. Puis c'était le chevalier de Metaër, un gentilhomme idiot. Puis l'abbé Duperron, prieur d'Agneaux, un prêtre poète qui disait des vers pendant que les autres dormaient. Venaient ensuite les trois messieurs de Montcuit, trois frères se ressemblant comme des prunes et répétant toujours les mêmes phrases. Leurs amis pour les reconnaître entre eux leur avaient donné trois noms différents. Ils avaient appelé l'un Montcuit le rouge, l'autre Montcuit le noir et le troisième Montcuit le vert. Celui-là était bien nommé, car il avait une maladie de foie qui lui donnait la teinte d'un homme empoisonné. Ces trois frères étaient d'horribles avares. Ils cachaient leurs écus dans leurs paillasses, et quand ils jouaient au reversis, ils tâchaient de glisser dans leur enjeu de vieux boutons au lieu de gros sous. Quand je m'apercevais de la chose, je la leur faisais remarquer; ce qui me valait des tapes sous la table.

Je me trouvais souvent dans cette nécropole, près d'une demoiselle qui accompagnait sa grand'mère aveugle. Elle s'appelait Eudoxie Diguet. C'était une fille de vingt-cinq ans, vieillie par les tristesses et les privations, sans cela elle eût eu quelque beauté. Elle avait des yeux de Bohémienne, de belles dents et des cheveux d'un lustre éblouissant; mais aucune grâce dans sa personne ni dans ce pauvre costume de mérinos brun, rehaussé par un grand col blanc d'une mauvaise coupe. La grand'mère d'Eudoxie avait perdu sa fortune à la Révolution. Elle vivait avec une rente de dix-huit cents francs et quelques dons mystérieux que lui faisaient mesdames Christi et Pitrou. C'était avec cette même rente et ces mêmes dons qu'elle avait élevé sa petite fille et qu'elle espérait lui constituer une dot. On économisait la dot, mais on ne trouvait pas l'épouseur. Qui pouvait s'inquiéter de la jeune fille et apprécier ses cheveux lustrés? Elle ne sortait que pour aller à l'église, aux messes matinales et travaillait le reste du jour à la maison. Ce n'était pas aux assemblées de madame Christi qu'elle pouvait découvrir un cœur, ni dans ces visites au cimetière où sa grand'mère la menait le dimanche après les vêpres.

L'habitation de ces dames faisait face à celle de madame Christi. Elle formait l'angle de l'une de ces petites rues de Saint-Lô, accumulées sur les remparts et qui rappelaient les rues sombres du moyen âge. Il y avait à cette maison une porte cochère et une tourelle qui lui donnaient un aspect seigneurial. A la fenêtre de la tourelle, derrière des rideaux bien blancs, on apercevait Eudoxie tirant l'aiguille. Parfois, quand la porte cochère restait ouverte, on la voyait aussi puisant de l'eau au vieux puits, ou bien lavant, puis étendant les mouchoirs de poche et les cornettes de sa grand'mère sur les rosiers de la cour. Ces dames n'avaient point de domestique. Une voisine complaisante leur apportait leurs provisions, et Eudoxie les préparait tout en faisant le ménage. Elle frottait même les escaliers et la veille de la Fête-Dieu, elle sarclait avec un petit couteau les herbes qui avaient poussé entre les pierres de la cour pendant toute une année. Cependant, la procession ne passait pas dans la rue, mais Dieu sortait de chez lui et tout devait être propre dans la ville.

A l'heure où j'écris ces pages, trente années ont passé.

Eudoxie a conduit sa grand'mère au cimetière. Elle a vu mourir ses vieux amis. Elle a connu nos révolutions et nos guerres. Elle a vu blanchir ses cheveux lustrés, et elle est encore là avec son aiguille et son cœur éteint. Que de fois au milieu des agitations de Paris, j'ai songé à ces existences de province que j'ai connues, coulant sans bruit dans leur étroite simplicité. A ces existences où les émotions pures, telles que celles des cérémonies religieuses et des fêtes de famille, remplaçaient nos émotions malsaines et où la paix de la vie menait doucement à la paix de la mort. Que de fois j'ai revu mon grand-père Dubois dévidant le fil que filait sa vieille épouse, lisant son journal en promenant son énorme loupe sur les faits divers, puis s'asseyant à table devant la poule au pot qui fumait sur le réchaud comme l'encens sur une cassolette. J'ai revu aussi ma tante Dufour avec sa douillette de soie pensée et sa fraise en crêpe lisse, rangeant sur ses armoires les conserves de cerises et la liqueur de cassis. Et mon autre tante, madame d'Hainneville, disant son chapelet sous les néfliers de son jardin à Saint-Sauveur-le-Vicomte. Elle est encore là, devant mes yeux, avec son beau chapelet d'ivoire, j'entends encore le bruit de ses pas sous les vieux néfliers. Elle descendait comme une abbesse en prière la pente moussue qui menait à un petit lac vert abrité par des aulnes. Alors, elle s'arrêtait, ramassait une pierre et la jetait au milieu des végétations du petit lac. La pierre tombait dans le gouffre, les végétations reformaient une surface unie et ma tante reprenait son chapelet : c'était toute sa vie !

Nous allions une fois par an rendre visite à madame d'Hainneville et au petit lac vert. A peine débarqués, ma tante nous menait porter une offrande à trois sœurs

de Saint-Vincent-de-Paul qui dirigeaient un hôpital
dans un vieux château-fort avec pont-levis et oubliettes.
La sœur Noémi qui trottait comme un rat à travers les
ruines nous faisait toujours voir quelque chose de
curieux.

Un jour, elle nous conduisit aux oubliettes et nous
conta qu'elle avait vu extraire de ces cachots un
squelette, portant à l'un de ses bras, un bracelet d'or.
Le château avait appartenu aux comtes d'Harcourt et
avait ses légendes. Les gens de Saint-Sauveur voyaient
pendant la nuit de Noël la dernière comtesse d'Harcourt en robe blanche errer sur les créneaux. J'aurais
aimé vivre là, entre les sœurs, le squelette et la comtesse d'Harcourt, plutôt là, que chez ma tante où je
m'ennuyais considérablement.

Ma tante habitait avec une vieille parente appelée
mademoiselle de la Fortinière et surnommée dans la
famille Marie Grippe-Sous, à cause de son avarice. La
pauvre femme n'était pas avare, elle était folle. Elle avait
perdu la tête en 1893 en perdant tous ses biens. Elle
voyait toujours les sans-culottes prenant son argent et
s'en allant avec leur butin à travers les landes qui
entouraient la ville. Alors, elle se mettait à leur poursuite, un bâton à la main, ses vieux cheveux gris sur
le dos, criant et vociférant. Le seul moyen de la calmer
c'était de lui donner quelque monnaie qu'elle courait
enterrer dans le creux d'un vieux poirier, s'imaginant
qu'elle avait retrouvé sa fortune et qu'elle la mettait à
l'abri.

Souvent elle avait la goutte et ne pouvait quitter
son lit. Alors, pour la contenter on fourrait quelques
pierres dans un sac et on glissait les pierres et le sac
sous sa courte-pointe, en lui disant que c'étaient des

écus. Quand elle tenait le sac, la paix rentrait dans son âme et dans la nôtre aussi, car elle cessait de hurler et de nous appeler Robespierre et assassins.

Les enfants sont parfois avides d'émotions. Un jour, m'étant glissée dans la ruelle de Marie Grippe-Sous, je m'avisai de passer la main dans son lit et de lui enlever son fameux sac, trouvant intéressant de voir jusqu'où iraient ses colères. Elle ne put ni bouger ni me battre, mais elle se mit à pousser de si lamentables cris, que mon père qui était au fond du jardin accourut pour lui porter secours. Quand mon père sut de quoi il s'agissait, il se révolta, m'appela mauvais cœur et me contraignit de vider ma bourse au profit de la victime. J'avais soixante francs, résultat de mes longues économies ; ils furent employés à l'achat d'un édredon et d'un bonnet avec fontange dont Marie Grippe-Sous se para jusqu'à la fin de ses jours.

Il y avait beaucoup de têtes détraquées à Saint-Sauveur-le-Vicomte. Je me souviens d'un vieux monsieur en enfance qui venait cependant le dimanche à l'église. Quelquefois, il y retrouvait la raison et y priait avec nous. D'autre fois, sa folie douce s'exaltait et il bavardait comme une pie. Un dimanche, pendant la messe et au moment de l'élévation, au milieu du silence du prêtre et du recueillement des fidèles prosternés, le vieux monsieur se mit à chanter cette chanson bien connue :

On va lui percer le flanc, ranplan plan tire-lire.

Quand les têtes se relevèrent stupéfaites, on aperçut le vieux monsieur gesticulant dans les bras du suisse et du bedeau qui l'entraînaient vers la porte.

Pas d'autres incidents dans ce coin perdu du
Cotentin. Pour moi, pas d'autres plaisirs que celui
d'aller me promener avec mon père du côté des landes
et marais de la Sangsurière que mon père me démontrait seulement car nous n'y pénétrions pas, ces marais
étant remplis de sangsues qui se plaisaient à sucer le
sang des voyageurs.

CHAPITRE V

J'étais très fière de me promener avec mon père à Saint-Lô, comme à Saint-Sauveur. Mon père était très beau, très soigné, toujours mis à la dernière mode. Puis je le sentais estimé de tous. On sortait des maisons pour le saluer. Les mendiants l'appelaient : bon monsieur Dubois. Nous allions souvent tous les deux sur la place du Champ de Mars voir faire l'exercice aux soldats. Mon père disait bonjour au capitaine qui me donnait une tape sur la joue. Quelle gloire ! le roi n'était pas mon cousin. D'autre fois c'étaient des visites aux boutiques en renom, entre autres à celles de Cousinet et de madame Léger.

La boutique de madame Léger était située dans une petite rue moyen âge, appelée la rue Porte-au-lait. C'était au milieu de cette rue noire, étroite, devant l'étal sanglant d'un boucher que se trouvait le porche de pierres massives par lequel on pénétrait chez madame Léger, marchande de jouets. De chaque côté de ce porche, qu'ornait un mascaron tirant la langue, on voyait suspendus deux polichinelles dépeints par les intempéries, quelques ballots de laine et quelques écheveaux de coton jaunis, car madame Léger vendait de la mercerie en même temps que des joujoux. Elle tenait aussi un petit commerce d'épicerie, ce qui faisait qu'elle avait également deux tonneaux de mélasse à sa porte et que les deux polichinelles suspendus par le crâne au-dessus de ces tonneaux étaient imprégnés d'une odeur crasseuse qui m'enlevait un peu de la passion que j'avais pour eux.

La mercerie et les épices se vendaient au rez-de-chaussée, mais il fallait aller chercher les joujoux, au fond de la cour dans une vieille tour aux fenêtres grillées comme celles d'une prison. Au printemps, les giroflées et les œillets rouges poussaient entre leurs barreaux rouillés, combattant doucement le parfum lointain des tonneaux de mélasse.

Au premier étage de la tour était une porte basse à guichet. Sur la porte, on voyait écrit en lettres longues d'un mètre : jouets d'enfants. Pan, pan, pan : Voilà le guichet qui s'ouvre et la tête de madame Léger qui apparaît. Elle est coiffée d'un bonnet ruché, le cou est orné d'une fraise en grosse dentelle de Flandre. Sa robe est blanche comme la chemise d'un matelot, toute sa personne d'ailleurs est lavée, repassée, grattée, tirée à quatre épingles. La porte s'ouvre avec un petit grincement. Une odeur de musée et de chaufferette roussie vous monte à la gorge. Il y a aussi un peu d'odeur d'oignon, car madame Léger mange quelquefois un brin de ragoût derrière son comptoir. Elle ne quitte jamais cette chambre, la bonne faisant marcher le commerce d'en bas. Elle, madame Léger, est tout aux personnes fortunées et comme il faut qui lui amènent leurs enfants.

Que de choses intéressantes dans cette pièce blanchie à la chaux, éclairée par une étroite fenêtre dont les vitres cerclées de plomb tremblaient comme si elles avaient eu la fièvre, dès qu'on faisait trois pas dans la pièce. Là, des cerfs-volants, des batteries de cuisine, des séries de poupées aux corps roses, aux cheveux plats, aux yeux égarés. Puis des guirlandes de quilles, des jeux de dames et des jeux de dominos, rangés en pyramides comme des boulets dans un arsenal. Enfin les arches de Noé, les billes et les toupies luisantes, et ces beaux kaléidoscopes qui roulent d'éternels trésors.

L'ivresse des visiteurs était à son comble quand madame Léger ouvrait une petite armoire dans laquelle se trouvaient quelques objets de prix qu'on ne montrait ordinairement qu'au préfet et au receveur général quand ils avaient à faire quelques acquisitions. Ces messieurs ne débarrassaient pas toujours l'armoire de ses merveilles. J'y ai vu pendant trois ans une orange en chrysocale qui cachait un nécessaire dans ses flancs, et une poupée automate, vêtue en Marie-Antoinette, tenant un bouquet à la main qu'elle portait brusquement à son nez quand on lui pressait le ventre. Cet objet qui me donna la fièvre d'envie pendant de longues années, me fut enfin octroyé par le receveur général, M. Bourboulon de Saint-Edme, un jour que j'avais la rougeole et que je voulais me promener en chemise à travers la chambre. On coucha Marie-Antoinette sur mon oreiller et, pour ne pas déranger cette divine personne, je restai une semaine entière sans bouger.

La boutique Cousinet, la rivale de la boutique Léger, était celle d'un orfèvre, plutôt artiste que marchand, très estimé de tous les vieux nobles du pays, à cause de ses opinions politiques. Derrière les vitres obscurcies du magasin s'étalaient des couverts d'argent suspendus par une ficelle, des hochets, des enfilades de perles en verre et des couronnes de vierge en cuivre doré qui faisaient l'ambition des pauvres prêtres passant dans le quartier. Sur le comptoir, une petite balance dans laquelle Cousinet pesait les morceaux d'or dont on lui demandait l'échange et un flambeau crasseux où brûlait un lumignon. Le lumignon servait à éclairer le vieux Cousinet quand il pénétrait dans le cabinet obscur où il entassait ses richesses. C'était derrière le comptoir que se trouvait le cabinet, dissimulé par une glace, mal assujettie et dont les agitations donnaient le mal de mer. Lorsque cette porte s'entr'ouvrait, le lumignon faisait resplendir les saints-ciboires, les soleils d'or des ostensoirs et les grandes croix d'argent que portaient les cathécumènes à la tête des processions. On apercevait aussi sur des panoplies de papier noir, les saints-esprits en pierres d'Alençon, les colliers normands appelés esclavages et les boucles de diamants que portaient nos pères dans les bouffettes de leurs souliers.

Cousinet n'admettait aucun acheteur dans ce temple de la fortune. Il y puisait de temps en temps quelques objets qu'il livrait à la vente, mais il voulait les choisir. Il y en avait qu'il aimait particulièrement et qu'il n'eût pas voulu troquer contre les trésors du grand vizir. Parmi les préférés se trouvait une petite lampe en argent, qu'il avait passé quinze ans de sa vie à ciseler et à polir. Elle représentait une vestale portant le feu sacré. L'autel contre lequel elle se tenait appuyée était un fouillis de guirlandes et d'oiseaux, d'un dessin et d'une ciselure incomparables. « Jamais je ne vendrai cette lampe, » se dit Cousinet en y mettant la dernière main, et il la plaça sur un support derrière un rideau qu'il n'ouvrait que pour la satisfaction de ses propres yeux.

Lorsque madame la duchesse de Berry se lança dans les affaires de Vendée, les royalistes du pays voulurent lui donner un témoignage d'admiration et de sympathie. Ils pensèrent à lui envoyer la lampe de Cousinet, que quelques privilégiés avaient aperçue derrière ses voiles. Le pauvre Cousinet qui était lui-même fort royaliste reçut la députation qui venait lui demander sa lampe avec un mélange d'orgueil et de désespoir. C'était à la fois un grand honneur et un grand déchirement. On lui accorda le temps de la réflexion et il consacra ce répit à ciseler de nouveau son œuvre. On revint à la charge, il pleura sous ses vieilles lunettes et demanda encore un sursis; comme on ne le lui accorda point, ses sentiments politiques l'emportèrent sur ses sentiments d'artiste, et il livra aux gens de son parti l'objet de ses amours. Au moment où les Saints-Lois se disposaient à faire partir leur royal présent, l'histoire des aventures galantes de l'héroïne vendéenne éclata, avec un humiliant retentissement. Les dévouements découragés rentrèrent dans l'ombre, la députation confuse reparut chez Cousinet avec la petite Vestale, qui reprit sa place derrière son rideau. Il me fut donné de la voir, bien des années plus tard, un jour qu'accompagnée de ma grand'mère de Quigny, je vins chez Cousinet pour me faire percer les oreilles. Lorsque l'opération fut terminée, comme je n'avais point crié, quoique me cramponnant de souffrance aux mains de ma grand'mère, Cousinet émerveillé de tant de courage, offrit de me montrer la fameuse lampe dont il me conta l'histoire à sa manière; bien entendu, il ne me parla pas des aventures de madame la duchesse de Berry, se contentant de me dire que la duchesse n'avait pas mérité la petite Vestale parce qu'elle avait menti. Ce qui fit que je la trouvai bien sotte d'avoir fait une chose qui la privait d'un si charmant objet.

Cousinet et madame Léger sont des types disparus. C'était encore un des charmes de la province que ces personnalités qui se développaient loin de Paris, dans l'ombre et la paix des petites villes et gardaient leur originalité jusqu'à la mort comme on garde la foi religieuse ou son drapeau. De nos jours, plus de ces médailles étrangement frappées, la même effigie partout! plus de ces artistes modestes et convaincus qui sacrifiaient toute une vie à la création d'une œuvre, plus de ceux qui sculptaient un seul meuble, écrivaient un seul livre et mouraient contents au sein de la misère, parce qu'ils avaient atteint la perfection. Devant l'amour de l'argent et la soif du bien-être, devant le dédain des masses pour l'idéal, les âmes élevées ne trouvent plus d'espace pour ouvrir leurs ailes. On appelle cela le progrès! Comme si un peuple hâtait sa civilisation en ne cherchant que les satisfactions matérielles et le moyen d'être heureux sans effort.

En évoquant le souvenir de quelques-uns de nos provinciaux il me reste à parler de mon oncle de Saint-André et d'un vieux gentilhomme de ses amis, M. d'A... qui habitait avec sa fille un rez-de-chaussée humide de la rue des Prés, où nous habitions nous-mêmes. Cet homme avait près de cent ans. Néanmoins il conservait sa belle taille et ses grands airs d'autrefois. Il portait encore la culotte courte et la queue appelée catogan. J'admirais ses cheveux emprisonnés dans cette grosse torsade de taffetas noir sur laquelle courait un nuage de poudre qui se répandait ensuite sur ses habits, ce qui faisait penser qu'une neige éternelle tombait éternellement sur lui.

Nous allions souvent, mon frère Albert et moi, porter les journaux de mon père à M. d'A... Au jour de l'an, l'un de nous lui faisait un compliment. Puis chaque année, au carnaval, nous allions nous montrer chez lui dans nos travestissements. Quand nous entrions dans l'humide demeure, à peine éclairée par un feu mourant, nos regards se portaient avidement, vers la haute cheminée où deux oranges s'épanouissaient entre la pendule et les flambeaux. Ces oranges nous étaient destinées, nous le savions. Mais nous savions aussi que pour les conquérir, il fallait subir quelques épreuves imposées par M. d'A... Il fallait, par exemple, monter sur une chaise rehaussée d'un tabouret, essayer d'arriver jusqu'aux oranges et tâcher de les saisir pendant que M. d'A... nous tapait sur les doigts avec une vieille règle maculée d'encre. Celui qui supportait sans broncher les coups de règle était appelé par M. d'A... vieux lapin et avait le droit de manger les oranges. Souvent mon frère, plus poltron que gourmand, se fatiguait de la lutte et descendait de la chaise en pleurant; moi, je mettais à combattre une ténacité surprenante, et presque toujours les deux oranges m'appartenaient. Alors, le vieillard poudré, content de ma vaillance, baisait mes doigts rougis, pendant que sa fille le grondait de m'avoir fait souffrir. Jamais il ne sortait de sa demeure, si ce n'était pour accompagner le viatique qu'on portait aux malades. Quand il entendait par les rues la petite sonnette du sacristain précédant le prêtre et l'hostie protégés par le dais de soie blanche, il s'élançait vite hors de la maison et se joignait au cortège, tête nue et marchant haut.

Quant à son ami de S..., mon oncle, il ne suivait pas le viatique. C'était un esprit fort et un cœur sec. Il habitait à quelques lieues de Saint-Lô une espèce de hutte perdue dans des marécages. On arrivait aussi bien en bateau qu'en voiture chez le gentilhomme dont j'avais l'honneur d'être la nièce. Ce gentilhomme vivait là avec sa femme et sa fille qu'il ne rendait pas absolument heureuses, les gardant prisonnières dans ce réduit où il les entretenait dans l'amour des arts et de la littérature, en leur jouant de la guitare et en leur lisant du Molière et du Boileau. Et quand elles restaient mélancoliques devant de tels plaisirs il s'emportait et aurait volontiers tapé sur ses victimes à bras raccourcis.

Lui, ne quittait sa hutte que le samedi pour venir au marché de Saint-Lô. Il y arrivait à cheval, en culottes courtes avec un habit Louis XV et un petit tricorne qui abritait une queue pareille à celle de M. d'A... J'entends encore le bruit de cette queue quand elle battait le col crasseux de l'habit. Cet accoutrement faisait que lorsqu'il arrivait à notre porte pour nous demander à déjeuner, il avait toujours une douzaine de polissons à ses trousses. Cela ne le déconcertait pas, il sortait de sa poche une bonbonnière et jetait quelques pastilles aux polissons pour en avoir raison. Il faut croire que cette originalité commençait à se développer furieusement quand il entra en ménage, car pendant la nuit de ses noces, fût-ce dans un transport de colère ou dans un transport d'amour, il cassa une dent à sa femme, laquelle du reste trouva moyen de lui démettre le pouce.

Mon père avait ce bonhomme en horreur, à cause de sa tyrannie et de sa méchanceté. Un jour qu'il était allé rendre visite aux deux prisonnières, il les trouva en pleurs, M. de S... leur ayant défendu d'aller à l'église, écouter les momeries du curé. C'était leur dernière joie qu'il leur enlevait. Elles avaient lutté pour la reconquérir et il avait levé sur elles sa cravache. Mon père apparaissant à ce moment dramatique, M. de S... honteux de sa lâcheté s'était dissimulé dans la cuisine, derrière la huche à pain. Ce fut là que mon père le découvrit et qu'il vit à son tour la cravache brandir sur sa tête ; alors sortant le bonhomme de sa cachette et le secouant violemment, il l'envoya tomber dans une bassine pleine d'eau grasse où l'habit Louis XV reçut une mortelle atteinte.

Longtemps après l'aventure, le vieux de S... rendit son âme à Dieu. Madame de S... et sa fille gratifièrent mon père de la garde robe du défunt. Nous y retrouvâmes l'habit crasseux, mais aussi un autre habit, couleur de fraises, orné de boutons faits avec des insectes irisés. Mon père se para de cette défroque au mardi gras suivant pour aller dîner chez le receveur général dont les convives poussèrent des cris d'admiration tout le temps que dura le repas.

On s'amusait beaucoup le mardi gras dans notre société et même le lendemain, après avoir reçu respectueusement les cendres. Oui, le mercredi des cendres nous avions encore des masques. Un vieil usage les laissait circuler dans les rues l'après-midi et promener sur un brancard, un grand bonhomme de paille, habillé d'oripeaux qui était censé représenter le cadavre du mardi gras. On jetait, le soir, mardi gras dans la rivière de la *Vire*, mais auparavant on le faisait passer dans tous les quartiers de Saint-Lô et tous les masques de la banlieue et de la ville l'escortaient en hurlant. Sa veuve, un grand gaillard habillé en femme, la tête voilée de crêpe, suivait le brancard en jetant de lamentables cris, tandis que les pleureuses qui la soutenaient exécutaient, de temps à autre, à ses côtés, des danses désordonnées.

Mes parents invitaient les amis à voir passer cette procession macabre du haut de la tour de Jeanne Couillard. C'était de là qu'en buvant de la limonade, seul rafraîchissement permis à cause du jeûne, nous assistions à la tombée de la nuit à un spectacle dont le souvenir me restera toujours présent. A nos pieds passait la Vire sous son vieux pont de pierres. Mardi gras reposait au milieu du pont sur un brancard de feuillages, entouré d'une centaine de masques, chantant, dansant et portant des torches. Quelques-uns dans leurs costumes bariolés couraient sur le parapet comme des ombres diaboliques. Les autres fatigués de débauches s'asseyaient sur les bornes et s'y endormaient. Bientôt les danses cessaient et quelques-uns de la bande, saisissant une des torches, mettaient le feu au cadavre, après quoi, ils le lançaient dans la rivière en redoublant de cris et de clameurs. L'homme de paille enduit de résine, s'en allait brûlant sur les flots de la Vire, éclairant de ses feux mortuaires les bois de la falaise et les créneaux du vieux château de la Vaucelle où avaient dormi Louis XI et François Ier. Lorsque les dernières lueurs du fantôme incendié disparaissaient au fond de la vallée comme une étoile qui s'éteint, chacun se retirait, la foule et les masques ; nous-mêmes, quittions les remparts avec les invités. Mon père en regagnant la maison chantait gaiement la vieille chanson populaire :

> Mardi gras est mort, sa femme en hérite
> D'un méchant mouchoir et d'une vieille marmite,
> Chantez haut, chantez bas,
> Mardi gras ne reviendra pas.

« Il reviendra, il reviendra », criait-on avec chaleur en tapant dans les mains ; et il revenait en effet l'année suivante et je crois que je le reverrais encore, si, après le demi-siècle passé depuis, je retournais au pays.

La date la plus chère à mon cœur était celle du 1er janvier. Elle laissait en arrière toutes les joies du carnaval. Je me souviendrai toujours de notre entrée matinale dans la chambre de nos parents, mon frère accroché à ma jupe. Mon père et ma mère nous recevaient dans leur grand lit patriarcal ; après les baisers et les vœux échangés, ils sortaient des plis de leur courte pointe toutes les surprises de la terre. C'étaient des crayons argentés, des porte-monnaie en peau de loutre, une boîte contenant des perles avec un écheveau de crin pour les enfiler. Je reçus une fois une cassolette enrichie de pierres fausses qui me fit demander à Dieu ce que j'avais pu faire pour mériter un tel cadeau. Les amis, envoyaient aussi des présents. C'était presque toujours des livres et les mêmes. Monsieur *de Berquin* et l'*Histoire du nègre Gogo* qui avait sauvé une petite fille des griffes d'une panthère. Je ne saurais dire combien dans ma vie, j'ai reçu de *Berquins* et de

Gogos. Mais je ne m'en lassais point. J'enfermais les uns dans une armoire, j'enluminais les autres, mettant une véritable ardeur à bien peindre la petite fille sauvée par Gogo.

Après nous, c'étaient les domestiques qui entraient dans la chambre de nos parents, ils nous prenaient aussi dans leurs bras en s'attendrissant. Je m'étonnais alors qu'on pleurât en un si beau jour, mais ces vieux, qui avaient une triste expérience, prenaient en pitié le sort des petits qui croyaient au bonheur de l'année nouvelle et des années venant après. Les cloches de la cathédrale, celle surtout qu'on appelait le gros bourdon, se mettaient à sonner à toute volée. Puis, c'étaient les tambours venant donner une aubade à la porte de la maison paternelle. On offrait cent sous au tambour-major qui, dans son allégresse, brandissait sa canne jusqu'au premier étage. Puis arrivaient les pauvres de la ville avec leurs petits enfants, criant bonne année sous nos fenêtres. On leur jetait des sous et des dragées, quelquefois les vieux souliers de mon père, et ils s'en allaient contents. L'après-midi, c'était toute la ville qui défilait dans nos salons. Je recevais les visites avec ma mère, assise sur une petite chaise de paille, les pieds contenus dans une espèce de machine en planche qui forçait les pieds à se tenir bien en dehors. Les visiteurs me trouvaient sage de rester ainsi et me faisaient des compliments sur ma sagesse; quelques-uns sortaient de leurs poches des pralines et des pastilles de menthe, que j'avalais avec délices sans sortir de mes entraves. Le revers à toutes ces choses était, vers le soir, la mauvaise humeur de mon père qui détestait les tambours, les aubades et les obligations de ce 1er janvier qui nous charmait tous. **Mon**

père fatigué, irrité, faisait d'injustes reproches à ma
mère sur les trop nombreuses visites qu'elle avait
reçues, sur ses libéralités à l'égard de tous. Elle se
fatiguait et se ruinait pour un tas d'ingrats et d'imbé-
ciles. Quand ces choses se passaient devant moi, je
pleurais dans mon coin, alors mon père, désespéré et
plein de remords, me prenait sur ses genoux et me
disait : « Tu sais que c'est pour rire, je ne suis pas
fâché. J'adore ta mère ». Ils s'embrassaient alors et ils
m'embrassaient, et nous nous endormions tous dans la
paix des riants souvenirs.

CHAPITRE VI

Les années passaient. J'allais avoir neuf ans. Ma mère m'avait donné un second frère, un si joli petit garçon qu'un peintre nous avait demandé de faire son portrait pour représenter l'un des anges qu'il peignait dans l'église. Mais la naissance de cet enfant, suivie d'une quatrième grossesse, avait terriblement fatigué ma mère; sa santé fit concevoir les plus vives inquiétudes. Elle ne se levait plus, pleurait sans cesse, faisait et refaisait son testament et ne voulait plus se séparer de son confesseur.

On me tenait éloignée le plus possible de la chambre de la malade, c'étaient deux sœurs, les dames ***, amies de ma mère, qui me recueillaient et s'occupaient de mon instruction fort négligée. Ces dames avaient un frère jeune et bon vivant qui m'amusait

tout en me tourmentant; son extrême plaisir était de
me faire faire des tours de force. Quitte à me rompre
les os, il me perchait sur les meubles les plus élevés,
puis s'arc-boutant, il ouvrait ses bras et criait en
montrant sa poitrine : « Tombe-là »; alors lui obéissant,
je me précipitais sur lui comme un jeune chat, et il
me recevait sans broncher en disant bravo.

Un jour qu'il me recevait ainsi, au lieu de me
frotter les oreilles comme cela lui arrivait lorsqu'il
voulait me témoigner sa satisfaction, il me regarda et
me donnant un baiser : « Tu seras jolie », me dit-il.

Je compris à peine ce mot « jolie » et pourtant il m'intéressa, je le répétai souvent dans la journée et pour
la première fois, je songeai à me regarder dans la
glace. J'installai un échafaudage de chaises, de tabou-
rets, et j'arrivai jusqu'au miroir. Je ne fus qu'à demi
contente de mon examen. Je trouvai bien que mes
sourcils avaient l'air d'être tracés par la règle d'un
maître d'écriture, que mon nez riait, que ma bouche
était rouge comme celle de ma poupée, que mes cheveux bouclés rappelaient la perruque du grand-oncle
de Beauffremont, dont le portrait s'épanouissait dans
la salle à manger; mais tout ce qui me rendait fière
disparut devant l'humiliation que me causa la manière
dont j'étais vêtue. Victoire s'était livrée sur moi à
toutes les extravagances du mauvais goût, elle m'avait
taillé dans un coin de rideau une robe en stoff noir,
semée de Chinois jaunes sortant de leur kiosque un
parapluie sur la tête. Il me sembla que j'étais roulée
dans un papier d'auberge, et sautant promptement de
mon échafaudage, j'allai déclarer à mon père que je
voulais avoir, comme la fille du préfet, une robe
blanche et des nœuds bleus. Je ne me souviens pas si

mon père accorda les nœuds bleus, mais je me rappelle qu'il jeta sur moi un regard de pitié qui voulait dire : Pauvre fillette, on voit bien vraiment que ta mère t'abandonne. Ma mère, en effet, n'avait plus la force de s'occuper de nous, elle s'affaiblissait tellement que le bruit de nos pas la faisait tomber en syncope, aussi nous n'entrions dans sa chambre, mes frères et moi, que pour baiser sa main blanche qu'elle laissait pendre hors du lit quand elle devinait notre approche.

Quelquefois, au moment où j'allais disparaître derrière les rideaux de l'alcôve, elle me rappelait et me disait : « Es-tu sage? — Oui, mère. — Et les petits? — Les petits, pas toujours. — Mon Dieu, disait-elle, calme-les et veille sur eux, moi je ne puis rien ».

La pauvre maison n'avait plus d'âme, elle était froide et silencieuse comme si la mort y eût déjà passé ; tout restait fermé; les salons avaient cette triste odeur des lieux inhabités; quand il fallait les traverser pour aller au jardin, nous passions vite pour ne pas voir les fauteuils couverts de housses et qui, dans l'ombre, paraissaient des spectres assis sur des tombeaux. Par les temps pluvieux, les domestiques allumaient de grands feux pour protéger les meubles de l'humidité, ils poussaient souvent la précaution jusqu'à descendre des murailles les portraits de nos ancêtres et à les ranger autour de la flamme pour mieux les sécher. C'était à la lueur de ce triste foyer que mesdames de Laval et de Beauffremont retrouvaient leurs époux. La curiosité, une terreur pleine de charme, me poussaient quelquefois vers cette compagnie; j'aimais à m'asseoir parmi ces morts. M. de Laval m'inspirait de la confiance, il avait deux mentons réjouissants qui tombaient en étage sur sa cravate de dentelle ; on sentait qu'il avait été bon et qu'il avait aimé la vie. Sa femme semblait moins aimable quoiqu'elle fût très jolie. Elle tenait une perruche sur son tout petit poing et semblait gronder l'oiseau. Quant à mon oncle de Beauffremont, son nez sévère, sa bouche dédaigneuse, sa perruque semblable à la crinière d'un lion, en faisaient un oncle redoutable devant lequel je passais vite en me faisant petite.

Madame de Beauffremont avait aussi la bouche dédaigneuse et le nez sévère ; de plus, de petits yeux bridés et de grandes oreilles. Sa tête penchait sous le poids d'une espèce de panier mannequin qui lui servait de coiffure et d'où sortaient des guirlandes, des touffes de rubans et des pendeloques dorées ; ce panier coiffure me donnait l'idée d'une boîte à surprise et j'attendais toujours qu'il en sortît un cerceau, un jeu de quilles, une batterie de cuisine tout entière. Autant la boîte à surprise de ma grande tante paraissait renfermer de mystères, autant son corsage en cachait peu ; en voyant son énorme poitrine qui s'étalait sans remords sur du point d'Angleterre, je fermais chastement les yeux pour les reporter avec bien-être vers le portrait d'un jeune cousin mort en duel à dix-huit ans et vers celui de madame la princesse de Conti jouant de la mandoline sur les balcons de son palais.

Mon père, désespéré par cette maladie de ma mère qui allait toujours en s'aggravant, fit appeler encore une fois en consultation tous les médecins de la contrée. L'aréopage décida qu'un voyage à Paris et les soins du docteur Trousseau étaient urgents. Nos docteurs, croyant plutôt à une maladie nerveuse qu'à une maladie organique, jugèrent que, dans ces conditions, les fatigues de la route ne pouvaient point amener d'accidents fâcheux.

Nous partîmes, mon père, ma mère et moi, avec les dames *** qui voulurent accompagner ma mère pour lui prodiguer leurs soins et me continuer leurs leçons. On s'embarqua dans la diligence qui faisait en trois jours la route de Saint-Lô à Paris. C'était dans la cour de l'hôtel du Soleil-Levant que les voyageurs venaient prendre la voiture. Un garçon en sabots et en tablier bleu passait à chacun une tasse de chocolat qu'on avalait tout bouillant pendant que les chevaux piaffaient. Je n'ai jamais bu de meilleur chocolat. Il était pourtant si clair qu'on y eût vu une puce au fond de la tasse.

Madame de Quigny vint nous dire adieu dans la cour du Soleil-Levant. Elle arriva avec une poule qu'elle chargea mon père de remettre au ministre Duchâtel, qu'elle disait être notre parent et auquel elle présentait une requête touchant les intérêts de son conseil municipal. Mon père prit la poule et la jeta par la portière avant le premier relai.

On coucha ma mère dans le coupé de la diligence, mon père prit place à ses côtés. Les demoiselles *** et moi, nous nous installâmes dans la rotonde avec deux marchands de bœufs qui allaient à la foire de Caen. Leur présence n'empêcha pas les demoiselles *** de me faire un cours d'histoire sainte et d'histoire de France qui se continua jusqu'à Paris. La diligence entrait dans la cour des Messageries, rue Coq-Héron, que l'on parlait encore de Pépin le Bref et des Macchabées.

Nous passâmes six semaines dans ce grand Paris qui m'amusait et m'étourdissait. On me fit faire des robes pour remplacer celle aux Chinois jaunes et un joli chapeau tout couvert d'aubépine. Pendant que ma mère passait sa vie chez le docteur Trousseau, les demoiselles *** me menaient au Jardin des plantes et à Saint-Denis, visiter les sépultures royales. C'était là, dans le froid glacial des souterrains, qu'on reprenait les cours d'histoire. Nous fûmes trois fois à Saint-Denis. Je trouvais que c'était beaucoup. J'aimais mieux les ours et les beaux perroquets du Jardin des plantes. Un soir on me fit voir un célèbre prestidigitateur qui faisait sortir des poissons rouges et un cochon de lait des plis de sa robe constellée d'or. Je crus mourir de plaisir.

J'assistai également avec ma mère à un concert populaire qui avait lieu aux Champs-Élysées dans un grand cirque dont les gradins remplis de monde me donnaient l'idée des arènes où Néron faisait manger les chrétiens par ses bêtes. Pour gagner nos fauteuils nous dûmes passer devant monseigneur le duc d'Aumale et son frère de Joinville qui se trouvaient mêlés à la foule; les princes se levèrent pour nous faire de la place et même nous donnèrent la main pour faciliter notre route, ce qui fit dire à ma mère lorsqu'elle fut assise : « Je ne les croyais pas si polis. »

— Quels sont ces messieurs? demandai-je à ma mère ?

— Ce sont les d'Orléans, me répondit-elle sèchement.

— Les fils du roi ?

— Oui, écoute la musique.

J'écoutais en effet, mais pendant que le chef d'orchestre décrivait de grands cercles dans l'espace avec sa baguette, je ne pouvais m'empêcher de regarder ces beaux jeunes gens, fils de roi, qui nous avaient prêté un si généreux concours.

Les médecins normands avaient bien jugé l'état de

ma mère. M. Trousseau ne lui trouva que les nerfs sérieusement atteints. Il prescrivit le calme et les distractions douces, la musique, la peinture, de longues marches au grand air. On lui donna pour cela quelques milliers de francs, après quoi nous reprîmes la diligence rue Coq-Héron et rentrâmes en Normandie.

A peine étions-nous de retour que mon père entreprit d'autres voyages pour distraire ma mère, ainsi que l'avait ordonné M. Trousseau. Nous fîmes une tournée de visites chez des parents et des amis, habitant les départements de l'Orne et de l'Eure. C'était avec notre voiture et nos chevaux que nous courions ainsi le monde. Cela m'amusait beaucoup. Je montais les côtes à pied avec mon père pendant que ma mère lisait, doucement ballottée dans la voiture. On s'arrêtait ensuite à la porte des auberges pour donner l'avoine aux bêtes. Pendant ce temps, nous mangions du poulet froid et de la galette à la table des voyageurs.

Je me souviens encore de notre arrivée chez les cousins de Chasot, à Écouché, au moment d'un affreux orage, qui tua trois pauvres femmes abattant des pommes sur la route. Quand nous entrâmes dans la maison, les trois cadavres étaient couchés dans le vestibule, et madame de Chasot jetait sur eux de l'eau bénite. Ils étaient horribles avec leurs traits tuméfiés, leurs vêtements brûlés et leurs cheveux réduits en cendres. C'était la première fois que je voyais la mort. J'en restai si frappée que M. de Chasot fut obligé d'enfourcher un cheval et d'aller m'acheter un jeu de loto à Argentan pour donner un autre cours à mes idées.

Nous visitâmes ainsi le château de Rasne, au prince de Bergue, celui de Carrouge, et celui du duc de Broglie à quelques lieues de Bernay. Nous fûmes reçus dans la bibliothèque des de Broglie par M. Doudan, leur secrétaire et leur ami, auquel nous devons aujourd'hui un recueil d'inimitables lettres. M. Doudan fut fort aimable pour mes parents, qui s'excusaient de leur indiscrétion, et prit la peine de leur montrer quelques-uns des plus intéressants volumes. Pendant cela, j'errais autour de la pièce. Avisant un escalier de bois qui servait à gagner les rayons les plus élevés de la bibliothèque, et trouvant que c'était la chose la plus intéressante du monde, je résolus d'en escalader les degrés. Cet escalier avait la forme d'une tour; en le poussant du doigt, on le faisait rouler d'un point à un autre comme un joujou. J'eus la malheureuse idée de le diriger vers le centre de la bibliothèque où régnait dans sa gloire un grand et magnifique portrait de madame de Staël, peint, je crois, par Gérard. Me voilà montant et tournant dans la tour et arrivant jusqu'au sommet où je me trouvai tout à coup en face du fameux portrait. Madame de Staël avec son turban surmonté d'une aigrette et ses traits masculins me rappela les sultans féroces des *Mille et une nuits*. Saisie d'épouvante devant cette apparition, je reculai brusquement et en reculant, je tombai dans l'escalier et m'en fus, roulant comme une balle, jusqu'à la dernière marche. M. Doudan se précipita pour me recevoir et daigna me ramasser par le fond de mon pantalon. De l'aventure, il ne me resta grâce à Dieu que quelques bleus le long des jambes et un respect mêlé de terreur pour le sultan de M. le duc de Broglie.

Je crois que cette dernière visite ranima tous les instincts littéraires de ma mère, car ayant acheté une chienne en passant à Caen, elle l'appela Corinne. Jamais acquisition ne me parut plus désastreuse. Corinne était une horrible bête, qui sentait la peste et me mordait quand j'embrassais ma mère. De plus, elle étrangla un petit écureuil que j'adorais, qui buvait dans mon verre et s'endormait sur mon sein. Le ciel permit que mon écureuil fût vengé. Corinne mourut un beau jour d'une indigestion de pruneaux.

Je dois dire qu'avant sa mort, Corinne avait eu pas mal à souffrir de mes procédés : je l'employais à mes jeux, lui administrant des corrections quand elle ne s'y prêtait pas de bonne grâce. Je lui faisais parfois jouer un rôle dans nos comédies. Dieu sait comme elle grognait quand je l'habillais en marquise ou en militaire. Ceci me rappelle une histoire où j'en fis un membre du tribunal révolutionnaire dans un drame qui laisse encore des remords à ma conscience.

Nous avions, mon frère et moi, un ami, appelé de Villers, fils du commandant des remontes à Saint-Lô, qui était un rude luron et ne demandait que plaies et bosses. Il était très difficile de l'amuser par des jeux tranquilles. C'étaient toujours des batailles qu'il fallait livrer dans le grenier à foin, des comédies où la scène représentait une caverne de voleurs torturant leurs prisonniers. C'était généralement de Villers et un petit voisin qu'on s'adjoignait qui étaient les voleurs et mon frère et moi qui étions les torturés. Alors on nous enchaînait et on nous mettait des mouchoirs sur la bouche pour simuler le baillon. Je détestais ces jeux-là, mais de Villers avait un grand prestige à mes yeux et je n'osais pas lui résister. Quelquefois je tâchais de l'intéresser à nos lectures dans la chambre de Victoire. Ma grand'mère de Quigny avait laissé traîner un vieux livre de la révolution qui me passionnait et dont j'essayai de lui donner connaissance. On y racontait les horreurs du tribunal révolutionnaire, les noyades de Nantes et les mariages républicains ; de Villers s'enflamma à l'idée d'organiser un tribunal révolutionnaire. Il nous choisit naturellement comme victimes, mon frère et moi, se réservant de représenter le tribunal avec le petit voisin. L'idée que notre fougueux ami voudrait essayer avec nous des noyades ou d'un simulacre de guillotine m'effraya tellement que je refusai de prêter ma personne à ce jeu odieux. Mais pour ne pas fâcher de Villers, je promis de lui trouver des victimes. Alors, j'imaginai de créer un théâtre de marionnettes vivantes avec des animaux Je renversai une grande caisse dans laquelle il nous était arrivé du vin d'Espagne, j'en fis une table, je plaçai dessus trois petites chaises, sur les trois chaises, je liai solidement Corinne et les deux chats de ma mère, la chatte Dorine et son fils. Ces trois bêtes faillirent me dévorer quand je leur attachai sur l'oreille une cocarde tricolore. Grâce à cet ornement j'espérais en faire trois représentants du peuple, jugeant des aristocrates. Les aristocrates furent difficiles à trouver. Je les découvris pourtant dans un nid de chauves-souris que je surveillais depuis quelque temps derrière une des poutres du grenier. Toute la famille des chauves-souris dormait quand je pénétrai chez elle. Je les pris toutes sans luttes et sans efforts. La mère ouvrit une bouche désespérée et se laissa enfiler par moi sur une épingle à cheveux que je piquai après cela sur un bouchon pour grandir la victime et lui donner un petit air plus humain. Les enfants subirent le même sort et furent placés comme elle devant les juges sur une vieille boîte à bougie qui simulait la barre. Je vois encore leurs pauvres ailes gluantes s'accrocher les unes aux autres dans leur épouvantable supplice. De

Villers trouva la chose admirable. Il parla pour les représentants du peuple dans la coulisse, et moi je dus répondre pour les aristocrates. Le jugement dura pas mal de temps et la condamnation à mort des misérables eut lieu au moment où la mère chauve-souris rendait l'âme sur son bouchon. Les petits, dont la vie était plus tenace, s'agitaient toujours en poussant de petits cris que j'entends encore. Les représentants criaient aussi ; de Villers grisé par la scène, voulut terminer la cérémonie par les noyades, et s'emparant des pauvres aristocrates, courut les jeter dans la citerne de la cour, où l'on faisait boire nos chevaux. Là, les malheureuses bêtes se débattirent jusqu'à la nuit.

Je fus saisie d'un tel remords quand vint l'heure de me coucher, que prenant une lanterne et me sauvant de la maison, je m'enfuis vers la citerne pour rattraper les agonisants. Je pris un long bâton, et au risque de me noyer moi-même, je repêchai les martyrs qui flottaient toujours sur les bouchons. Un seul survécut pendant quelques heures. Je l'avais ramené dans ma chambre, lui avais enlevé l'épingle qui traversait son corps et l'avais couché dans une vieille palatine d'hermine de ma mère. Plusieurs fois pendant la nuit je déroulai la fourrure pour voir où en était le moribond. Mon cœur s'effondrait à la pensée que j'avais pris sa vie et celle des siens par lâcheté, pour m'éviter des émotions et des dangers à moi-même. Pendant que le pauvre être râlait, que sa poitrine velue se soulevait sous l'oppression dernière, j'avais envie de lui demander pardon. Quelqu'un m'eût dit qu'un baiser lui eût sauvé l'existence, que j'aurais posé mes lèvres sur son odieux petit corps.

Rien ne lui rendit la vie, pas même le vin sucré que

j'introduisis avec un cure-dent dans son horrible bouche. Lorsque le supplicié fut tombé dans le calme de la mort, je lui donnai une larme et promis d'expier ma cruauté, en disant chaque jour à sa mémoire le *De profundis* et le *Miserere*.

CHAPITRE VII

Nous rentrons à Trécœur pour l'été. — L'histoire de mon ruitelet.
Le colporteur Vital.

Bientôt ce fut l'heure de l'installation à Trécœur. —
Heure charmante entre toutes. Je revis avec ivresse ma
grand'mère, la vieille horloge, les bois, l'étang et les
charmilles. Je repris mes courses joyeuses à travers le
pays, sans craindre Néro qui était mort pendant l'une
de nos absences.

Il y avait dans cette propriété de ma grand'mère une
longue allée que j'affectionnais particulièrement. Elle
était tracée sur la surface de deux fossés contigus,
plantés d'arbres gigantesques. Ces arbres étaient des
hêtres. Quand leurs fruits secs et épineux venaient à
tomber et à tapisser la terre, on entendait sous ses pas
un bruit de crécelle doux et triste. Au printemps, les
haies d'épines s'élevaient comme un mur blanc derrière
le tronc des vieux arbres. Les jacinthes et les primevères brillaient au-dessus des mousses de l'hiver. Leur

parfum montait comme une bouffée d'encens jusqu'à la coupole des branches rajeunies. Dans le fouillis d'herbes nouvelles, recouvrant les dernières feuilles tombées, on apercevait le calice pâle des arums. Ces fleurs, cette longue suite de beaux arbres dans lesquels le vent soufflait comme dans les mâts d'un navire, le bruit du ruisseau traversant la prairie, le silence régnant partout ailleurs, jetaient en mon âme des admirations infinies.

Mais ce qui me paraissait plus merveilleux encore, c'était une grotte en argile ornée de mousse et de petits fragments de miroirs qui se trouvait au fond de l'allée. Quand le soleil se glissant entre les feuilles frappait sur ces morceaux de cristal, c'était pour moi la grotte d'Aladin. Ce réduit avait été construit par un brave homme du pays, jardinier à Trianon, pendant que Marie-Antoinette y portait ses rêveries. Je passais là des journées entières, me recueillant, comme si j'eusse été dans un temple. L'année dont je parle, je ne fus plus seule dans le temple. Un petit roitelet avait bâti son nid dans un des angles de cette retraite et y vivait heureux. Ma présence ne l'inquiétait point. Il comprenait mon cœur tendre. Quand je remuais un peu, il sortait la tête de son nid et me regardait agir avec ses yeux brillants comme deux perles noires. Bientôt, il m'autorisa, pendant ses absences, à glisser ma main dans le duvet du nid pour compter les œufs. Jamais cette main d'enfant, passant sur la couvée, ne lui donna la pensée d'abandonner la maison.

Encouragée par cette clémence, j'aidai bientôt la femelle dans ses soins maternels; je lui attrapais des mouches que je rangeais sur la table rustique qui occupait le milieu de la grotte. Elle accourait en sautillant, prenait les mouches et les portait à ses petits qui venaient d'éclore. Tout cela était d'un si vif intérêt pour moi, que j'en rêvais, que je ne mangeais point et que tout le temps que je passais loin de ma grotte et loin de mes roitelets me semblait du temps perdu.

J'en étais là de cette passion quand il arriva à Trécœur un petit garçon de mon âge, le fils d'un monsieur de la Motte d'Annebaud, parent de ma mère. M. et madame de la Motte et le jeune Henry venaient passer quelques jours avec nous. Henry avait pour moi une tendresse extrême, et poussait des cris d'écorché dès que je l'abandonnais un instant. Il me devenait bien difficile de faire de longues stations près de mes oiseaux. Emmener l'enfant me paraissait dangereux pour le repos de ces bêtes. Je me sauvais près d'elles quand je pouvais, après le dîner de midi, avec une récolte de mouches dans la main. C'était l'heure où Henry prenait ses leçons avec sa gouvernante. Quand je revenais un peu tardivement, il me disait rouge de colère : « Où donc vas-tu sans moi? »

Une après-midi, Henry obtint un congé et me suivit à pas de loup le long de la grande allée. Quand j'arrivai devant la grotte, je l'aperçus, en me retournant, blotti derrière un arbre et me considérant avec curiosité. « Henry, lui dis-je, pensant le toucher par ma franchise, je vais te conter mon secret. Tu seras gentil, tu ne feras pas de mal à mon roitelet. C'est un oiseau que j'aime. Il a son nid ici dans ce petit coin ». A ce moment même, le roitelet montrait ses perles noires d'un air inquiet. « Si jamais tu dénichais ce nid, ajoutais-je, tu me verrais mourir ». Henry parut ému et jura, les mains derrière le dos, de respecter mes amours.

Pendant deux ou trois jours, il me suivit à la grotte

et garda ses serments. Mais bientôt ces pèlerinages muets l'ennuyèrent, et il demanda à s'amuser plus bruyamment aux alentours. Il aimait passionnément les cérémonies religieuses et dans ses jeux essayait d'en reproduire les pompes. Ayant découvert dans le tronc d'un hêtre voisin de la grotte une immense cavité pleine de mousse et de lichen, il décida qu'il y ferait une chapelle, qu'il s'habillerait en pontife et qu'il officierait. « Je ferai un mariage, dit-il, je te marierai avec Pierre. » Pierre était le berger dont j'ai déjà parlé. Cela dit, il commença à orner la chapelle. Tous les arums, toutes les jacinthes, toutes les primevères de mes chères solitudes furent sacrifiés aux dieux de mon ami. Bientôt après, il courut vers le château et en rapporta des nappes blanches, des flambeaux, des chapelets et de belles images qu'il suspendit aux branches du hêtre comme des *ex-voto*.

Le mariage fut fixé au lendemain. On prévint Pierre, et moi je me disposai comme une victime à servir d'héroïne à la cérémonie. Henry ayant confié ses projets à sa gouvernante, fut paré de ses mains comme une idole. On lui fit une mitre sur laquelle on scella tous les bijoux de madame de la Motte, puis une chape en papier doré, puis une crosse majestueuse avec le manche d'un balai auquel on adapta le ressort tortillé d'une sonnette.

Il fallait à Pierre des vêtements plus convenables que sa blouse de berger. Je fus chargée après bien des pourparlers d'enlever habilement à la garde-robe de mon père l'habit à boutons d'or avec lequel il se rendait dans les festins du voisinage. Pierre ajouta au costume un bouquet qu'il cousit sur sa chemise et mit un mouchoir blanc autour de son cou hâlé. Quant à moi, restant indifférente à la fête, je m'étais vêtue tout simplement de ma chemise de nuit, d'une ceinture rose et d'un voile taillé dans un vieux rideau. Au moment du départ, Henry m'installa dans les cheveux une rose blanche, retenue par un petit morceau de bois fourchu.

Nous nous mîmes en marche à travers les charmilles et les haies fleuries du beau promenoir. Le pontife nous précédait, Pierre me donnait le bras, mais il était fort empêtré car il fallait en même temps porter un cierge et relever les longues basques de son habit.

Nous arrivâmes au pied du vieux hêtre dans le même cérémonial. Henry sortit du fond de sa chape d'or une boîte d'allumettes et se mit en devoir d'allumer les bougies espacées dans la verdure. Le cierge de Pierre brilla lui-même du plus vif éclat. Je ne voyais pas sans inquiétude cette illumination qui pouvait enflammer les branches sèches et les débris résineux de quelques sapins abritant la grotte ; mais Henry était ardent, emporté, il fallait accepter ses volontés ! Lorsque j'eus mis ma main dans la main du berger et que Henry nous eut ensevelis sous une serviette qui simulait le voile des mariés, nous demandâmes, Pierre et moi, à suspendre la cérémonie et à reprendre nos occupations. Henry protesta. Il voulait à son tour être le marié et habiller Pierre en pontife. Pierre prétendait garder ses droits et refusa de quitter ma main, alors Henry frappa du pied, arracha l'habit de Pierre, le saisit par sa superbe cravate et s'en fut luttant et trébuchant avec lui jusqu'au fond de la grotte. Pierre n'avait pas lâché son cierge qui devint sous l'empire de l'air et de l'action du combat, une torche flamboyante. Bientôt cette langue de feu atteignit les parois de la grotte et ces mousses que tant d'années avaient desséchées et pulvérisées s'enflammèrent et brûlèrent comme si elles avaient été enduites de phosphore. Les enfants épouvantés, les cheveux et les mains brûlés, sortirent de la grotte, moi j'y entrai en criant : « Mes oiseaux, mes chers oiseaux. » A ce moment même le nid se détachait de la muraille et roulait à mes pieds comme une boule de feu. Le roitelet aux yeux noirs n'était plus qu'un cadavre, couvant ses pauvres petits. Je ne sais plus alors ce qui se passa. Lorsque je me réveillai au sortir de cet horrible songe, je me retrouvai couchée sur l'habit à boutons d'or, à la porte de la grotte d'où Pierre m'avait tirée par miracle. Pendant cela, Henry s'était élancé vers le château en criant : « Elle est morte, elle est morte », et tous les gens d'accourir en agitant les bras.

Je ne mourus point de ma peine, mais j'en souffris longtemps. Mon cœur atteint ne pouvait supporter la vue du promenoir, des grands hêtres et de la grotte abandonnée. Les printemps passèrent, plusieurs fois les arums s'ouvrirent, l'épine se couvrit de ses bouquets blancs, sans que je trouvasse le courage de rentrer dans ces lieux. Quelques jours avant ma première communion, étant venue chercher les bénédictions de ma grand'mère, je revis ces ombrages pleins de tristesse, le prêtre qui nous avait fait les derniers catéchismes nous ayant dit d'accepter les sacrifices et les douleurs.

Avant de reprendre nos quartiers d'hiver à Saint-Lô, il se passait dans nos campagnes un événement qui remplissait mon cœur de joie. C'était l'arrivée du colporteur Vital.

Vital était un de ces Savoyards qui s'expatrient

pour faire fortune et qui, à des époques régulières, traversent la France, cumulant le métier de marchands merciers avec celui de ramoneurs. Ces hommes s'en allaient le long des routes, de village en village, de château en château, une balle sur le dos, un bâton ferré à la main, traînant à leur remorque un enfant d'une douzaine d'années, qui portait péniblement les cordes, les crocs et le paquet d'épines destiné au ramonage des cheminées. Chacun attendait fiévreusement l'apparition de ces étrangers. C'était d'abord une distraction, puis ils vendaient du meilleur fil et de meilleures aiguilles que les marchands des cités. Ensuite, on ne faisait du feu que lorsqu'ils avaient paru.

Le nommé Vital, celui qui desservait notre département depuis bientôt un demi-siècle, était un homme d'une cinquantaine d'années, jadis d'une beauté fort rare, mais alors assez ravagé. Il ne lui restait que des dents et une majestueuse tournure. Le reste avait disparu sous les rides, sous le hâle et sous la suie. Il portait, comme nos paysans, la veste appelée carmagnole, un pantalon de droguet, un gilet rayé de couleurs voyantes, une cravate retenue par une bague et une chaîne en or à grand tralala. Ce qui était moins correct, c'était son chapeau haute forme que les intempéries avaient jauni et sur lequel il piquait une quantité d'épingles et d'aiguilles pour servir d'enseigne à sa boutique. Malgré cette coiffure pelote, nos domestiques, subjugués par le reste du costume, affirmaient que ce diable de Vital avait toujours su se bien vêtir.

Quant à son petit compagnon, porteur du paquet d'épines, c'était le diable en personne. Je pensais avec tristesse qu'il n'avait ni mère, ni bonne pour le débarbouiller, et je lui aurais promené volontiers une serviette mouillée sur la figure, afin de lui éviter les humiliations qu'il recevait à la cuisine. Le peuple des serviteurs n'est pas indulgent. Il y avait là une belle femme de chambre appelée Monique, à laquelle j'aurais de grand cœur donné des claques, parce qu'elle appelait le pauvre enfant sac à charbon et qu'elle l'obligeait à manger la soupe que lui offrait ma grand'mère, dans l'office où l'on mettait les pots à graisse. Pendant cela, elle mangeait la sienne en bonne compagnie, riant et coquetant avec l'incomparable Vital. Cette injustice était commise parce que sac à charbon aurait sali ses voisins de table avec la crasse de ses vêtements et de ses mains laborieuses. Devant une telle iniquité, je me glissais mystérieusement derrière les pots à graisse, cherchant à consoler le réprouvé en lui donnant quelques friandises.

Ce n'était pas toujours le même personnage que Vital amenait du pays. Il avait pour son compte dix-sept enfants, dont treize garçons, ce qui lui permettait de changer de compagnon. Parmi ces pauvres enfants que j'ai connus, j'ai conservé une préférence marquée pour le petit Julien. Celui-là trouvait moyen d'ajouter une marmotte à son bagage, et de la faire sauter devant moi, en criant un « Hioup, hioup, hioup » qui me ravissait l'âme. Puis il me permettait de toucher la bête et de promener ma main sur son dos, aussi doux qu'une bande de satin.

Julien se souvenait de moi quand il retournait en Savoie. Il me cueillait des fleurs de ses montagnes et me les envoyait à la saison prochaine, quand il ne pouvait pas me les apporter lui-même. Pour *madamogelle*, écrivait-il sur le paquet. Je ne crois pas que la fameuse Longueville eut plus d'émotion en recevant les billets de Lauzun, que je n'en avais devant ce *mada-mogelle* et devant les fleurs desséchées du ramoneur. D'ailleurs, elles sentaient si bon ces fleurs, elles sentaient la menthe, et j'avais autant envie de les manger que de les baiser.

Julien n'était point seul à me faire des cadeaux. Vital lui-même mettait de côté chaque année une pièce de ruban, un étui, une petite pelote en bois de Spa, qu'il m'offrait en ouvrant sa balle. Je défaillais sous la joie que me causaient ces présents. Aussi, avec quelle ardeur j'attendais l'arrivée du dieu Vital sous les avenues de Trécœur. Quand on annonçait sa présence dans le pays, j'allais l'attendre dans l'avenue longeant l'étang. C'était toujours par là qu'il faisait son entrée au château. Lorsque j'entendais le bruit de son bâton et de ses gros souliers ferrés sur les pavés de la route, je tenais mon cœur. Il était bientôt là, devant moi, lui aussi m'appelait *madamogelle* et demandait la permission de m'embrasser. « Comme vous avez grandi ! comme vous êtes belle ! » Toutes ses paroles résonnaient à mes oreilles comme celles de l'enchanteur Merlin. Au prix de quelques années de ma vie, je voudrais les entendre encore.

J'entrais triomphalement avec Vital dans la cour du château, lui tenant la main et ne quittant pas des yeux sa fameuse balle. Il l'ouvrait sur les marches du perron devant ma grand'mère, mes parents et les domestiques, et on étendait les trésors sur nos balustrades blanches. Que de merveilles il nous montrait ainsi, depuis les cartons pleins de bobines et de boutons nacrés, jusqu'aux pelotes de satin enfern ées dans des coquillages. Puis c'étaient des colliers d'ambre pour les petits enfants, de belles agrafes pour les pelisses des paysannes, des chapelets en pois d'Amérique et en coco travaillé, des faisceaux de lavande entremêlés de ganses d'or pour mettre dans les armoires, des boucles d'oreilles en filigrane, des bagues de fiançailles représentant deux cœurs.

Vital déroulait aussi de beaux rubans, lustrés comme des ailes d'oiseaux-mouche, dont les jeunes paysannes faisaient des nœuds pour fermer leurs coiffes. Ensuite venaient les foulards aux dessins variés. Quelques-uns représentaient des personnages qui me remplissaient d'admiration, ce fut par eux que je fis connaissance avec La Fayette, Napoléon et madame Lafarge.

La boutique livrée au public, chacun causait, discutait, s'enflammait sur les acquisitions. Ma grand'mère tenant solennellement une grande bourse en filet vert, dans laquelle brillaient des pièces blanches et des pièces d'or, s'avançait vers les marchandises étalées et faisait de nombreuses provisions, dont elle distribuait séance tenante la meilleure part à ses gens et à sa petite-fille; puis elle emportait chez elle des centaines de bobines et des cartes d'épingles, alignées comme des soldats, qu'elle déposait dans sa chambre au fond d'un meuble appelé bonheur du jour, où dormaient déjà d'autres épingles et d'autres bobines.

Ceux qui me liront, comprendront sans peine quelle place Vital tenait dans mon existence, et quelle douleur j'eusse éprouvée si l'on m'eût fait quitter Trécœur avant son glorieux passage.

CHAPITRE VIII

Mes parents rentraient à Saint-Lô plus joyeusement
que moi. Ils reprenaient en hiver leurs habitudes
mondaines, allant beaucoup chez les autres, recevant
beaucoup chez eux. Moi, je devais reprendre des
leçons d'histoire avec les demoiselles *** et aussi les
leçons de piano.

J'avais beaucoup de dispositions pour la musique et
déjà je jouais très proprement du Beethoven et du
Mozart. On mettait parfois mon talent à contribution,
dans les soirées musicales que donnait ma mère, où
je devais accompagner M. Rey, gros propriétaire de
vins de Bourgogne, qui jouait du hautbois quand
il avait placé ses vins. Cela me mettait au désespoir
parce que M. Rey était toujours mécontent de

mon jeu, trouvant que je ne suivais pas ses trilles avec intelligence, et quand je n'arrivais pas avec lui aux points d'orgue, il me donnait des coups dans le dos avec son hautbois. J'étais plus heureuse si on me permettait d'entendre dans un petit coin Alexandre Batta et madame Ugalde qui venaient donner des concerts à la Société philharmonique de Saint-Lô, dont mon père était président. Ces soirs-là, on me mettait une des robes que j'avais rapportées de Paris et je me croyais une demoiselle.

Je devais à la musique plus de mauvaises impressions que de bonnes. A Paris, pendant ce fameux séjour avec les demoiselles ***, on m'avait menée chez Niedermeyer, l'auteur du *Lac* et de l'*Isolement*, pour me faire exécuter devant lui, un de mes morceaux de musique, afin qu'il pût dire si j'étais bien enseignée. Je lui jouai une espèce de ballade appelée le *povero* qu'il trouva déplorablement interprétée. Il ajouta que je ne savais pas tenir mes mains sur les touches et que je jouerais tout aussi bien avec mes genoux. Mon premier, mon unique sentiment de haine fut pour cet homme. Son nom me fait frémir encore.

Je frémissais également quand mon père qui jouait de la flûte étudiait ses morceaux pour les concerts de la Société philharmonique. Il fallait alors un tel silence dans la maison qu'il me semblait que la mort planât sur nous. Si mon frère rompait ce silence par un mouvement ou par un mot on l'enfermait dans la garde-robe de ma mère, où toutes les robes suspendues le faisaient songer aux femmes de Barbe bleue, alors il poussait des cris féroces et je devais trouver le moyen de le faire taire, sans quoi je subissais moi-même une punition.

Je gardais aussi un souvenir pénible d'une soirée où ma mère avait chanté en s'accompagnant de la guitare. J'avais alors blessé ma mère sans le vouloir et je ne savais m'en consoler. C'était un soir où le vent d'automne secouait la vieille maison, où le mauvais temps ne faisait soupçonner l'arrivée d'aucun visiteur. Mon père était absent. La tempête et la solitude inspirèrent ma mère. Je chanterai pour mes enfants, dit-elle. Elle prit sa guitare et s'installa dans sa chambre qu'une lampe douce éclairait. Mon frère s'assit près d'elle, moi, je fus choisie pour tenir le cahier de musique. Elle posa le haut du cahier sur mon front et me dit d'en tenir la base avec mes deux mains.

Les chants commencèrent. La romance qui s'appelait *Rébecca* n'était pas suffisamment apprise. La voix de ma mère s'était altérée pendant la maladie, elle était fausse par instant. Ma mère s'en aperçut et s'arrêta, puis elle reprit avec feu ; mais l'épreuve avait été longue. Mon frère commençait à s'ennuyer et à battre la mesure avec ses talons. Je voyais au-dessous du livre les deux pieds de l'enfant qui prenaient une physionomie comique et menaçante, il n'en fallait pas tant pour me donner envie de rire. Je me contins d'abord, puis ce rire que je chassais comme un crime éclata bruyamment. Le cahier s'ébranla et bientôt s'échappa de mes mains, celles de ma mère abandonnèrent aussi la guitare qui fit entendre en tombant un bruit sinistre.

Un silence absolu succéda à cet orage ; ma mère se leva et se dirigea vers la porte d'un pas de reine offensée. Je m'élançai à sa poursuite en lui criant « Pardon ! » Au moment où elle allait sortir elle se retourna et me dit d'une voix triste : « Méchante ». Ce fut tout. Je n'essuyai pas d'autre reproche, mais je ne l'entendis plus chanter.

Les dames *** me menaient au catéchisme; l'époque de ma première communion approchait. Elles me demandèrent un jour un terrible sacrifice en faveur du grand acte que j'allais accomplir. « Abandonne tes poupées, me dirent-elles, Dieu t'en saura gré. Il faut les lui offrir en holocauste. Et puis tu es vraiment trop grande pour jouer encore avec ces morceaux de carton ». J'étais indignée qu'on appelât ainsi celles que j'avais tant aimées.

Deux de ces poupées avaient fait le charme de ma vie. L'une d'elles qui s'appelait madame Joret, Dieu sait pourquoi, m'avait été donnée dès ma première enfance par une vieille parente qui la tenait à son tour d'une dame du Directoire.

Madame Joret était pour moi une relique et une amie. J'étais fière d'elle, de ses yeux d'émail bleu, de ses cheveux bouclés à la grecque, de la plume piquée dans son crâne, de sa belle robe de satin blanc brodée de chenille dont la ceinture lui remontait la poitrine au-dessous du nez, enfin de ses jolis gants en filet vert dont j'aurais volontiers fait des bas, tellement ils étaient longs.

Un peu plus tard, j'avais adjoint à madame Joret une autre poupée dont elle fut, je crois, jalouse, car elle devina que je l'aimerais plus qu'elle. Celle-ci fut habillée en homme et s'appela Louis de Senneval. Ce fut le tailleur de mon père, M. Douchin, qui fut chargé de le vêtir et jamais tailleur n'atteignit pareille perfection. Le physique de Louis était encore plus raffiné que celui de madame Joret. Ses yeux ressemblant à deux perles noires brillaient sur un front de porcelaine d'un blanc pur. Sa bouche souriait et montrait ses dents, ses cheveux étaient en soie couleur d'or, rejetés sur le sommet de la tête, comme ceux de Victor Hugo. J'eus l'idée de faire de Louis de Senneval, non pas mon fils, mais le mari de mes rêves. Je l'épousai solitairement un beau dimanche après avoir posé sa main et la mienne sur mon livre d'heures, pas d'autre cérémonie religieuse. Nous partîmes ensuite pour notre voyage de noces qui se fit autour de la pelouse, tous les deux installés dans la brouette du jardinier que traînait péniblement son petit garçon.

Depuis trois ans, j'étais restée fidèle à Louis de Senneval, et voilà que je devais maintenant le chasser du toit conjugal et le condamner ainsi que madame Joret à l'abandon. Cette grande décision me coûta bien des larmes, mais j'y donnai suite courageusement puisque c'était un devoir. Seulement, il me parut impossible de livrer ces chers fétiches à d'autres mains que les miennes, de les laisser aimer par d'autres cœurs. Je préférai les faire disparaître de ce monde, trouvant que pour eux et pour moi la mort valait mieux que la vie. Cela dit et pesé, je préparai leur tombe. Je découvris dans le garde-meubles une vieille boîte à guitare qui n'avait plus de guitare, je m'en emparai. Je la remplis de branches printanières et de jolies fleurs et sur ce lit charmant, je couchai mes chères poupées. Quelle pitié me firent leurs grands yeux fixes quand je fermai sur eux le cercueil. Le petit jardinier qui m'avait fait faire mon voyage de noces dans la brouette, transporta dans cette même brouette la boîte à guitare jusqu'au pied de la tour de Jeanne Couillard, où j'avais fait creuser une fosse.

Ce fut ainsi que finit mon premier roman le plus

doux et le plus triste peut-être des romans de ma jeunesse.

Les exhortations religieuses de ma mère et des dames *** jetaient dans mon âme un trouble infini. Je me sentais disposée à aimer Dieu, elles me le faisaient craindre, et comment aimer celui qui châtie pour un regard, pour une pensée, pour un sourire? J'étais tellement occupée du soin de me purifier que mon esprit s'assombrissait, que ma santé s'altérait. Je voyais jour et nuit le péché se dresser devant moi comme un spectre et Dieu sur ses nuées de pourpre, armé d'un glaive et prêt à frapper. Je traînais ces cauchemars partout, dans mes jeux, dans mes prières, à confesse, au catéchisme. J'étais étonnée des visages joyeux de mes compagnes, de l'air calme avec lequel elles écoutaient les instructions religieuses. Je les croyais destinées à la damnation éternelle quand elles riaient en se donnant de l'eau bénite, quand elles paraissaient distraites, quand elles s'arrachaient leurs catéchismes, quand elles griffonnaient avec un petit charbon des dessins sur les pages de leurs livres de prières.

Une d'entre elles s'avisa un jour de dessiner un diable sur la page blanche de son catéchisme. Voilà qu'elle passe ce précieux dessin à sa voisine de gauche puis à moi qui était sa voisine de droite, et que bientôt tous les rangs s'agitent et demandent à voir. « Silence », crie l'abbé en tapant sur son prie-Dieu ! A cet ordre, je serre le diable contre ma poitrine afin de le soustraire aux regards de l'abbé. Mais quels remords après une telle action ! Le lendemain dès l'aurore je fus trouver le vieux curé : « Mon père, lui dis-je, je m'accuse d'avoir considéré le diable avec complaisance et de l'avoir pressé sur mon cœur ». Le curé qui avait la goutte et qui riait rarement ne chercha point à éclaircir ce mystère. Il se contenta de me crier tout haut que j'étais folle et que je n'eusse plus à lui dire de pareilles sottises, sans quoi, il ne me confesserait plus.

Mes scrupules continuèrent et empoisonnèrent les heures mystiques qui précèdent la première communion. Souvent pendant la retraite, en chantant nos cantiques ma voix restait étranglée par les sanglots. Lorsque je fus recevoir l'absolution je fis une telle pitié à mon confesseur que malgré sa goutte et son esprit sévère, il s'attendrit, trouva de rassurantes paroles et m'inonda de paix jusqu'au lendemain.

Légère comme si j'avais eu des ailes, je courus en quittant le confessionnal me jeter aux pieds de mon père, de ma mère, de mes grands-parents. Je leur demandai pardon de mes fautes, ils me bénirent. On appela les domestiques, à tous je donnai la main. Victoire, rouge comme une cerise, m'enleva dans ses bras et m'embrassa si fort qu'elle imprima sur ma poitrine l'effigie du scapulaire qui m'avait été donné le matin.

Je dormis comme un ange et je m'éveillai avec le jour. On était au mois de juin, le ciel était radieux. Victoire ouvrit la fenêtre, ma chambre s'emplit du parfum des campagnes. L'air frais entra agitant les plis légers de ma robe blanche suspendue aux rideaux du lit. Les oiseaux du jardin se mirent à chanter, même ceux des bois lointains. J'eus envie de chanter comme eux. Victoire m'habilla. Je laissai mettre un bonnet sur mes beaux cheveux dont on voulait cacher les boucles par modestie. On attacha mon voile, on plaça dans mes mains le chapelet d'ivoire et l'on m'entraîna vers l'église.

Ma mère souriante et parée me donnait la main. Mon père nous suivait avec mes petits frères et Victoire qui portait le cierge et le livre de velours blanc. Quel charmant voyage que celui de la maison à l'église. Comme nous marchions dans nos rues étroites, les vieilles gens sortaient sur leurs portes pour nous voir passer, toutes les fenêtres s'ouvraient sur nos têtes et l'on entendait des voix qui chuchotaient entre elles et se faisaient douces pour ne pas troubler mon recueillement. La foule pressée sur les marches de l'église jetait dans l'air matinal de joyeux murmures. Les cloches sonnaient à ébranler les tours semblant prévenir Dieu que j'allais à lui.

Cette journée m'enivra ! Les fleurs de l'autel, l'encens, les cantiques, le serment fait à Dieu sur les fonts baptismaux, la procession autour de la cathédrale sous le brillant soleil, tout cela me jeta dans l'extase, tout cela me donna le sentiment du mot bonheur. Il me sembla n'avoir jusqu'alors rien compris, rien senti et qu'en ce jour j'étais tout à coup inondée de clartés. Que la vie éclatait en moi comme un fruit mûr. Non seulement j'aimais Dieu, mais j'aimais l'avenir, l'inconnu, la jeunesse qui m'attendait. La mort dont il nous avait été souvent parlé dans nos instructions m'apparaissait sous la forme du sommeil. Je la voyais sans ses douleurs, sans sa destruction, au bout d'une lointaine vieillesse et me souriant presque autant que la vie.

A ces ivresses qui durèrent jusqu'au lendemain, succéda un morne abattement. Il fallait quitter le temple où j'avais pris racine comme Joas. Mon cœur se fondit lorsque après la messe du Saint-Esprit, je me dirigeai vers la sacristie pour dire adieu au prêtre qui s'était occupé de ma jeune âme. Mes yeux obscurcis s'arrêtaient avec tendresse sur les saintes images, sur les anges du sanctuaire, sur la statue de Moïse qui soutenait le livre des chantres, sur le grand Christ qui protégeait l'entrée du chœur. Tous ces témoins silencieux de mon bonheur étaient devenus mes amis. Je ne savais m'en séparer. J'aurais voulu que l'on me chargeât d'entretenir les autels, de veiller à la petite lampe éternelle qui brûle devant le tabernacle. J'aurais béni la voix qui m'aurait dit : Tu ne retourneras pas dans la maison de ton père, tu vivras ici, dans la maison de Dieu !

Il fallut cependant rentrer dans la vie réelle, reprendre les études par trop négligées. On adjoignit à mesdames *** un maître de français et d'histoire, un maître de musique et un maître de dessin.

Mon maître de français et d'histoire était un sot. Je ne l'aimais point. Lorsque je lui demandais qui était Gabrielle d'Estrées ou madame de Montespan, il se redressait, roulait des yeux féroces et disait d'une voix rauque : « Passons. — Mais, lui disais-je, si nous passons toujours, je ne saurai rien. — Vous saurez, mademoiselle, ce qu'il convient à votre âge de savoir ! » Et là-dessus il écrivait à ma mère pour se plaindre de mon caractère indiscipliné. De plus, il avait la manie de prendre mes deux mains dans les siennes et de les serrer convulsivement pour me forcer à l'écouter discourir, et comme presque toujours ses mains étaient sales, je ne songeais à rien, pendant qu'il parlait, qu'à l'idée charmante de m'aller laver dans une eau limpide.

Mon professeur de piano était un Parisien ; jeune, élégant, élève du Conservatoire et fils d'un lieutenant-colonel, ce qui ne l'avait pas empêché d'enlever la fille d'un huissier et de l'épouser sans vergogne. Il jouait merveilleusement du violon et composait des romances sur les hirondelles, sur les nuages et sur les jeunes filles. Pour moi, c'était un Dieu !

Le professeur de dessin avait moins de prestige, quoique son intelligence fût élevée et que son cœur fût généreux. Mais on ne devait pas toucher avec lui aux questions politiques, encore moins aux questions religieuses, car il ne reconnaissait point de Dieu. Son physique n'était ni bien ni mal. Il avait de beaux traits, de longs cheveux, une barbe inculte, des habits râpés et une tendance à porter le chapeau pointu comme les rapins. Mon père l'estimait parce qu'il faisait un cours gratuit aux ouvriers, ma mère l'aimait parce qu'il aimait les arts. Ma grand'mère de Quigny le détestait parce qu'il était sans foi.

Je ne reçus la confirmation qu'un an après ma première communion. Ce fut monseigneur Robiou, évêque de Coutances, qui me fit baiser son bel anneau après m'avoir légèrement flagellée. Le passage de l'évêque donna lieu à plus d'un festin dans la haute société saint-loise. Mes cousins X..., qui étaient fort riches et avaient un luxueux hôtel, nous eurent à dîner avec le clergé et l'élite des fonctionnaires. On buvait beaucoup dans cette maison, M. X... avait la plus belle cave du pays; en servant ses précieux vins, il avait la manie de raconter leur provenance, tout en parlant de leur âge et de leur prix. Il en était de même de ses liqueurs. « Cette eau-de-vie, disait-il en soulevant respectueusement son verre, vient de ma mère, elle l'avait achetée en 1814 très bon marché; messieurs, vous voyez ce qu'elle est devenue; allons messieurs, buvons à ma mère, à cette bonne mère qui n'est plus » ; et tout le monde buvait, oubliant la note

triste en bénissant allègrement la vieille dame qui
avait laissé en quittant la vie, le moyen de se charmer
le gosier. Le jour du dîner de l'évêque on était en train
de savourer bruyamment l'eau-de-vie de la bonne
mère, quand un voisin entra tout effaré en disant : « Le
duc d'Orléans vient de mourir ». Tous les convives
consternés se levèrent en s'écriant : « C'est un grand
malheur pour la France ! » J'entendis ma mère qui était
à table non loin de moi, dire entre ses dents : « Il faudra pourtant bien s'en consoler ». Cela me fit de la
peine qu'elle n'eût pas pitié du mort et des siens. Les
hommes quittèrent le festin et coururent à la préfecture où les dépêches arrivaient coup sur coup par le
télégraphe aérien d'Avranches. Les femmes parlèrent
du deuil qu'elles allaient prendre ; je fus soulagée
d'un grand poids quand j'entendis ma mère dire :
« Ni moi ni ma fille ne le porterons ». Il est certain
que j'aurais été désolée d'échanger la robe de mousseline bleue qui me parait ce soir-là, contre une sinistre
robe de mérinos noir.

Aux dîners des voisins X..., succédaient les fêtes du
baron de G... Les de G... habitaient un beau château
à quelques lieues de la ville. Ils avaient un fils et trois
filles. La dernière, Malvina, était de mon âge. Je
l'aimais avec passion. Quand j'avais bien fait mes
devoirs, on me permettait d'assister aux fêtes données
par les parents de mon amie. Il y avait des repas de
cinquante couverts, sous des tentes jetées sur les charmilles du vieux jardin. Puis des soirées de musique
où les professeurs du collège jouaient des solos de
contrebasse, puis des bals où l'on dansait jusqu'au
jour, des quadrilles seulement, car la valse était exclue
de cette maison éminemment chrétienne. Le baron

de G... représentait l'orchestre à lui tout seul. Je le
vois toujours avec son violon usé, ses grandes lunettes
et le pupitre sur lequel s'ouvrait le cahier de musique
que l'on bousculait souvent en courant les bordées
de la poule ou de la trénis. Je vois aussi les plateaux
avec le vin chaud, le punch, les quartiers d'oranges et
les biscuits à la cuillère qui circulaient à travers les
danseurs et les vieilles dames rangées le long des murs.
Tout cela me paraissait alors un reflet des joies para-
disiaques, et j'aurais livré mon âme pour assister à de
tels plaisirs.

Une fois, horrible souvenir ! ayant mal répondu à
mon professeur de français, je fus privée par ma mère
d'assister au dernier bal des de G... Ce bal devait être
le plus beau de la saison. Un violon étranger devait se
joindre à celui du baron. Rien ne peut donner une
idée de mon désespoir quand la punition me fut
imposée. Je cessai de dormir et de manger, faisant le
vœu intérieurement de me couvrir de cendres le soir
de ce beau jour. Ma grand'mère Dubois, m'ayant
trouvée dans cette désolation la veille de la fête, parut
prendre une part très vive à ma peine et supplia ma
mère de lever ma punition. « Mais, dit ma mère, je
pardonnerais à Valérie, qu'elle n'aurait pas de toilette.
Je n'ai plus le temps de lui en préparer une. — C'est
moi que cela regarde, s'écria ma grand'mère, je vais de
ce pas lui acheter une robe, prévenez la couturière! »
J'entendis tout cela derrière la porte et je faillis
mourir de joie et de reconnaissance.

Me voilà courant avec ma mère chez la couturière,
qui était la fille du geôlier de la prison. Mademoiselle
Le François, après avoir fait la soupe des prisonniers,
taillait des robes de bals pour ses clientes, et quand

7

on allait essayer ses robes, on se heurtait aux criminels passant dans les couloirs avec leurs gardiens.
J'avais des peurs terribles de ces rencontres et j'arrivais toujours livide chez mademoiselle Le François. Ce
jour-là, les criminels me parurent des anges, des êtres
injustement traités, j'aurais voulu obtenir leur grâce
comme j'avais obtenu la mienne.

C'était chez mademoiselle Le François que ma
grand'mère devait envoyer la fameuse robe. Ce fut là
que je l'attendis avec des battements de cœur, perchée
sur un haut tabouret. Toutes les images de la mode
passaient et repassaient devant mes yeux quand la
porte de l'atelier s'ouvrit et laissa entrer Lapierre, le
domestique de ma grand'mère, portant une lettre et
un paquet. Dans la lettre qui m'était adressée, il y
avait ceci :

« Ma chère enfant, j'ai pensé que ce serait nous
faire perdre bien du temps que de courir les magasins
pour choisir des étoffes. Je suis rentrée tout bonnement
chez moi, j'ai fouillé parmi mes robes et je t'envoie la
plus convenable, celle qui m'a valu jadis le plus de
compliments. Fais-la mettre à ton point et tout ira
bien. Je t'embrasse et suis bien heureuse de la joie
que je te donne.

» MARIE DUBOIS. »

« J'irai voir comme tu seras belle avant ton départ
pour le bal. »

Dans le paquet était cette robe qui avait valu tant de
compliments autrefois. Elle était en gros de Naples
vert épinard, et portait les traces de sa longue exis-

tence et aussi les traces d'un événement final auquel j'avais assisté. C'était à un dîner de prêtres que donnait madame Dubois. Le prieur d'Agneaux qui était à sa droite et qui souffrait d'un catarrhe, n'avait pas cessé, pendant le repas, de cracher sur cette robe de ma grand'mère. J'avais vu la scène de mes yeux. J'avais vu la robe maculée et lavée à grandes eaux par Lapierre indigné. Je m'étais dit à mon bout de table : Quel bonheur, nous en avons donc fini avec cette vilaine robe. Et voilà que c'était moi qui héritais de ses restes et qui étais forcée de m'en revêtir. Oui, forcée !! car si je n'entrais pas dedans, je n'irais pas à ce bal. Et puis ma grand'mère ferait des scènes à ma mère, ma mère pleurerait et je ne voulais pas avoir à me reprocher ses larmes.

Le lendemain, les miennes coulèrent abondamment quand j'endossai la toilette verte, mais elles furent vite séchées par un baiser de ma mère. « Tu es une bonne petite fille que j'aime bien », me dit-elle, comme nous montions en voiture, volant vers le violon du baron de G... Jamais ce pauvre violon ne me fit mieux danser que ce soir-là, pourtant j'eus bien des hontes à subir en entrant dans le salon. « Quelle drôle de robe tu as, comme tu es fagotée », me crièrent toutes mes bonnes amies. Malvina seule me trouva à son gré. « Tu es bien comme cela », me dit-elle; et me prenant par la main, elle m'entraîna vers le quadrille qui s'organisait et me fit vis-à-vis, après m'avoir choisi un joli danseur.

L'humiliation que m'avait imposée l'avarice de madame Dubois me remet en mémoire les humiliations de mon père, quand son père, à lui, exigeait qu'il continuât à porter des culottes courtes, alors que depuis

dix ans la terre entière portait des pantalons. Mon père
ne pouvait oublier le chagrin et les embarras que cet
ordre inique lui avait causés. Un soir, m'a-t-il conté
qu'il allait au bal chez le préfet d'Estourmel, mon père
pour ne pas désobliger le sien, sortit de la maison serré
dans sa culotte; mais il avait son pantalon sous le bras
enveloppé dans un papier, et quand il fut au bout de
la rue, à la faveur des ténèbres, il fit derrière une borne
un audacieux échange. Il passa prestement le pantalon
et remit la culotte sous son bras, l'abandonnant ensuite
au vestiaire des d'Estourmel.

CHAPITRE IX

J'avais seize sans lorsque je fis ma véritable entrée
dans le monde. Il y avait de longs mois que le salon du
baron de G*** était fermé par un deuil. Je n'avais plus
dansé, car on ne permettait à ma jeunesse que les
soirées de Malvina. Cette fois-ci, c'était un vrai bal
chez le général avec un orchestre militaire venant de
Cherbourg. La robe verte était remplacée par une robe
de crêpe blanc, arrivant de Paris dans une grande
caisse où l'on aurait facilement couché un piano. Le
coiffeur qui parcourait la ville depuis sept heures du
matin vint à midi chez moi et me posa, en bavardant,
une branche de jacinthe rose dans les cheveux, me
recommandant de ne pas bouger jusqu'au soir pour ne
rien déranger à son édifice. J'obéis et ne remuai que
pour dîner, prenant encore mille précautions pour

qu'en mangeant la jacinthe rose ne quittât pas sa place.

Quel enchantement que ce premier bal! Quelle poésie dans ces danses et‚dans cette musique, dans ces fleurs et dans ces lumières, dans cette chaleur parfumée qui me faisait rougir et pâlir dix fois dans une heure. Quel plaisir d'entendre dire autour de moi : Elle est jolie! Quelle étrange ivresse de sentir dans ma main la main gantée de mon danseur! Comme ce gant beurre frais parlait à mon pauvre petit cœur tout neuf!

Ma mère était heureuse. Je voyais sa tête dominer les autres têtes. Elle se faisait grande pour me voir danser. Quand je revenais près d'elle toute palpitante, elle étalait ma robe et rafraîchissait de ses belles mains mes rubans froissés.

On vanta ma toilette, ma bonne grâce et mon frais visage. Je trouvais tout le monde aimable de s'occuper ainsi d'une fillette. Je ne comprenais pas comment il se faisait que je fusse digne de tant d'éloges, car en songeant bien à ce que j'étais, je ne voyais qu'un paquet de roses avec de la physionomie, et ce n'était pas assez pour que l'on me trouvât charmante.

On me trouva charmante pourtant, et l'on me dit que j'étais charmante. Le frère de Malvina arrivant de Paris dans un habit d'Alfred me jura avec exaltation qu'il me consacrerait sa vie.

Lorsque, après cette brillante soirée, je rentrai dans ma chambre de jeune fille, le désert se fit autour de moi comme au lendemain de ma première communion. Je pleurai les dieux qu'il me fallait quitter. Je ne dormis point, et je priai le reste de la nuit.

Dès que le jour parut, je me levai pour serrer ma toilette que les premières lueurs faisaient paraître déjà fanée. Je la couchai dans sa caisse de bois blanc, comme l'on couche un ami dans son cercueil. Que de fois il m'arriva durant les heures suivantes de soulever le couvercle de la caisse et de repaître mes yeux des chiffons sacrés qu'elle contenait. Le bal, ses émotions, les premiers battements de mon cœur semblaient sortir vivants de cette boîte au parfum résineux.

Je crois que le jeune de G... se souvint aussi, car il vint souvent chez mes parents et me fit inviter plus fréquemment chez ses sœurs. Un jour, il me dit qu'il ne me tutoierait plus, parce que j'étais une demoiselle, et comme cela me fit pleurer, il parut content.

Nous fûmes donc priés un beau jour de passer quelque temps chez les de G... dans leur vieux château, perdu au milieu de grands bois et de prairies sans limites. Il y avait de longues avenues comme à Trécœur et dans le parc, une petite église avec son cimetière abandonné où dormaient sous des pierres brisées quelques vieux seigneurs. J'allais souvent rêver là ; lui, venait m'y rejoindre me grondant d'aimer ce lieu sinistre. « Venons nous promener, disait-il, allons, partons », et il me montrait la route en gambadant. Je le suivais et nous allions à travers le pays cherchant des ruisseaux à sauter, des fossés à franchir, riant comme des fous. Il me tendait les mains comme jadis, avec cette différence qu'il ne me tirait plus les oreilles.

Ce fut sur la bruyère des bois qu'il me donna ma première leçon de valse et je m'en confessai à ma mère. Cela me parut d'autant plus charmant que je n'avais jamais valsé qu'avec une chaise. Lui, valsait très bien, Cellarius avait été son maître. Je crois que Cellarius eût été content s'il nous eût vus, courant sur la mousse passant et repassant entre les vieux arbres, lui, tenant mon bras allongé comme un arc, moi, redressant ma taille et ma tête dans une hautaine pudeur. On nous permit de renouveler l'expérience une fois dans les salons du château, cela nous valut une humiliation. Nous glissâmes tous les deux sur le parquet trop bien ciré et allâmes rouler sous une table chargée de vases et de porcelaines précieuses qui tombèrent et se brisèrent sur nous avec un bruit infernal. Ma mère ne vit là qu'une punition de Dieu et condamna plus que jamais la valse.

Il y avait non loin du manoir des de G... un autre joli château renaissance, avec tourelles, fossés et pont-levis, habité par les Saint-Germain, amis intimes de mes parents. Nous faisions de fréquentes visites aux Saint-Germain. Cette année-là nous passâmes près d'eux quelques semaines.

Je trouvais la vie charmante dans ce poétique château. D'abord, on m'y gâtait beaucoup. M. de Saint-Germain m'avait vu naître. Il m'appelait sa petite Valérie, il aimait à se souvenir du temps où il me tenait dans ses bras, alors que mes dents perçaient. Quand je criais et tempétais, lui m'apaisait en me dodelinant. Il avait même trouvé moyen de m'endormir en mettant un œuf dans ma main. Je ne sais pourquoi cet œuf devenait pour moi, un fétiche et un calmant, souvent dans mon sommeil serrant l'œuf outre mesure, je le cassais dans le gilet de M. de Saint-Germain qui ne se plaignait de rien.

Madame de Saint-Germain m'aimait bien aussi et m'apprenait à faire de jolis ouvrages. Elle brodait comme une fée et chantait tout un répertoire de romances qui faisaient battre mon jeune cœur. C'était

le soir qu'on chantait les romances. C'était dans la
journée qu'on brodait. Le matin on allait couper des
gerbes de fleurs dans le parc, on en parait les salons.
Je trouvais si joli de vivre ainsi au milieu des fleurs;
chez nous à Saint-Lô, nous n'avions que deux roses
dans un verre servant de modèle aux peintures de ma
mère. On ne voyait chez nous, aux murailles que les
portraits des ancêtres, à Saint-Germain il y avait aussi
des ancêtres, mais ils étaient entourés d'autres riants
tableaux. Sur les tables, il y avait des livres, des
albums, des plateaux chargés de ces mille riens qu'on
appelait déjà bibelots. Dans la salle à manger une cheminée de pierre monumentale, des panoplies de belles
armes et deux armures admirablement ciselées.

On gagnait les chambres par un escalier tournant
en labyrinthe dans la plus grosse tour du château. Le
soir, pour s'aller coucher, on montait en procession
ce bel escalier et quand la lune éclairait le pays, on
apercevait par les meurtrières les prairies pleines de
vapeurs appelées dames blanches, la longue suite d'a-
venues menant au village et le scintillement des eaux
courant dans les fossés sur un sable qu'on eût dit un
sable d'or. Tout cela me jetait dans l'extase.

Ce riant château, avant d'être aux Saint-Germain,
appartenait à madame de Vaubadon, l'héroïne d'un
drame historique dont on ne me parla que lorsque je
fus mariée. Ce fut là que cette madame de Vaubadon,
maîtresse du vicomte d'Asché, impliqué dans la conspiration de Cadoudal, conclut le marché qui livrait son
amant à la police impériale [1]. Pour quelques milliers

1 Histoire racontée dans le livre plein de talent de M. Louis de
Frotté.

de francs elle désigna aux assassins la route que devait
suivre le vicomte en la quittant après un souper
d'amour. M. d'Asché fut massacré quelques lieues plus
loin, dans le chemin perdu qu'il avait choisi pour
gagner la frontière. Sous le coup de cette infamie,
madame de Vaubadon quitta le pays pour s'aller
cacher à Paris où elle mourut fort vieille. Son mari,
qui vivait séparé d'elle depuis de longues années, habitait près du château de ma grand'mère de Quigny.
C'était un des meilleurs amis de mon père, un homme
triste et doux dont je me souviens encore. Mon
père, par dévouement pour M. de Vaubadon, servait parfois d'intermédiaire entre les époux. C'était
lui qui portait chaque année à madame de Vaubadon
la pension que lui faisait son mari. Je me rappelle,
quand mon père revenait de ses secrets voyages, tous
les chuchotements qui avaient lieu entre ma mère et
lui. « Comment as-tu trouvé l'horrible femme, lui demandait ma mère? — Toujours la même, répondait mon
père? toujours peinte et froide, avec les cheveux rouges
et son œil mauvais. — Tu pourrais dire, les mains
rouges aussi », ajoutait ma mère, dans un frémis-
sement de dégoût. Ceci se passait dans ma petite
enfance et quand j'entendais ces phrases sinistres, je
me demandais si ce n'était pas Frédégonde, revenue
en ce monde après avoir tué Brunehaut, que mon père
était allé voir.

Il y avait parmi toutes ces habitations normandes,
et voisines des de G... une maison couverte en chaume,
perdue dans des bois marécageux qui était habitée par
une étrange vieille fille appelée Opportune de D...
La maison faisait partie des communs d'un château
qu'Opportune avait abandonné depuis la mort de ses

parents et dans lequel toutes les corneilles de la contrée vivaient à sa place.

Mon père et ma mère avaient connu monsieur et madame de D... et étaient restés fidèles à leur fille. Nous allions quelquefois lui rendre visite, mais rarement, car on n'arrivait chez elle qu'en charrette et traînés par des bœufs.

Opportune n'avait pas quitté ce désert depuis une aventure qui lui était arrivée dans sa jeunesse et qu'on me conta, toujours après mon mariage. Dans ces mêmes lieux alors si pleins d'ennui, on avait jadis mené joyeuse vie. Beaucoup de dîners, de danses et de charades chez les parents d'Opportune. A différentes époques de l'année, les voisins arrivaient par escouades. On les hébergeait pendant quelques jours. Les hommes couchaient les uns chez le curé du village, les autres, sur des matelas jetés dans les granges. Les femmes s'emparaient des chambres et s'y installaient deux par deux. Un jour qu'il y avait foule encore plus nombreuse à la gentilhommière, quelques-unes des dames durent partager le même lit. Opportune prit dans le sien une demoiselle venue sans sa mère, sous la protection d'amis et qui paraissait timide et dépaysée. Cette jeune fille s'appelait mademoiselle de C... Peu de temps après on apprit avec stupéfaction que mademoiselle de C... venait d'être incorporée dans un régiment de dragons. Comment était-elle devenue tout à coup un homme et un dragon, voilà ce que personne ne put s'expliquer. On n'osa pas questionner Opportune sur ce point délicat. Cependant la pauvre fille connut toutes les plaisanteries de la société normande à son sujet et dans son humiliation, elle renonça au monde, aux fêtes et aux danses et se confina pour jamais dans l'isolement de sa vieille demeure. Je la vois toujours dans sa toilette monastique assise entre son chien et sa pie, un vilain oiseau qui cherchait à voler les bagues de ma mère et répétait sans cesse avec hébètement : « Vive le roi ! »

En quittant les de G... nous partîmes pour Bagnoles-les-Bains, une station d'eaux située au milieu de la forêt Dandaine près de la petite ville de Couterne, dans le département de l'Orne.

C'était un lieu charmant et d'une poésie qui transportait ma mère. Je m'y plaisais beaucoup aussi. J'y faisais des promenades à cheval avec mon père, sur des petits chevaux alertes et au pied sûr. On traversait les quatre coins de la forêt en galopant, puis on passait devant le vieux château de Couterne, habité par les Frotté, les fils du chef de chouans. Quelquefois nous rencontrions M. de Frotté avec sa fille, tous les deux également à cheval. On se saluait et l'on passait. Mon père me faisait admirer la belle tournure de M de Frotté et la mèche blanche qui se mêlait à ses cheveux noirs. On disait dans le pays que tous les Frotté, même les plus jeunes, avaient cette même mèche de cheveux blancs, et l'on ajoutait que le ciel la leur avait donnée comme symbole de leurs opinions politiques et de leur bonne conscience.

Le matin, j'allais m'asseoir avec les romans de Walter-Scott au pied des grands arbres de la forêt qui servait de parc aux baigneurs. Je n'étais distraite de ma lecture que par le passage des chevreuils ou par le bruit des souris qui sautaient à travers les rochers. Je voyais souvent passer avec les chevreuils une étrange créature qui habitait un chalet dans le coin le plus sauvage du bois, près d'un étang bordé de roseaux éplorés. Cette créature qui était une femme prétendait imiter George Sand dont elle était loin d'avoir le génie et s'habillait en homme, faisant de mauvais romans entre un amant malpropre, un singe, un renard et un loup. En faisant le tour de son habitation, close par des palissades assez basses, on apercevait le loup, le renard et le singe qui se tenaient compagnie dans la cour, et quelquefois l'amant qui fumait une longue pipe, coiffé d'un béret rouge.

Madame de L... était une femme poète. Elle se faisait appeler M. Jules pour mettre son nom d'accord avec ses vêtements.

M. Jules n'avait pas de moustache bien entendu, mais il avait les cheveux coupés comme un conscrit, ce qui lui faisait la tête trop petite pour ses deux grands yeux noirs. L'administration du Casino de Bagnoles ne permettait pas à M. Jules de pénétrer dans ses salons, à cause de son étrangeté et de ses mauvaises mœurs, mais elle ne pouvait l'empêcher de se promener dans le parc et d'appliquer au dehors, ses deux grands yeux contre les vitres du salon quand on faisait de la musique ou quand on dansait. Je vois toujours ces terribles yeux qui avaient l'air de transpercer nos âmes.

On s'occupait de magnétisme et de spiritisme à Bagnoles. C'étaient les premiers essais des tables tournantes. Un des baigneurs, le comte de M..., nous faisait revenir tous les soirs une demi-douzaine de morts en renom. Mais comme plusieurs fois ses expériences avaient terrifié les vieilles dames qui tricotaient dans les salons, et qu'un jour l'une d'elles s'était évanouie en entendant annoncer l'apparition de Marat, on enjoignit au comte de M... de donner ses séances de spiritisme en dehors de l'établissement. Ce fut dans la hutte d'un sabotier, en pleine forêt, que ces séances eurent lieu désormais. On y transporta une table, trois bougies, des paquets de crayons et des rames de papier sur lesquelles les esprits devaient écrire. Dans la libre indépendance des bois, M. Jules pénétra un beau jour dans la hutte avec l'homme au béret, ce qui fit que la société tout entière déserta la hutte et laissa M. Jules et son ami aux prises avec l'âme de Moïse que le comte de M... venait d'évoquer.

Le comte faisait d'avance ses programmes et ma mère en prenait connaissance avant de me faire participer aux expériences annoncées. Quand il était question de rappeler parmi nous, Lauzun ou la reine Margot, ma mère me faisait rester dans ma chambre, mais quand on devait communiquer avec Bossuet ou Fénelon, j'étais de la fête. Un soir que je me trouvais là, Bossuet et Fénelon se montrèrent récalcitrants et le crayon magique n'écrivit rien sous leur dictée, alors M. de M..., sans consulter ma mère, supplia Marie Stuart de nous faire une visite, bientôt après ce fut le tour de Rizzio. Comme ma mère n'était pas bien sûre de la tournure que prendrait l'entretien, elle me fit brusquement sortir, ce qui me jeta dans la désolation.

Quelques jours après mon expulsion, il y eut un événement qui fit rentrer les esprits dans l'ombre et fermer la hutte. Le général de D..., qui se trouvait parmi les baigneurs et les habitués du spiritisme ne permit pas au comte de M..., de rappeler l'âme de la générale morte quelques années auparavant. « Je vous défends de vous occuper de ma femme, s'était écrié le général. — Je ne reçois de défense de personne », avait répondu le comte de M..., et deux heures plus tard, il

y avait échange de témoins. L'affaire s'arrangea tant
bien que mal, mais le médecin de l'établissement jeta
les hauts cris devant ce tapage, disant que le spiritisme
et les duels n'étaient pas faits pour ramener la santé
chez les malades, et qu'il laisserait tout le monde
mourir si on ne reprenait pas le doux train train de
la vie. On se remit donc à boire et à sauter dans la
piscine, oubliant le comte de M..., et ses tables, après
quoi, chacun regagna son domicile à peu près guéri.

CHAPITRE X

Le printemps commençait à paraître quand la Révolution de 1848 éclata. Ma mère fut transportée de joie en apprenant la chute de Louis-Philippe. Elle espéra que la République ne serait qu'un feu de paille et qu'après elle la France rappelerait ses vieux rois. Sur les graves nouvelles arrivant de Paris, on fit venir madame de Quigny à Saint-Lô, craignant de la laisser seule avec ses vieilles années au milieu des paysans dont les haines pouvaient se réveiller dans le trouble de l'heure présente. Ma grand'mère consentit avec peine à quitter Trécœur, elle arriva pourtant et resta avec nous tout le temps que dura l'orage révolutionnaire. Pendant la veillée, ma grand'mère et ma mère réorganisaient la France avec sérénité et **dans leur** imagination exaltée, plantaient déjà le drapeau blanc sur tous les édifices de la patrie.

Cependant, lorsque les arbres de la liberté furent coiffés du bonnet rouge, lorsque les massacres de Juin jetèrent partout l'épouvante, lorsque les jours passèrent sans qu'aucune voix rappelât le fils des Bourbons, ma mère et ma grand'mère courbèrent la tête et se mirent à prier.

Madame de Quigny se rappela les horreurs de 1793. Les champs de bataille qu'elle avait traversés, les mourants et les morts sur lesquels elle avait passé. Le souvenir de tels drames joint aux inquiétudes présentes parut un instant abattre son âme courageuse. La nuit, elle ne prenait aucun repos. « Je ne me coucherai pas, disait-elle, il y en a tant d'autres en ce moment qui veillent et qui meurent. » Puis marchant dans sa chambre, elle allait psalmodiant le *De Profundis*.

J'étais comme ma grand'mère, je ne pouvais dormir. Quand tout reposait dans la maison, je faisais encore le quart sur nos murailles au clair des étoiles, tâchant de recueillir les bruits venant de la route d'Avranches. C'était de là que nous arrivaient les nouvelles de Paris, apportées par un courrier à cheval. Quelle émotion, quand au milieu du silence de la nuit j'entendais un galop précipité, et les claquements sonores d'un fouet. C'était le courrier qui descendait la côte comme le personnage fantastique d'une ballade allemande. Bientôt le galop et les claquements sonores se perdaient au fond de nos rues obscures, me laissant jusqu'au lendemain en proie aux plus cruelles incertitudes.

Mon père, maire de la ville, passait son temps à la mairie, tâchant de maintenir l'ordre dans la population ameutée sur la place; pendant cela, le commandant de la garde nationale parcourait les rues à cheval en brandissant son épée. Mon père, très aimé, finissait toujours par remettre à la raison les esprits surexcités. Cependant, quelques-uns organisaient malgré lui des promenades patriotiques avec des loques rouges et chants de la *Marseillaise*. Un soir que mon père rentrait exténué et s'allait mettre au lit, une de ces hordes arriva jusqu'à notre porte en demandant le maire à grands cris. Mon père, à demi vêtu, se présenta : « Citoyen maire, lui dit notre marchand de porcelaine enroulé dans une écharpe tricolore, nous venons te couper les deux oreilles. — La chose ne sera pas aussi facile que cela, dit mon père ; si vous voulez, avant d'entreprendre l'opération, nous boirons ensemble quelques verres de mon meilleur vin ? — Vive le maire », cria le marchand de porcelaine. Et l'on se mit à boire sans rien couper du tout. Pendant cela, mes frères réveillés se mirent à pleurer et eurent si peur à l'idée qu'on allait aussi leur enlever les oreilles, qu'ils se sauvèrent de leur lit et furent jusqu'au grenier se cacher dans la huche au linge sale.

Le sang qui ne coulait pas à Saint-Lô coulait à Paris. L'archevêque Affre, qui s'était avancé le rameau d'olivier à la main sur les barricades du faubourg Saint-Antoine, avait été frappé par les balles des insurgés. Le général de Bréa agonisait dans un bouge du quartier Saint-Jacques et son corps coupé en morceaux, était livré à la populace. On faisait appel à toutes les gardes nationales de France et tout ce qui avait de la jeunesse et de l'honneur marchait vers Paris le fusil sur l'épaule.

Les jeunes gens venant de Cherbourg, d'Avranches et des frontières de Bretagne, passèrent par notre ville

pour se réunir à nos soldats. Comme le chemin de fer
ne venait pas jusqu'à notre département et qu'il fallait
l'aller chercher à quarante lieues de là, on dut réqui-
sitionner les voitures pour le transport des troupes.
Les préparatifs du départ se firent sur la place voisine
de notre maison. Nous y assistâmes, ma mère et moi.

Dans la première charrette qui se mit en marche,
nous reconnûmes quelques jeunes gens d'Avranches.
L'un d'eux, M. de Quinsay, que l'on appelait au bal
le beau de Quinsay, se tenait debout au milieu de ses
compagnons. Il avait l'air d'un jeune Romain dirigeant
son char dans l'arène. Quand il passa près de nous,
je m'aperçus qu'il s'essuyait le front avec un coin de
son drapeau. Je lui jetai mon mouchoir, il le prit et se
mit à chanter « Mourir pour la Patrie », avec une voix
qui me fit pleurer.

Le général Cavaignac sauva la France. L'émeute
refoulée rentra dans sa tanière. On eut encore quelques alertes en province ; certaines villes du Midi,
certains centres manufacturiers eurent encore leurs
drames sanglants, mais dans les départements paci-
fiques de la Normandie, nous n'eûmes plus que de
vagues inquiétudes bientôt dissipées.

Nous reprîmes peu à peu nos calmes habitudes. Ma
grand'mère regagna Trécœur après avoir eu quelques
discussions avec notre maître de dessin qui, pour se
faire nommer représentant du peuple, avait discouru
sur un tonneau dans la halle au blé. « Je ne sais pas,
disait madame de Quigny, comment ma fille peut
garder chez elle ce sans-culotte ». Il en était autrement
pour le maître de piano, ce fils de colonel qui faisait
des romances sur les étoiles, celui-là était son ami
parce qu'il ne voulait pas du gouvernement de *tous* et

qu'il crachait dans son mouchoir quand on prononçait le mot *peuple*. C'était aussi le favori de ma mère. Les leçons de musique se passaient en bavardages politiques que ma mère préférait encore à la fugue et au contre-point.

Ma pauvre mère n'avait pas perdu ses espérances. Elle croyait toujours au retour de ses chers Bourbons et entretenait à ce sujet une active correspondance avec quelques nobles du pays qui étaient eux-mêmes en relations avec M. le comte de Chambord. L'un d'eux, le baron de C..., considéré comme le chef du parti légitimiste dans la Manche, venait souvent à la maison. C'était à son retour de Frohsdorff que ses visites prenaient un caractère plus solennel. Nous nous doutions de son arrivée à l'air rayonnant de ma mère. Le malade qui attend le viatique n'a pas une pareille auréole. Elle s'installait dans le salon rempli de fleurs, défendait sa porte aux vulgaires visiteurs, et dans un recueillement de sainte, attendait l'envoyé du roi.

L'envoyé du roi était horrible. Il avait les cheveux coupés en brosse, et ces cheveux étaient si raides, si épais, qu'on eût dit du poil de sanglier. Son visage avait aussi quelque ressemblance avec cet animal. On ne savait pas si l'on devait en rire ou en avoir peur. Tout devenait mystère quand le baron mettait le pied dans la maison. Les domestiques parlaient bas, mes frères et moi arrêtions les élans de notre vie pour ne pas troubler la conférence. Quelquefois, une oreille indiscrète s'appliquait à la serrure, mais on ne saisissait jamais que ces mots : Frohsdorff et fidélité.

Au bout de quelques heures, ma mère sonnait et demandait le thé du baron. On m'appelait pour le servir. Je le servais, le baron l'avalait, puis regardant la porte, me faisait comprendre que ma mission étant terminée, je n'avais plus qu'à me retirer.

Le baron dînait avec nous, mais on ne parlait pas politique à cause des gens qui nous servaient; alors, on ne parlait pas du tout, car le baron paraissait n'avoir qu'une corde à son arc. Nous nous regardions, mes frères et moi à travers la table, après avoir regardé le baron et sa hure formidable, faisant des efforts inouïs pour étouffer nos rires. Mon père et ma mère nous eussent chassés de leur toit s'ils se fussent aperçus que nous touchions à ce personnage sacré. Mon père avait une passion pour ce preux. Quand on arrivait au dessert, il l'appelait Raoul. C'était alors pour nous le moment de sortir et d'aller répandre au dehors notre gaieté contenue.

La nuit venue, on reconduisait le baron en procession jusqu'à l'hôtel où il avait laissé ses chevaux et sa voiture. Ma mère lui donnait le bras et marchait comme si elle eût accompagné le Saint-Sacrement. Il y avait des baise-mains au départ. Le baron promettait d'envoyer de Frohsdorff des cheveux et des images, après quoi, il essayait de se hisser dans son coche, ce qui n'était pas chose facile, car le marchepied était un véritable pont tremblant qu'il fallait escalader avec adresse si l'on tenait à ne pas se casser les os. Il y avait deux heures que le baron roulait sur la route de Vire et l'on parlait encore de son glorieux passage.

Ma mère sentait bien qu'en politique ses enfants ne partageraient jamais l'ardeur de ses croyances. Elle se plaignait déjà de nos sentiments effacés. La pensée que nous étions les enfants de la génération nouvelle, tout en étant ses propres enfants, l'humiliait, l'attristait, et nous attirait souvent de violents reproches. Un jour, elle prétendit que j'avais renié son roi, et ce ne fut pas seulement des reproches que j'eus à subir, elle me donna un soufflet, le premier, le seul, qu'elle donna de sa vie. Voici ce qui était arrivé :

Le prince Louis Napoléon, élu par le suffrage universel président de la République, visita la Normandie pendant l'été de 1850. Il traversa Saint-Lô et mon père, comme maire de la ville, dut préparer sa réception.

Ma mère voyait avec une sourde colère se tresser les couronnes et les guirlandes, s'élever les arcs de triomphe. Elle se bouchait les oreilles quand passant sur la place de l'hôtel de ville, elle entendait la musique de la garde nationale qui répétait le chant de la reine Hortense. Il fallut user d'une véritable diplomatie pour obtenir d'elle que je présentasse un bouquet au prince lorsqu'il ferait son entrée dans le bal que la ville comptait lui offrir. Ce fut le comte de Tanlay, alors préfet de la Manche, qui étant très aimé de ma mère, parvint à lui arracher cette faveur.

Il se livrait chez la pauvre femme un étrange combat ; les petites gloires de province ne lui étaient pas indifférentes. Elle était flattée que mon père administrât la ville, qu'il allât à cheval en grand uniforme au-devant du prince, que sa fille fût remarquée par ce prince; mais, à côté de cela, elle ne pouvait supporter la pensée qu'elle contribuait par les siens au triomphe de celui qu'elle appelait *l'usurpateur*. Elle eût voulu pouvoir humilier cet homme à proportion des honneurs qu'elle tirait de lui. Elle s'occupa cependant avec grâce de ma toilette et me conduisit, la veille de l'arrivée du prince, à la préfecture, où quelques personnes de sa suite étaient déjà installées.

Nous passâmes une demi-journée charmante. On joua à cache-cache dans les jardins avec le fils du maréchal Ney, le jeune et bel Edgard. Madame de Tanlay garda ses amis à dîner, et le soir il y eut des danses sur la terrasse au clair de la lune. Je trouvai tout cela enivrant.

Le lendemain s'éveilla radieux. La ville en fête s'épanouissait sous le plus beau soleil. Il y avait des fleurs, des tentures et des banderoles dans toutes les rues, des groupes endimanchés sur toutes les places. Chaque fenêtre avait son drapeau, ses bougies préparées pour l'illumination du soir. Chaque édifice avait ses festons de mousse et ses blasons, au milieu desquels brillait en lettres d'or le nom de Louis Napoléon.

Nous retournâmes à la préfecture, ma mère et moi, pour voir de la terrasse qui dominait la route de Cherbourg, l'arrivée du prince. Les jardins étaient remplis de femmes élégantes que madame de Tanlay rangeait une à une le long des remparts, au pied desquels devait passer le cortège.

Le canon nous apprit vers trois heures que le prince président venait de rencontrer la députation de fonctionnaires qui était allé l'accueillir sur la route et lui présenter les clés de la ville. Une lointaine musique, des cris répétés, une rumeur grandissante, annoncèrent bientôt après l'entrée du cortège dans les faubourgs.

Nos yeux fixés vers la route aperçurent enfin le prince à cheval, entouré du préfet, de mon père, du général et de tout l'état-major. Derrière eux venaient l'escorte du prince, ses généraux, ses ministres et une procession de voitures et de fourgons.

Le prince, en uniforme de général de division, s'avançait majestueusement. Il paraissait jeune quoique légèrement voûté. Son visage ne trahissait aucune émotion. Il était pâle et froid comme un masque. Cependant, quand il vint à passer sous le petit mur où nous étions groupées, il leva les yeux, sourit et reçut les bouquets que nous faisions pleuvoir sur sa tête avec un enthousiasme qui nous pénétra. Tout le monde se penchait. Tout le monde criait, tout le monde tendait vers lui les mains. Je m'exaltai comme les autres, et peut-être plus que les autres, car ma voix lança, dans l'espace, « un vive Napoléon ! » qui ressortit clair et net au-dessus des autres voix. Au même instant, je ressentais une douleur vive sur la joue; une main invisible venait de me frapper.

Je compris tout, lorsqu'en me retournant j'aperçus ma mère. Je l'avais laissée dans un coin obscur du jardin où elle avait juré de rester pendant l'entrée triomphale du prince, et maintenant elle était là, pâle, crispée comme la statue de la Vengeance. « Trop d'enthousiasme », me dit-elle amèrement, et me saisissant le bras, elle m'entraîna vers la maison.

La maison était déserte. Tous les gens étaient à la fête. Je m'enfermai dans ma chambre, et des larmes brûlantes coulèrent de mes yeux, quand j'aperçus dans la glace, la tache rouge qui restait encore sur ma joue.

Je pleurai jusqu'au soir, sans penser au bal, à ma jolie toilette, au bouquet princier qui parfumait ma chambre et m'attendait. Cependant quand vint la nuit, mon père rentra et ne me voyant pas apparaître pour lui parler de mes impressions, il s'inquiéta et vint frapper à ma porte. Je lui dis que j'avais mal à la tête et que je ne dînerais point. Je voulais lui cacher mes yeux rougis, car je savais qu'il aurait grondé ma mère.

Il fallut s'habiller avec ce poids sur le cœur. Ma mère que je n'avais point revue depuis la sinistre aventure apparut pour placer des fleurs dans mes cheveux. En les posant, ses mains tremblaient et son pauvre cœur était pour le moins aussi gros que le mien. « Je veux que tu sois heureuse ce soir, dit-elle en m'embrassant, seulement ne donne pas *ton cœur à l'étranger* ». Je promis de ne pas donner mon cœur, et nous partîmes toutes les deux pour le bal, étroitement unies.

Ce bal eut lieu dans la salle du tribunal. On me plaça avec mon bouquet et douze des principales jeunes filles de la ville sous une tonnelle de verdure précédant la galerie ou l'on allait danser. C'était là que je devais recevoir le prince. Il arriva vers neuf heures, accompagné de sa suite nombreuse et de M. de Nieuwerkerke, alors colonel de la garde nationale de Paris. Je m'avançai vers lui, et lui remettant mes fleurs d'une main émue, je lui fis ce court compliment :

— Monseigneur, nos mères rassurées et plus heureuses grâce à vous nous chargent de vous offrir l'expression de leur reconnaissance.

— Mademoiselle, répondit le prince, vos fleurs sont charmantes. Elles me font grand plaisir, et je voudrais vous en remercier en vous embrassant de tout mon cœur, mais... j'ai peur... vous êtes un peu grande, il me semble.

Et il regardait autour de lui comme s'il eût cherché parmi les gens de sa suite un peu d'encouragement. M. de Nieuwerkerke fut le seul qui parut lui en donner. En regardant le bouquet et en me regardant, il dit hautement : « Voilà de bien belles fleurs. Mais il y a aussi devant vous de bien beaux yeux, monseigneur. »

Décidément monseigneur manqua d'initiative et ne m'embrassa point. Il entra dans le bal aux cris répétés de : « Vive Napoléon ! » mais, cette fois, je n'eus pas le moindre mérite à rester muette, car j'étais un peu froissée que ce prince pour lequel j'avais tant souffert dans la journée me payât d'un si froid retour.

Je dansai le quadrille d'honneur, et ma main toucha sans cesse celle du prince. Cela me paraissait merveilleux, et cela m'enchantait quoique le prince fût un ingrat, qu'il ne me dît rien et qu'il promenât avec indifférence son œil gris sur mes dix-huit ans.

Il partit le lendemain dès l'aurore. C'était après avoir visité le haras et dans la cour même de cet établissement qu'il devait faire ses adieux.

J'étais à la fenêtre du directeur quand le prince passant la revue des troupes qui occupaient les quatre côtés de la cour, daigna me reconnaître. Il dit à mon père qui marchait près de lui : « Je voudrais serrer la main de mademoiselle votre fille avant de partir. Veuillez la faire chercher. »

On vint me prévenir en toute hâte et le prince allait monter en voiture quand j'arrivai rouge et tremblante; les troupes, les autorités, les ministres, le prince avaient les yeux sur moi. « Mademoiselle, me dit Son Altesse d'une voix presque timide en prenant ma main qu'il garda un peu, vous m'avez donné hier un charmant bouquet, je vous rends aujourd'hui une de ses fleurs. » Et il me tendit une branche de lis en diamants couchée sur des feuilles d'émail vert, au fond d'un écrin de satin blanc.

Ma joie fut si grande et ma reconnaissance si profonde que je faillis de nouveau compromettre la poli-

tique de ma mère. « Ah! les beaux diamants, m'écriai-je,
merci monseigneur, merci. »

Le prince allait partir. Il me regarda et se mit à
rire, mais d'un rire qui soulevait sa poitrine. La voiture se mit en marche et au détour de la rue, malgré
la foule, malgré les troupes qui l'entouraient, le prince
tourna de nouveau la tête vers moi, puis il me fit un
signe de la main comme pour me dire : « Votre bonheur
me plaît ». Tout cela suffisait bien à me faire oublier
mon soufflet.

CHAPITRE XI

J'allais avoir dix-neuf ans. Ma mère voulait absolument me marier. Elle me présentait un soupirant par
semaine, mais quand, après chaque entrevue, elle me
demandait : « Eh bien, le veux-tu ? je répondais : — Non,
pas celui-là ! »

Ma mère finissait par croire que je n'avais pas la
vocation du mariage, et que j'avais la vocation religieuse.
Elle se désespérait. Elle me grondait. Elle me lisait la
vie des saintes dames romaines qui avaient été épouses
et mères, après quoi, elle faisait de nouveaux efforts
pour trouver le précieux personnage qui devait m'arracher au célibat.

Je ne comprenais pas cet empressement et je le
déplorais chaque jour davantage. J'avais horreur de la
banalité du mariage, de la pensée d'épouser n'importe

qui et je croyais que ma mère aurait plus que personne apprécié ces sentiments, mais dans son imagination exaltée, elle se faisait une idée si poétique du mariage en lui-même, des pompes qui entoureraient le mien, de la cérémonie religieuse avec l'encens, les fleurs, les sons de l'orgue, que dans sa pensée le fiancé le plus ordinaire prenait un corps glorieux, au reflet de toutes ces choses.

Mon père me pressait aussi. C'était généralement pendant nos promenades à cheval, dans la paix des campagnes, pendant que nous marchions au pas sur nos jolies routes, qu'il entreprenait ma conversion. Je finissais toujours par lui dire en rapprochant mon cheval du sien : « Mon père, je suis si bien chez vous, ne me chassez pas encore ». Alors, il me regardait avec un mélange de tendresse et de mécontentement en m'appelant méchante fille.

Un jour, nous étions allés en galopant jusqu'aux Pézerils, une ancienne commanderie de Templiers qui gardait encore sa chapelle et quelques débris de cloîtres. Au moment où nous arrivions près des ruines, nous aperçûmes deux ou trois paysans démolissant un mur attenant à la chapelle. Ils chantaient une de leurs monotones chansons. Nos chevaux avaient besoin de repos, nous les attachâmes aux ferrures rouillées des vieilles portes et nous nous dirigeâmes, mon père et moi, vers les travailleurs. Ces gens inconscients brisaient à chaque coup de pioche les os d'une demi-douzaine de Templiers enterrés debout comme c'était l'usage de leur ordre sous le pan de ce vieux mur. Ils jetaient ensuite les débris humains dans un panier, interrompant leur chanson pour dire : « V'là encore pour le cimetière. » Je m'approchai du panier, regardant curieusement ces têtes, ces bras, ces mains de squelettes entassés. Au moment où je prenais une des têtes pour la considérer plus à mon aise, la mâchoire se détacha et me resta dans la main. C'était une mâchoire de jeune homme, d'une structure fine, ayant ses trente-deux dents. A l'aide de ce fragment, je reconstituai le Templier et m'exaltai sur ses charmes. Je le revis avec sa fière allure, son manteau blanc, galopant sous ces vieilles murailles qui devaient protéger son tombeau. En souvenir de mon héros, je voulus conserver ses reliques et enveloppant les trente-deux dents dans mon mouchoir, je les fourrai dans ma poche, espérant que personne ne m'avait vue accomplir mon larcin. Mon père seul s'était aperçu de la chose et quand nous eûmes repris notre route sur nos chevaux qui marchaient côte à côte, il se plut à me taquiner sur mon vol et sur mon amour.

— Je connais quelqu'un, me dit-il tout à coup, qui sera jaloux de ton Templier.

— Qui donc sera jaloux, mon père !

— Quelqu'un qui t'aime et a demandé ta main ce matin ?

— Encore, mon Dieu !

— Oui encore, mais j'espere que devant le nom que je vais te dire, tu ne te révolteras pas.

— Dites, mon père.

— C'est ton cousin, Octave Feuillet.

— Comment mon cousin peut-il m'aimer ? il me connait à peine, vivant loin de moi. J'ai peut-être dansé trois fois avec lui et c'est tout.

— Eh bien, cela lui a suffi. Il désire aujourd'hui que tu sois sa femme, il le désire ardemment. Ta mère et moi serions désespérés si tu contristais son cœur par un refus.

— Mon père, laissez-moi quelque temps pour réfléchir.

— Pas trop longtemps, ajouta mon père et que Dieu
t'inspire.

Dieu m'inspira dans la nuit même et me fit trouver
mon cousin charmant. Je le revis à ces trois bals où il
m'avait fait danser quand il arrivait de Paris, avec sa
belle taille et sa belle tournure, son élégance, ses traits
distingués, ses cheveux soyeux et frisés et son air un
peu hautain quand il pénétrait dans un salon au milieu
du groupe des petits jeunes gens que nous appelions *ces
messieurs*. Je revis sa grâce quand il s'inclinait devant
une femme, particulièrement devant ma mère. Je me
souvins des mots qu'il m'avait dits aux sons de l'orchestre, pendant les quadrilles, mots qui ne rappelaient
en rien les phrases banales de *ces messieurs*. Lui, parlait bien et écrivait de même. Il avait déjà une grande
réputation parmi les littérateurs et ses romans et ses
pièces faisaient grand bruit dans le monde. Et ce
serait moi qui deviendrais la femme de ce poète, de
ce gentilhomme ? Je ne pouvais croire à une pareille fortune. En l'acclamant, elle m'inquiétait. Il me semblait
impossible de ne pas donner de déceptions à l'être
accompli qui daignait me choisir. Quand je songeais à
sa valeur, je sentais mon infériorité. Je me trouvais
provinciale et peu instruite. Cela me faisait monter le
sang au visage. J'avais beau me rappeler les leçons
de M. Le Crosnier, mon maître de français et d'histoire, celles de ma mère et des demoiselles ***. Les
sonates de Mozar apprises par le fils du colonel et les
barbouillages d'aquarelles faits sous les yeux du professeur sans-culotte, je me répétais toujours : « Ce n'est
pas assez pour lui ». Et puis je me trouvais mal mise,

sottement habillée. La robe de crêpe blanc de mon premier bal depuis longtemps fanée, avait coûté si cher venant de Paris, qu'on était retourné pour mes autres toilettes, chez mademoiselle Le François au fond de cette prison maudite. Là, les modes étaient bien piètres. Elles ne ressemblaient guère à celles des brillantes jeunes filles que mon cousin voyait à Paris. Cependant mon père me l'avait dit : Il m'aimait ! Il m'aimait avec toutes mes insuffisances. A moi de l'en récompenser en travaillant au perfectionnement de ma personne. Faisant de beaux projets sur ce point et sur beaucoup d'autres, j'arrivai à me rassurer et à ne voir que le bonheur d'être à lui, de porter son nom, de partager sa vie, ses émotions et ses gloires. Je ne croyais pas, dans ma confiante jeunesse, qu'il y eût des tristesses pour lui, mais je l'aurais cru, que j'en aurais fait aussi les miennes de grand cœur, voulant lui aider à souffrir comme à être heureux.

Après m'être occupée de lui uniquement, je transportai mes châteaux en Espagne vers l'existence qui nous serait faite. Nous habiterions Paris sans doute, ce beau Paris que je n'avais pas revu depuis le voyage avec les demoiselles ***. Par exemple, plus de visites aux cercueils de Saint-Denis, mais des présentations aux amis de mon mari. Plus de prestidigitateurs ni de poissons rouges. Mais de vrais théâtres, de vrais spectacles, de vrais acteurs. Des pièces passionnantes, des dîners chez Champeaux place de la Bourse, au fond d'un jardin où jaillissaient des jets d'eau. Et des courses en fiacre des musées aux églises et des églises aux musées. Et l'installation de notre appartement et l'acquisition des meubles élégants qui devaient en faire le charme ! Que tous ces rêves paraissaient beaux quand je les comparais au terre-à-terre et à la monotonie des jours présents!

Tout cela fit que je ne dormis pas jusqu'au jour. J'allais peut-être enfin fermer les yeux en me croyant chez Champeaux, place de la Bourse, quand je me souvins de mon templier et de sa mâchoire abandonnée au fond de ma poche. J'eus des remords de cet oubli et me levai vite pour trouver à mes reliques une place plus digne d'elles. Je les posai sur mon chiffonnier au pied de mon crucifix et me recouchai. Mais j'avais ce chiffonnier et cette mâchoire devant les yeux et cela troublait mes doux songes. Ces trente-deux dents dans leur grincement sinistre me devinrent bientôt insupportables et je résolus de m'en débarrasser. Je m'habillai à la hâte et allai réveiller Victoire, pour qu'elle m'accompagnât au cimetière où je désirais déposer pour jamais cette dépouille mortelle. Victoire me suivit en maugréant. Pendant qu'elle comptait sur ses doigts les tombes nouvelles, je courus déposer pieusement ma mâchoire sous une touffe d'herbe verte.

Comme je revenais bras dessus bras dessous avec Victoire, à travers les rues solitaires du vieux Saint-Lô, je confiai à cette amie dévouée le secret de mon mariage: « Oui, j'étais décidée! J'allais dire oui avec bonheur. — Comme c'est vite fait », dit Victoire ; et de grosses larmes roulèrent sur ses joues à la pensée de voir son enfant quitter si tôt la maison paternelle.

Mon père et ma mère n'étaient pas encore levés quand je pénétrai joyeusement dans leur chambre. « J'ai réfléchi, leur dis-je en les embrassant : je serai la femme de mon cousin, prévenez-le et remerciez-le d'avoir bien voulu penser à moi. »

Je crus que mes parents allaient mourir de joie.

Ils prévinrent mon cousin qui habitait chez son père pendant ses courts séjours à Saint-Lô, et mon cousin, ravi, annonça sa visite pour le soir.

Je me souviendrai toujours de cette soirée où il vint en fiancé pour la première fois. Nous l'attendions dans la chambre de ma mère. Mon père marchait en me donnant le bras. Mes frères se tenaient dans l'escalier, tout prêts à se jeter au cou du visiteur. Lorsque j'entendis le coup de sonnette qui fit pousser un cri à toute la maison, je fus si émue, si troublée, si inquiète du nouveau rôle qu m'était destiné, que perdant tout sentiment des convenances, tout désir de plaire à mon cousin, je courus vers une des fenêtres et me roulai comme une momie dans les rideaux. J'aurais parlementé derrière ces rideaux, ce qui m'eût certainement donné de l'assurance, si mon père indigné ne m'eût déroulée comme un mètre et jetée dans les bras de mon cousin qui parut à juste titre un peu surpris de la réception.

— C'est de la pudeur, lui disait ma mère tout bas à l'oreille en lissant mes cheveux que les rideaux avaient ébouriffés. Elle vous aime, j'en suis sûre.

Cet accueil incorrect ne découragea pas mon fiancé. Il me dit de jolies choses toute la soirée. Il me fit d'heureuses promesses que j'écoutai en baissant les yeux, et, le lendemain je reçus de lui des vers charmants destinés à ma mère, mais que je lui avais inspirés.

Voici ces vers charmants :

Vœux à ma fille

A MADAME ERNEST DUBOIS

Ma fille, mon amour, premier né de mes anges,
Pur rayon de mes yeux, fleur éclose en mon sein,

J'étais bien jeune encore quand sous le pli des langes,
    Ma main cherchait ta main.

Ainsi, Dieu soit béni ! ma vie avec la tienne
S'enchaîna tendrement dès son premier anneau,
Nous étions deux enfants ; mon berceau vide à peine
    Devenait ton berceau.

Te voilà telle, enfant, que je t'avais rêvée,
Lorsque me reprochant un peu trop de fierté,
Du sein de l'avenir, j'évoquais la pensée
    De ta jeune beauté.

D'un éclat mi-voilé chastement tu rayonnes ;
Le feu de ton regard est doux et solennel
Comme l'ombre que jette au front blanc des madones,
    La lampe d'un autel.

Frais et vivant écho de mes saisons perdues,
Ta voix vibre en mon cœur comme les sons charmants
Que murmure au travers des harpes suspendues,
    L'haleine du printemps !

Quand mon ange gardien qui sourit et console
Pour veiller mon sommeil daigne quitter les cieux,
Sous les éclairs divins de sa pâle auréole
    Je reconnais tes yeux.

Ma fille, que je t'aime et que je t'aime encore
Sous mon œil maternel, sous mon œil triomphant,
Reste toujours ainsi, car ainsi je t'adore,
    Mon ange, mon enfant !

Que ta main qui l'a faite, à présent se repose,
Seigneur ! pour elle en vain je cherche d'autres vœux,
Mon cœur n'est pas ingrat : ma bouche reste close,
    Elle est comme je veux.

OCTAVE FEUILLET.

Le revers au bonheur qui s'annonçait fut l'opposition
que madame de Quigny fit à mon mariage. Elle ne
pouvait pardonner à mon futur beau-père d'avoir été

le chef du parti libéral dans la Manche, à la Révolution de juillet 1830 ; d'avoir fait arrêter le prince de Polignac fuyant vers Granville, d'être resté en relations suivies avec M. Guizot qui songeait à en faire un ministre. « Il faut avoir la rage de marier sa fille, dit madame de Quigny, quand on lui fit part de nos projets, pour la donner à ce fils de mangeur de rois. La cérémonie du mariage se fera sans moi ! Ils n'auront jamais ma bénédiction, j'en fais serment ! »

On s'étonnera peut-être avec madame de Quigny que ma mère eût accepté et même désiré cette alliance, elle si exaltée dans ses opinions légitimistes. Mais l'ivresse causée par la pensée de devenir la mère d'un poète aussi charmant, lui fit sans doute oublier la foi de ses pères. Je crois surtout qu'elle m'aima trop pour sacrifier mon bonheur à une politique qui n'était plus qu'un souvenir ; il dut y avoir un peu de toutes ces raisons.

On tenta de ramener madame de Quigny à des sentiments plus humains. Nous partîmes un jour pour Trécœur, entraînant mon cousin qui ne paraissait qu'à demi content d'avoir à faire l'assaut de ce vieux cœur.

Lorsque nous arrivâmes, nous trouvâmes ma grand'mère en compagnie de sa nièce mademoiselle Duchâtel qui vivait avec elle depuis quelques mois et qui partageait ses opinions religieuses et politiques. Toutes les deux eurent une contenance impassible. Quand nous entrâmes, à peine si elles nous dirent de nous asseoir. Je m'approchai de ma grand'mère pour l'embrasser, elle me repoussa. Je lui présentai mon fiancé, elle refusa de prendre sa main. « Monsieur, lui dit-elle, votre père est mon ennemi, voilà ce que j'ai à vous dire ! »

Ma mère éclata en sanglots et me fit signe de sortir avec mon cousin. Nous gagnâmes les charmilles et, là, dans ces lieux que j'aimais et que je voyais peut-être pour la dernière fois, si j'en étais chassée comme une fille ingrate, je me mis à pleurer amèrement. Mon cousin me demanda si je me repentais. Je lui dis que non, que je regrettais seulement les bénédictions de ma grand'mère. Que j'étais humiliée de l'accueil qui lui avait été fait, que je lui demandais pardon et que je lui restais fidèle.

Quand nous rentrâmes, ma mère pleurait toujours. Ma grand'mère et mademoiselle Duchâtel étaient toujours raides et fières. Nous remontâmes en voiture sans qu'une parole de paix eût été prononcée, sans qu'un baiser eût été donné. On dut laisser le temps effacer les haines.

On s'occupait activement de mon trousseau. Nous passions une partie des journées dans une chambre où étaient étalés des rouleaux de toile, des rouleaux de batiste, des broderies et des dentelles. Je coupais, je taillais, je donnais des ordres aux ouvrières. Mon cousin prenait un aimable intérêt à ces travaux et m'aidait même à mesurer la toile. Souvent il se trompait dans les comptes parce qu'il me regardait au lieu de regarder l'étoffe et le grand bâton appelé aune avec lequel nous la mesurions.

Quelquefois, pendant que je tirais l'aiguille, il me parlait de son enfance attristée par la mort de sa mère, de sa sensibilité nerveuse, existant dès ses premières années. Il me contait ses inquiétudes de conscience quand il croyait avoir quelques fautes à se reprocher. Un jour, ayant blessé son frère Eugène à la tête avec une boule de neige qui contenait un caillou, il eut de tels remords en voyant couler le sang fraternel qu'il jura d'aller expier son crime à la Trappe. Il partit sans mot dire, un petit paquet sous le bras et se dirigea à pied vers le couvent de Briquebec dont il entendait souvent parler à ses parents. On le rattrapa à quelques kilomètres de Saint-Lô. Il pleurait en rentrant à la maison. « Comment veut-on, disait-il, que Dieu me pardonne si je vis encore heureux ?... »

Puis c'étaient ses souvenirs de première jeunesse qu'il évoquait avec mélancolie, se rappelant les sévérités paternelles lorsqu'il avait embrassé la carrière des lettres. Son père, qui le destinait à la diplomatie, ne voulait pas admettre qu'il songeât à la littérature, craignant d'ailleurs pour lui les dangers et les insuccès de ce qu'il appelait la vie de bohème. M. Feuillet, pour décourager son fils de ses poétiques tendances, laissa peser sur lui pendant trois années le poids de son mécontentement, refusant de le recevoir et lui retirant même sa modeste pension. Mais rien ne changea les sentiments et les aspirations du jeune homme. Il accepta les sacrifices imposés et se mit au travail, confiant dans l'avenir. Pendant les courtes années de cette vie restreinte, la grande distraction du jeune littérateur fut la danse, qui l'eût cru ? Il passait ses soirées de liberté aux bals des étudiants et y dansait jusqu'à ce qu'il tombât d'épuisement. Les bals masqués de l'Opéra le passionnaient par-dessus tout. Un jour, pour se payer un costume de pierrot, il dut porter sa montre au mont-de-piété, mais cette montre était celle de sa mère et le remords succéda bientôt à l'ivresse causée par la possession d'un peu d'argent. En rentrant dans sa mansarde, il fit le serment de renoncer au costume et à l'opéra et de retourner le lendemain chercher sa montre. « Je passai la nuit, me dit-il, les yeux fixés sur les dix francs que m'avait donné le mont-de-piété, le cœur battant, les yeux pleins de larmes, me demandant, tandis que les heures marchaient, si je trouverais le courage de les laisser passer sans courir à la fête ». Il eut ce courage ; car il connut, dès le début de sa vie, la puissance du devoir et l'attrait des sentiments délicats.

Il aimait aussi les fêtes populaires, les fêtes militaires, les revues, le passage des régiments dans les rues. Quand il entendait leurs tambours et leurs musiques, il se mettait en marche avec eux en poussant des hourras frénétiques. Un de ses plus vibrants souvenirs était celui de l'arrivée des cendres de l'empereur Napoléon à Paris et leur entrée aux Invalides. Ce jour-là, il avait donné une pièce de deux francs à l'un des vieux à jambe de bois, qui l'avait introduit clandestinement dans l'une des tribunes. Là, il avait joui sans entraves de ce grand spectacle. Il avait vu le prince de Joinville précédant le cercueil porté par les marins de la *Belle Poule* et le présentant au roi son père qui l'attendait sur les marches de l'église : « Sire, avait dit le prince, je remets à votre majesté les cendres de l'empereur Napoléon. — Je les reçois au nom de la France », avait répondu le roi. Alors le cortège s'était remis en marche et avait pénétré au son des tambours voilés de crêpes jusqu'au chœur de la chapelle, passant sous les drapeaux flottants. J'entendrai toujours le son de ces tambours, me disait mon cousin, ils battaient sur mon cœur que je tenais à pleines mains.

Ayant rencontré dans le monde des étudiants, Paul Bocage, le neveu du grand acteur, il s'en fit un ami. Tous les deux écrivirent des pièces en collaboration et

sous le même toit, car Bocage offrit un gîte à Feuillet
chez ses parents qui tenaient une boutique d'épiceries
rue Saint-Jacques. La mère Bocage faisait la cuisine
aux jeunes gens. Mon mari m'a vanté plus d'une fois
ses pommes de terre frites. Afin de payer les pommes
de terre et la petite chambre des Bocage, mon cousin
travaillait jour et nuit pour donner des articles à différents journaux, car les pièces n'étaient pas encore
reçues au théâtre. Ce fut le grand Bocage qui fit
admettre aux Français, la *Vieillesse de Richelieu* et *Echec e
mat* à l'Odéon. Il joua lui-même dans ces deux pièces
qui eurent assez de succès, ce qui attendrit le cœur de
M. Feuillet. Il rouvrit bientôt les bras à son fils et
lui rendit les moyens de vivre en mangeant autre
chose que des pommes de terre frites.

J'écoutais tout cela avec intérêt et pitié, souffrant des
souffrances passées de celui que j'aimais.

Après le travail, nous allions nous promener aux
environs de la ville, tantôt avec mon père tantôt avec
Victoire, l'un ou l'autre marchait discrètement un peu
loin de nous. Mon cousin fumait en me donnant le
bras. Quand nous arrivions dans un coin solitaire, au
fond d'un vallon bien fermé, il disait : « C'est là que je
voudrais vivre ! » Et moi, j'avais le frisson à la pensée
d'ensevelir ma vie ardente dans cette Thébaïde. Je
prétendais, avant d'arriver au désert, parcourir des pays
pleins de fêtes, de bruit et de merveilles. Je pensais
cela et je n'osais pas le lui dire, à lui qui cherchait
déjà le repos.

Je vis s'évanouir quelques-uns de mes rêves, entre
autres celui de notre installation à Paris. Mon cousin
voulait se fixer à Saint-Lô, chez son père dont la
vieillesse et la santé ébranlée réclamaient ses soins. Il

s'inquiétait bien un peu de m'introduire dans ce sévère intérieur, d'enfermer ma jeunesse dans ces murs sombres où le rire ne pénétrait pas plus que le soleil, mais il comptait sur l'amour pour opérer des miracles

Mon futur beau-père, resté veuf très jeune, s'était enroulé dans l'égoïsme du célibataire. Envahi par la goutte et les infirmités, en sortant de ses triomphes politiques, il avait cessé de voir ses plus chers amis. Abandonnant les hommes, il se préparait à la mort par la philosophie.

M. Feuillet avait été un des esprits les plus brillants de son époque. Tous ceux qui l'avaient connu ne savaient oublier sa belle intelligence, sa dignité, son honneur sans tache ; mais ils se souvenaient aussi de sa sévérité, de cette autorité de souverain un peu tyrannique avec laquelle il avait toujours traité ses amis et ses enfants. Il vivait avec un frère, ancien militaire ayant fait les guerres de l'Empire, dans un hôtel de la basse ville. L'hôtel était situé entre cour et jardin. Au pied de ses murailles coulait un large ruisseau où les rats passaient en procession vers le soir. Le jardin qui s'élevait en amphithéâtre avait de grands arbres éplorés, des sentiers raides, des escaliers moussus par lesquels on arrivait à une longue allée de charmilles d'où l'on apercevait la haute ville et les flèches de la cathédrale. Sur un tertre plein de verdure, dominant la maison, un petit faune en pierre, noirci par le temps jouait de la flûte à l'abri des lilas. Les lierres et les pervenches tombaient en guirlandes autour de lui.

Quand on entrait dans la maison on croyait mettre le pied dans une église. Un vestibule aux voûtes so-

nores donnait accès à un vaste escalier qu'éclairaient de
hautes fenêtres, assombries par les lierres et les vignes
qui en tapissaient l'extérieur. Dans la pénombre, on
apercevait les corniches sculptées du plafond et quelques beaux portraits suspendus aux murailles. L'un
d'entre eux représentait en pied, le comte de Toulouse
et, lui faisant face, était celui de Mademoiselle Victoire,
fille du roi Louis XV, dans son costume de cour.

Au rez-de-chaussée la salle à manger avec quelques
chaises rangées le long des murailles, une grande
table dansant sur trois pieds, un piano-forte dont les
cordes chantaient mélancoliquement dans les temps
humides, et un bureau à tiroirs sur lequel étaient épar-
pillés les journaux reçus depuis 1830. Puis le cabinet
de travail de M. Feuillet qu'il n'habitait plus depuis
qu'il restait au lit. Dans ce cabinet, beaucoup de livres
ensevelis sous la poussière, des instruments de physique et une statue sans tête au milieu de la cheminée.

Au premier étage était le salon, meublé avec la
sécheresse et la raideur du premier Empire. Tout y était
fané, déchiré, poussiéreux, tout y sentait l'abandon et
le découragement du maître. Les lustres disparaissaient
sous les toiles d'araignées, les glaces n'avaient plus de
reflet, seule la pendule couverte de son globe avait été
préservée des ravages du temps. Elle représentait Marius
pleurant sur les ruines de Carthage, c'était un beau
bronze qui attristait.

Une vaste chambre qui devait être la mienne
succédait au salon. Cette chambre avait été celle de la
mère de mon mari. Elle ne s'était pas ouverte depuis
sa mort. Les tentures se détachaient des murailles sous
la froide humidité. Les meubles d'acajou à cou de cygne

ne tenaient plus debout. Il ne restait dans sa fraîcheur
charmante qu'un tableau de Boucher représentant deux
amours jouant avec des colombes. Que de fois, plus
tard, ces êtres gracieux charmèrent mes nuits sans
sommeil ! Lorsque j'avais peur dans la triste maison,
du silence, du vent et des voleurs, et que je regardais
à la lueur de ma veilleuse ces enfants jouant et souriant
dans les nuages, je me rassurais et souriais comme eux.

M. Feuillet malgré ses idées de retraite avait continué à voir mes parents deux ou trois fois par an. Moi-
même j'allais lui porter mes vœux au commencement
de chaque année et il me recevait en me faisant des
compliments sur ma jeunesse et sur ma belle santé. Je
le trouvais un peu effrayant dans sa froideur glaciale,
avec son haut bonnet de velours ressemblant au bonnet
d'un Arménien et dans ce grand lit de malade où il
paraissait quand même régner en maître. Son sourire
moqueur et fier comme celui des masques romains me
coupait bras et jambes. Ce qui m'intéressait, c'étaient
toutes les choses qui encombraient son lit, tout ce
fouillis d'objets qui couraient sur ses draps, au milieu
des édredons et des petits rouleaux tricotés : une glace,
une loupe, un microscope, une tabatière en or, des
miniatures et un petit livre usé qui avait pour titre :
l'Art de vivre longtemps, par Bracono. Toutes ces choses
me ramenaient vers l'installation de la tante Desmontiers au cher château de Trécœur. Je regardais aussi
curieusement, faisant face au lit du vieillard, un portrait de madame de Montespan, inondée de ses beaux
cheveux, et sur le secrétaire une petite statue de Diane
qui portait à l'un de ses bras les couronnes de laurier remportées par mon cousin Octave au grand
concours.

Lorsque je fus fiancée, mon cousin me mena chez son père. Victoire nous suivit par respect pour les convenances mais resta discrètement dans le vestibule.

— Mon père, je t'amène ma femme, dit mon cousin en m'introduisant près du malade ; et son visage rayonnait.

Celui de M. Feuillet resta impassible sous son bonnet d'Arménien. Cependant il m'embrassa en m'appelant sa fille.

— Tu ne t'amuseras guère ici, me dit-il, mais j'espère que tu sais déjà que la vie n'est pas une fête éternelle. Malheureusement, ton père et ta mère t'ont bien gâtée. Les voyages, les bals, les promenades à cheval, sont une triste éducation pour une jeune fille qui doit devenir maîtresse de maison et mère de famille.

Il ajouta qu'après mon mariage je devrais employer mon temps à compléter mes études assez négligées ; à l'appui de ce qu'il disait, il me parla amèrement d'une lettre que je lui avais écrite le jour de mes fiançailles et qui contenait une faute d'orthographe. Cela m'humilia si fort qu'après avoir dit adieu à ce juge sévère, j'éclatai en sanglots dans l'escalier. Mon cousin terrifié essuya mes larmes avec son mouchoir qui sentait l'ambre. Il essuya les siennes en même temps ; lui aussi pleurait devant ma peine. Chacun de nous avait quelque chose à se faire pardonner. Lui, avait les rigueurs de son père, moi, j'avais celles de madame de Quigny. De plus, les inconvenances de mes frères qui étaient d'excellents cœurs, mais des garçons très bruyants, très indisciplinés, passant leur vie à faire des farces à tous ceux qui venaient à la maison Leur cousin Octave n'était pas à l'abri de leurs mauvaises plaisanteries ; par amour pour moi, il les supportait

mais on sentait qu'il se disait en lui-même: quand je
serai leur beau-frère, cela ne se passera pas ainsi. Un
des derniers jours précédant le mariage, je crus qu'il
n'attendrait pas d'être mon mari pour les corriger.
C'était avant le dîner, nous nous promenions lui et
moi le long des allées fleuries du potager. Lui, en
habit noir et en cravate blanche, moi, dans une robe
couleur feuille de rose à trente-six volants. Comme
nous passions sous les fenêtres du grenier à foin qui
dominaient les allées fleuries, nous disant des propos
charmants, nous reçûmes tout à coup sur la tête une
botte de foin qui nous couvrit de broussailles après
avoir failli nous renverser. Des rires étouffés venant
d'en haut nous apprirent bientôt quels étaient les héros
de l'aventure. Mon cousin, malgré sa patience, parut si
courroucé que je dus le retenir par les basques de son
habit pour l'empêcher d'aller souffleter mes frères au
fond de leur grenier.

Le 25 mars 1851, l'émotion m'éveilla. C'était le jour
où j'allais quitter la maison paternelle et prendre
devant Dieu mon titre de madame. Dès que l'aurore
parut, je me jetai à genoux et me perdis dans de
pieuses rêveries. Victoire entra dans ma chambre avec
mon bouquet de mariée.

— Viens, lui dis-je : assieds-toi près de moi que je
te fasse mes adieux.

Elle obéit et s'assit à mes côtés, sur le lit.

— Je vous regrette bien, c'est affreux de vous quitter,
lui dis-je. N'est-ce pas que vous sentirez demain toute
la tristesse de m'avoir perdue? Moi je m'imagine que je
ne songerai qu'à vous, à cette petite chambre, au jardin,
à tout ce que j'aime et à tout ce que j'abandonne.
Victoire, tu diras à ma mère que si j'étais malade je

voudrais être rapportée ici et soignée par vous. C'est si triste où je vais, j'aurais peur de mourir en cette maison !

— Vous ne serez pas loin, dit Victoire et j'irai vous voir souvent.

— Je ne serai pas loin, repris-je, mais je ne serai plus là.

Et laissant tomber ma tête sur le sein de cette vieille amie, j'y pleurai longtemps.

On se mariait à minuit, en province. J'espérais que la journée m'aurait appartenu, mais il fallut m'occuper des gens et des choses, essayer une dernière fois ma robe de mariée, préparer des fleurs. On me réclama pour l'arrangement du dessert. On me fit écrire les menus du dîner. Moi, je me faisais une si grande idée du mariage que j'aurais voulu m'y préparer tout autrement. Je rêvais pour ce jour-là la retraite et le silence. J'aurais aimé passer les dernières heures de ma vie de jeune fille entre mes souvenirs et mes espérances, m'enfermer dans un oratoire, à l'ombre d'épais vitraux, et, là, attendre l'heure des solennels serments.

Vers la fin du jour, comme l'on mettait la dernière main à ma toilette, Victoire, qui était allée porter différentes choses à ma nouvelle demeure, revint consternée disant que mon cousin se trouvait souffrant et que l'on ne savait plus si le mariage pourrait avoir lieu. « Ah, mon Dieu ! » dit ma mère. Et elle courut porter ses inquiétudes au sein de la famille réunie. On se concerta et on envoya deux parents en ambassadeurs vers le fiancé. Pendant cela, ma mère marchait à travers la maison appelant tous les domestiques, agitant toutes les sonnettes, me recommandant le calme et me l'enlevant de toute façon.

Enfin les ambassadeurs reparurent. « Il vient, il arrive, criaient-ils en montant l'escalier ; le malaise a passé », et ils s'essuyaient le front en semant la bonne nouvelle.

Après une heure d'attente, la porte s'ouvrit. C'était mon cousin qui entrait. Il était très pâle mais très beau et je me sentis fière d'être à lui. « Je viens d'être un peu malade, me dit-il en me tendant la main, mais je vais bien maintenant et je vous aime. »

Il me glissa ce « je vous aime » comme un souffle, et je me sentis pâlir et rougir à la fois.

Le dîner fut long et sérieux. Nous étions entourés de vieux parents. Ma grand'mère Dubois ne sortait de sa froide réserve que pour dire aux gens de service : « Ne tachez pas ma robe ». L'oncle de mon mari, le militaire en retraite qui était à ma droite, avait une maladie d'estomac et ne mangeait point. Il passait son temps à trouver que les autres mangeaient trop. « Mon enfant, me disait-il, ne vous abandonnez pas sur la nourriture aujourd'hui, croyez-moi. »

Et j'étais fort tentée de le croire. L'émotion me serrait si fortement la gorge qu'une cerise n'eût point passé.

L'absence de madame de Quigny achevait d'attrister le repas. Ma mère, que j'avais en face de moi, tombait parfois dans de vagues rêveries. Je sentais bien qu'elle était près de celle qui manquait et je l'y suivais de toute mon âme.

En attendant le départ pour l'église, les hommes étant allés fumer, les femmes se mirent à bourdonner autour de moi comme des abeilles. « Ah ! ma chère, disaient-elles, le grand moment approche. N'allez pas dire non. Votre robe est très belle, mais le blanc mat vous noircit. Comment posera-t-on votre voile ? Le

laissera-t-on tomber sur le visage? Couvrira-t-on le
chignon? — Trop de fleurs dans la couronne, disait une
autre, donnez-moi des ciseaux que j'en coupe quelques
unes.» Fatiguée de cette verve féminine et de ces vains
propos, je demandai un instant de liberté et courus
vers ma pauvre petite chambre, Elle était presque
vide. On avait enlevé dans la journée tout ce qui
m'avait appartenu pour le porter chez mon mari. Le
lit seul était resté et contre la muraille entre les
rideaux de mousseline, j'aperçus mon bénitier. Je mis
un genou sur mon lit, je trempai mes doigts dans
l'eau sainte, puis les portant à mon front, je dis : Seigneur protégez-moi!

On partit pour la mairie, puis on se dirigea vers
l'église. Une pluie fine tombait et pénétrait à travers
les glaces de la voiture. Je montai les marches de la
cathédrale en frissonnant. L'orgue accueillit mes premiers pas sous les voùtes sombres. L'encens m'envoya
ses nuages. Le curé me fit un discours sous le grand
crucifix, mon mari me passa au doigt la bague sacrée
et tout fut accompli.

Après avoir jeté nos noms sur les livres poudreux de
la sacristie, nous prîmes le chemin de la nouvelle
maison. J'avais quitté le bras paternel pour prendre
celui de l'oncle de mon mari. Le pauvre homme était
tout ému en m'introduisant chez lui. « Nous avons tâché
d'égayer tout cela! » me disait-il, en me faisant voir l'escalier tout illuminé. Mademoiselle Victoire, fille du roi,
et le comte de Toulouse nous regardèrent monter les
marches d'un air satisfait. Moi-même, je leur jetai en
passant un œil de bonne amitié.

CHAPITRE XII

Mon voyage de noces. — Notre rentrée à Saint-Lô. — Le bon oncle et la
retraite de Russie. — Premiers découragements de mon mari.

Nous partîmes pour Paris quelques jours après notre
mariage, malgré les railleries de mon beau-père qui
prétendait que les voyages de noces étaient un genre,
une manie, qu'on pouvait tout aussi bien s'aimer chez
soi que sur les grandes routes.

Mon mari redoutant la trépidation du chemin de fer
pour ses nerfs, ce fut dans la vieille berline de
M. Feuillet que nous nous embarquâmes. Cette voiture
était un monument, rappelant en petit et en modeste,
la voiture du sacre de Charles X. Il fallut quatre chevaux de poste pour la sortir de la remise où elle avait
pris racine depuis 1830. Les mêmes chevaux nous me-
nèrent jusqu'à Caen, dans la cour de l'hôtel d'Angleterre qui était alors à Caen ce que le Jockey-Club est
à Paris. C'était là que toute la noblesse normande, tous

les joueurs, tous les chasseurs, tous les gens de courses du pays venaient briller et se ruiner.

J'étais fière et émerveillée de pénétrer dans ce lieu à la mode. Également émerveillée et fière de me promener au bras de mon mari dans le passage Belivet, où il y avait une vingtaine de boutiques, laissant bien loin derrière elles celles du vieux Saint-Lô. Je m'étais couverte de bijoux pour cette promenade et aussi pour dîner à table d'hôte avec la noblesse et les chasseurs. Mon mari me conseilla doucement de rentrer quelques-unes de mes richesses dans leurs écrins, disant qu'en voyage, une mise simple était de rigueur, je lui obéis, le désespoir dans l'âme.

Le lendemain, ce fut à la Rivière-Thibouville que nous fîmes halte dans une auberge qui me sembla un coupe gorge et où je n'eus pas la tentation de montrer mes bijoux. Les chambres étaient d'une tristesse mortelle, avec d'étroites fenêtres et des devants de cheminée en papier qui faisaient un bruit sinistre quand le vent s'engouffrait derrière eux. Les lits étaient si hauts, qu'il fallait un marchepied pour atteindre leur sommet et quand on y était arrivé et qu'on voulait s'étendre, on tombait dans un puits, les matelas étant en plumes et s'affaissant brusquement sous votre poids. Malgré les désavantages du lieu, mon mari me confia qu'il comptait y passer encore le lendemain et la nuit suivante. Il était fatigué de la route et de la berline. Puis il rêvait de pêcher la truite dans la rivière qui donnait son nom au pays et avait une grande réputation poissonneuse. Je me résignai à ce séjour prolongé, tout en le déplorant.

Au point du jour, nous partîmes pour la pêche, après avoir acheté des lignes chez un perruquier qui tenait les deux commerces à la fois. Aucun poisson ne mordit. Je me décourageai un peu devant cet insuccès, et comme mon mari parlait de renouveler l'expérience après le déjeuner, je le priai de me laisser à la maison pendant qu'il chercherait de nouveau à captiver les truites. Alors, je passai la journée dans la cuisine de l'auberge, avec un chien du Saint-Bernard qui installa tendrement sa bonne large tête sur mes genoux. Tout à côté de nous il y avait deux joueurs de tric-trac, qui buvaient du cidre mousseux en faisant grand bruit. Je crois que c'étaient les gros bonnets de l'endroit, car l'hôtesse les servait avec des déférences particulières. Dès qu'une bouteille était vide, elle en apportait une autre. Elle fit si bel et si bien que les deux joueurs tombèrent dans l'ivresse avant la nuit. Ils se regardaient avec des yeux hébétés et me regardaient aussi ; j'eus peur et courus m'enfermer dans ma chambre.

Mon mari vint m'y rejoindre avec deux truites qu'il tenait fièrement dans un bouquet d'herbes. Il m'annonça en même temps, que pour fuir une nouvelle insomnie, il avait loué deux chambres chez un menuisier qui paraissait avoir des lits plus convenables. Après le dîner nous payâmes l'hôtel et nous nous dirigeâmes avec nos bagages vers la demeure du menuisier.

Les chambres étaient en effet plus spacieuses et les lits moins hauts. Nous nous installâmes avec l'espoir d'une bonne nuit, mais au moment où nous allions fermer l'œil, des cris affreux se firent entendre. Nous crûmes que le menuisier égorgeait sa femme. Pas du tout, c'était la femme qui accouchait. « Malheureux, vous auriez dû m'avertir, criait mon mari au menuisier à travers la porte. — Monsieur, cela **nous a pris à** l'improviste », répondait cet homme.

Nous nous levâmes promptement et reprenant nos sacs de nuit, nous retournâmes à l'hôtel où nous retrouvâmes nos affreux lits de plumes.

Après avoir gravi le lendemain la côte Saint-Laurent, pour laquelle on avait ajouté six chevaux aux quatre chevaux qui traînaient la berline, nous arrivâmes à Mantes-la-Jolie. Ce fut notre dernière étape. Puis ce fut Paris et encore la rue Coq-Héron et la cour des Messageries où nous eûmes la permission de remiser la berline.

Pour gagner la rue de Chabrol, où nous devions loger chez mon beau-frère Eugène Feuillet attaché au ministère des finances, nous prîmes une de ces voitures bleues appelée Delta, dont les chevaux s'abattirent en descendant le Faubourg Poissonnière, après avoir heurté un tombereau. Dans le choc, une des glaces se brisa et me coupa la lèvre. J'arrivai la figure tout enflée chez mon beau-frère, où je restai enfermée pendant trois jours, n'osant pas me montrer aux Parisiens. Pendant ce temps-là, j'eus pour distraction, de regarder par les fenêtres qui donnaient sur la cou rsu restaurant voisin, les garçons qui lavaient des bouteilles.

Enfin l'horizon s'éclaircit. Ma lèvre rentra dans l'ordre et je pus sortir. Mon mari était très bon, très attentif, très désireux de m'amuser. Il jouissait de mes admirations quand il me menait voir les musées, les églises, les magasins de la rue de la Paix et les boulevards illuminés. Au spectacle, je poussais des cris de joie, ou bien je pleurais quand les traîtres des pièces, faisaient trop de vilenies. J'eus le bonheur de voir Rachel dans *Polyeucte* et dans le *Moineau de Lesbye*. J'en eus la fièvre. Je ne rêvais plus que de la grande tragédienne dans son péplum ou sous sa couronne de pampres d'or. Quand j'étais seule dans ma chambre et

devant mon armoire à glace j'essayais de me draper
comme elle dans mes écharpes et de marcher de son
pas lent et grave. Je la retrouvai un jour chez Jules
Janin, auquel mon mari me présentait. Elle portait
son cachemire de l'Inde comme le péplum antique. Je
l'admirai plus que jamais. Quant à elle, elle dut me
trouver bien sotte, car lorsqu'elle m'adressa la parole,
je rougis jusqu'aux yeux et ne répondis pas.

Une autre célébrité me causa une déception cruelle.
Ce fut le pauvre Alfred de Musset, que je vis pour la
première fois buvant un bock au café de la Régence.
Comme nous passions devant la porte du café, mon mari
me poussa le bras en me disant : « Tiens, voilà Musset ! » Je cherchais parmi les buveurs assis autour des
petites tables en plein vent, ce poète blond et vaporeux
dont je m'étais fait l'image, mais je ne voyais que de
vilains messieurs buveurs d'estaminet. Hélas ! il faisait
partie des vilains messieurs, le Musset de mes rêves !
Il était là, sur son bock, le visage rouge et l'œil éteint.
Deux ou trois ans plus tard, je dînais à côté de ce
triste débris chez madame Fortoul, femme du ministre
de l'instruction publique. Musset avait le même œil
mort. Morte aussi était sa pensée. Il ne me dit pas un
mot pendant le repas, et au dessert, il s'endormit.

Nous allâmes un soir au bal de l'Opéra, après avoir
dîné chez le fameux Champeaux dont je parlais sans
cesse. Ce premier dîner au restaurant restera toujours
dans ma mémoire. Le jardin avec ses jets d'eau, ses
multitudes de tables, l'odeur de ses mets recherchés,
le bruissement des verres et des fourchettes, les becs
de gaz qui s'allumaient comme dans une féerie, et les
garçons courant d'une table à l'autre avec un sourire
et une politesse que je trouvais bien un peu exagérés,

tout cela me remplissait d'étonnement et de plaisir.
Au dessert, comme nous mangions des fraises grosses
comme le poing, je remarquai une petite tortue qui se
traînait à travers les allées. Je la trouvai si gentille
que je suppliai mon mari de la demander pour moi à
la dame du comptoir qui paraissait aussi aimable que
les garçons et qui voulut bien l'ajouter à la note.
Comme je ne pouvais emmener la tortue au bal de
l'Opéra, il fut convenu que je lui laisserais passer la
nuit sur le sable fin de ses allées et que je viendrais
la prendre le lendemain, à la première heure.

Je partis ravie pour aller revêtir mon domino chez
Babin. Ce domino était en satin rose avec des flots de
blonde et des flots de rubans qui s'agitaient comme des
ailes autour de moi. Au moment du départ, mon
mari sortit de sa poche un écrin dans lequel était une
étoile en diamants qu'il piqua lui-même dans l'un de
mes nœuds. Ce cadeau, si délicatement fait, me remplit d'une telle reconnaissance, que je me jetai dans
les bras de mon mari, au nez de tous les Babin.

Ma conscience fut très troublée quand il fallut
mettre le loup de velours sur mon visage. J'avais
toujours entendu dire aux gens de province, à mes
parents et surtout aux prêtres, que porter un masque
était un péché. Mais je n'osai pas parler de mes
remords, et sans mot dire, je commis le péché.

Ce fut bien autre chose quand je me trouvai à
l'Opéra au milieu de la multitude, poussée, bousculée,
interpellée, scandalisée par les mots que j'entendais,
par les libertés prises autour de moi. Je me cachai
au fond de ma loge et fermai les yeux pour ne pas
voir ces danses coupables, ces pierrots, ces sauvages,
ces turcs faisant passer leurs jambes au-dessus des têtes

de leurs danseuses, et ces danseuses, pierrettes, espagnoles et marquises, qui levaient le pied à leur tour jusqu'au nez des danseurs. Un tel spectacle me donna la pensée de l'enfer et je crus y être tombée. La chaleur, les lumières, la musique achevèrent de me briser les nerfs, je finis par pleurer sous mon loup. Mon mari, voyant cela, me ramena rue de Chabrol, ne paraissant pas très content : « Quelle drôle de petite provinciale tu fais! » me dit-il, en me poussant dans le fiacre qui nous ramenait à la maison. Je fus très humiliée, mais je sentis que mon humiliation était méritée et je demandai pardon.

Mon mari ne me fit faire que deux visites. Une à son éditeur Michel Lévy et une au vieil acteur Bocage, qui avait joué brillamment ses pièces. Bocage habitait, rue Cassette, un petit hôtel au fond d'un jardin. Nous le trouvâmes assis sous un arbre. Il avait alors une maladie des yeux et portait un abat-jour sous son vieux chapeau, ce qui lui donnait un air grotesque et terrible à la fois. « Mon maître, dit mon mari, je vous amène ma femme. » Bocage souleva son abat-jour et le remit aussitôt sur ses yeux, en disant que je lui faisais le même effet que le soleil, puis il m'embrassa et me fit asseoir près de lui, me questionnant sur mes impressions parisiennes. Mon mari fut content. Il me trouva simple et bonne avec son vieil ami, et quand nous eûmes quitté Bocage, il me dit qu'il était fier de moi.

J'eus un vrai bonheur en rentrant à Saint-Lô de retrouver mes parents, mes frères et la vieille Victoire qui n'avait pas cessé de pleurer depuis mon départ. Mais la maison de mon beau-père qui devenait la mienne me parut plus sévère et plus triste que jamais.

M. Feuillet, dans sa haine contre les voyages de noces
nous reçut très froidement, lorsque sortant de la
berline nous courûmes l'embrasser. Après m'avoir rapidement questionnée sur mes quinze jours d'absence, il
me remit deux gros registres, me disant qu'il était
temps que je me misse à tenir ses comptes et à diriger
son ménage.

J'allai embrasser également le vieil oncle qui habitait
un petit appartement au-dessus de la porte cochère. Lui,
me reçut à bras ouverts, me disant qu'il était enchanté de
me revoir et qu'il comptait sur mes bons soins pour
guérir son estomac. Il ajouta qu'il espérait que je lui
ferais la bouillie qu'il mangeait à son premier déjeuner,
prétendant qu'elle serait faite avec plus d'attention que
par la cuisinière qui la cuisait trop ou ne la cuisait
pas assez. Il me montra la petite casserole d'argent
dans laquelle je devais tourner cette bouillie et me
terrifia en m'annonçant que ce serait sur les six heures
du matin qu'elle devait être confectionnée. Durant
toute une année, je remuai ce maudit brouet dans la
petite casserole au moment où les oiseaux commençaient
à chanter. Combien je les trouvais bêtes de chanter ;
la vie n'était pourtant pas drôle !

En reconnaissance de mon dévouement, l'oncle me
conta plus d'une fois, cette année-là, ses souvenirs
de guerre. C'était généralement sous le grand saule du
jardin, lorsque je raccommodais les torchons, qu'il me
faisait revivre au temps des gloires et des défaites
impériales. Un jour, pour donner plus d'actualité à ses
récits, il courut chercher son vieux shako, celui qui
avait connu la retraite de Russie et il se le mit sur la
tête pour me narrer l'événement. J'eus d'abord envie
de rire, mais bientôt mon sentiment changea. L'admi-

ration religieuse du vieux soldat pour l'Empereur m'émut profondément et me remplit moi-même d'enthousiasme. « Ah! me disait le vieillard avec des gestes de tragédien : ceux qui mouraient là-bas, sortaient de leur agonie pour crier : vive l'Empereur! » Il pardonnait dans ses élans patriotiques les souffrances qu'il avait endurées pendant cette retraite de Russie, ses nuits sous la neige avec les pieds gelés et la dysenterie, et cette horrible journée où, trop malade pour continuer la route avec les camarades, il fut abandonné par sa colonne dans les steppes inconnues, à la merci des loups. — Dans le silence et le froid du désert, devant la mort certaine, il n'eut ni défaillance ni murmure. « Je croyais en Dieu », me disait-il, en saluant le ciel avec son vieux shako.

— Et qui vous a sauvé, lui demandais-je en pleurant sur mes torchons?

— Une escouade de traînards que la Providence fit passer près de moi. Ces malheureux, ajouta-t-il, poussaient une petite charrette sur laquelle était un baril d'eau-de-vie. Quand j'aperçus le baril, la pensée du cordial réchauffant qu'il contenait me rendit des forces. Je me relevai par un suprême effort et marchai derrière lui en tendant les bras.

Mon oncle disait encore qu'il alla ainsi jusqu'aux portes d'un village où d'excellents paysans le recueillirent et le soignèrent comme leur enfant.

— J'ai toujours gardé l'horreur de la neige depuis cette retraite maudite, me disait-il souvent.

Hélas! par une dérision du sort, ce fut sous une couche de neige, le 14 février 1853, que son cercueil fut conduit au cimetière.

Je ne racommodais pas seulement les torchons, mais

je passais ma vie grimpée aux échelles pour repriser et
boucher les trous des rideaux, pour recoller les papiers
dont les lambeaux attristaient la vue. Je faisais balayer,
épousseter. Je plaçais partout des fleurs et des feuillages
et la maison prenait un aspect de vieux manoir propre
et habité.

Mon pauvre mari avait son cabinet de travail au-dessus
de la remise où reposait la berline. C'était une horrible
pièce qu'il avait dû choisir pour trouver plus de repos et
vivre plus loin de son père qui criait jour et nuit,
sous l'empire de ses accès de goutte. Nous aurions bien
voulu faire arranger cette chambre, mais mon beau-
père ne supportait aucun ouvrier chez lui ; c'était à
peine s'il permettait au jardinier de ratisser le jardin
une fois par mois, et ce jour-là, il enfonçait son bonnet
d'Arménien sur ses deux oreilles pour ne pas entendre,
disait-il, « le sacré rateau ». Je regrettais bien de ne
pouvoir embellir le cadre où rêvait son fils, mais j'avais
beau y mettre des feuillages et des fleurs, y clouer à
petit bruit de vieilles gravures et des carrés d'étoffes,
ce lieu sombre avec ses basses fenêtres et ses murs
blanchis à la chaux n'en restait pas moins un triste
lieu. Mon mari m'arrachait le cœur quand il me disait
d'un air abattu : « Comment veux-tu que je travaille ici ?
que je rêve des élégances mondaines dans cette chambre
de bohème ruiné ? Je sens que pour me donner de
l'inspiration, que pour bien peindre mes héroïnes, il
me faudrait vivre sous des tentures de satin. »

Nous étions loin des tentures de satin, mais près des
jolis sites normands, encore plus capables d'inspirer
que les arrangements soyeux d'un tapissier. J'engageai
mon mari à faire quelques excursions aux environs de
Saint-Lô, dans ces coins charmants que j'avais souvent

explorés à cheval, avec mon père. Il accueillit ma proposition et nous passâmes d'agréables journées, assis sur l'herbe, à l'ombre des ruines du château de Semilly ou de celles de l'abbaye de Hambye, nous créant un monde d'êtres imaginaires, de moines, de nobles dames et de seigneurs. Nous placions aussi des êtres modernes dans ces cadres enchanteurs. Hambye, inspira *la petite Comtesse* à mon mari et devant le succès qu'obtint cette nouvelle, il m'appela son cher collaborateur.

Nous allions aussi à la pêche bras dessus bras dessous, dans cette jolie vallée de Gourfaleur où passait la rivière de la Vire. On ne prenait guère de poisson, mais on causait assis sur la berge, les pieds dans les roseaux, la tête protégée par un grand parasol que l'on piquait dans la terre. On était serré l'un contre l'autre et l'on se disait en regardant couler l'eau : le présent a encore du bon et l'avenir est à nous !

Je faisais alors remarquer à mon mari qu'en nous promenant déjà ensemble, pendant qu'il me faisait la cour, il rêvait des vallées solitaires et de la vie qu'il avait aujourd'hui, que par conséquent il devait être heureux. « C'est étrange, me répondait-il, pour moi, le rêve réalisé, devient souvent le malheur ! »

CHAPITRE XIII

Il me fallut bientôt renoncer aux parties de pêche.
Je commençais une grossesse et je souffrais parfois
cruellement. Je suppliais mon mari de continuer sa
vie en plein air et de me laisser sans remords à la
maison : « Je serai, lui dis-je, en tête à tête avec ma
layette et je m'amuserai beaucoup ».

Je ne m'amusais pas tant que cela quand il était
parti, malgré le charme des petits bonnets et des
petites chemises, malgré les visites du bon oncle et les
souvenirs de Russie. Je regrettais la maison paternelle,
la vie de famille, mes frères et ma petite sœur, la
vieille Victoire et mon cheval. Ce cheval qui galopait
si gaiement quand j'étais moi-même si gaie! Mon
mari m'avait séparée de lui, disant qu'il n'aimait pas
les femmes écuyères. J'allais parfois dans mes heures
de solitude revoir la chère maison du rempart et tous

ceux que j'y avais laissés. Je retrouvais là mes rêves et le sentiment du bonheur. J'aurais bien voulu ramener les miens chez moi, mais M. Feuillet ne pouvait supporter entendre des voix étrangères dans la maison ni penser qu'on m'y faisait des visites. J'avais beau user de subterfuges, placer des matelas entre les portes, parler bas comme à confesse, le terrible malade devinait tout, entendait tout et envoyait son domestique au milieu de nos réunions dire aux visiteurs de gagner la porte.

De guerre lasse, j'avais fini par prier les amis de ne plus songer à moi, et je vivais seule. Souvent je montais par le jardin jusqu'à une petite promenade abandonnée qui dominait la ville et d'où l'on voyait les remparts sur lesquels passaient mes frères. De là, je leur envoyais des baisers, ils me les rendaient à travers l'espace et je me sentais moins perdue en rentrant dans ma demeure.

Mon beau-père n'aimait pas mes amis, et m'empêchait de les recevoir, mais il aimait les siens, quoique ne les voyant plus et il me les imposait parfois.

Parmi ceux que je devais le mieux accueillir se trouvait un de ses camarades de jeunesse qui était d'une originalité touchant à la folie. Il s'appelait M. H... de la Minotière, mais dans le pays on l'appelait Robinson. Il vivait en effet comme un Robinson au fond des Landes de la Meauffe, un lieu sauvage, plein de bruyères et d'ajoncs où il s'était bâti sous terre une maison de castor. La chasse et quelques poules suffisaient à ses besoins et à ceux de sa fille qui partageait sous terre l'existence paternelle. De maigres vignes, un jardin avec quelques légumes, entouraient le toit de Robinson qui hémergeait comme un immense

champignon au-dessus du plateau de verdure. Dans
le fond de cette grotte où l'on pénétrait par un escalier
fait de vieux troncs d'arbres et de boue séchée, se
trouvait une cavité que M. de la Minotière décorait du
nom de salon. Il entassait là de nombreux livres et
des plantes pharmaceutiques avec lesquelles ils confec-
tionnait des remèdes pour lui et pour sa fille et aussi
pour les rares paysans habitant ces landes désolées.
Une vieille lampe brûlait jour et nuit dans ce réduit,
éclairant les travaux du singulier bonhomme qui était
un savant érudit. Il traduisait sans relâche les pères
de l'Église quand il ne triturait pas ses drogues, sa fille
l'aidait dans ses traductions, vêtue de blanc et les cheveux épars.

Elle le suivait dans le même costume quand il venait
à Saint-Lô, blottie au fond d'une voiture construite par
son père et qui était plutôt une cabane de berger qu'une
voiture. C'était à cela qu'on attelait une vieille jument
nourrie des bruyères de la Meauffe et dont la maigreur
faisait souvenir de la monture de Don Quichotte ; plus
d'une fois, la vieille jument eut un poulain qui la
suivait jusque dans les rues de Saint-Lô, la forçant de
s'arrêter quand il voulait têter à la barbe des passants.

Je vis entrer tout cela un beau jour dans ma cour.
La fille resta dans la voiture et le poulain demeura
près de sa mère, mais M. de la Minotière pénétra chez
moi et je n'oublierai jamais l'émotion que me causa
sa première visite. Cet homme surgit tout à coup dans
ma chambre portant deux pistolets à sa ceinture. Je
crus d'abord qu'il voulait me tuer, mais bientôt je fus
rassurée par son sourire amical. « Salut à l'épousée, me
dit-il, en me présentant une bouteille de sirop de

pointes d'asperges qu'il m'offrit galamment. — Pour combattre les battements du cœur, ajouta-t-il. Le cœur bat toujours trop vite chez les amoureux. »

Je le remerciai. Il s'assit et nous causâmes des pères de l'Église, dont je n'avais qu'une vague connaissance, mais ce que j'en savais parut lui suffire, car en partant, il me complimenta sur mon érudition. Si mesdemoiselles *** eussent été là, elles auraient joui de leur œuvre.

Je sus depuis que les fameux pistolets de M. de la Minotière avaient plus d'une mort à se reprocher. Ils avaient étendu sur le terrain quatre ou cinq gentilshommes. M. de la Minotière avait été un duelliste dangereux dans sa jeunesse et l'était encore sur ses vieux jours. Les hommes le redoutaient comme la peste, parce que, pour une plaisanterie, pour un rien, il était encore disposé à leur envoyer quelques balles dans la tête. Un pauvre receveur de l'enregistrement fut sa dernière victime et cela, parce qu'il avait mis sur sa fenêtre un certain vase dont la vue choquait le vieux batailleur. « Monsieur, enlevez votre vase, je ne veux plus le voir sur votre fenêtre, avait-il écrit au receveur de l'enregistrement. — Monsieur, je n'enlèverai pas mon vase », avait répondu ce fonctionnaire, alors, on était allé sur le pré et le receveur de l'enregistrement avait eu les intestins transpercés.

Je parlais aussi des Pères de l'Église avec mon beau-père, dans les longues visites que je lui faisais en confectionnant ma layette, mais ces conversations qui nous amenaient aux discussions religieuses me jetaient dans un grand trouble. Elles ébranlaient ma foi. Je sentais, à la suite de ces entretiens, mon âme qui avait besoin de soutien trébucher dans le vide. « Une femme intelligente comme toi, disait mon beau-père, ne doit pas s'astreindre à la pratique. Crois en Dieu et que ce soit tout ». Je me rappelais ce mot malgré moi lorsqu'au pied des autels je venais m'agenouiller. J'entendais alors, à travers les chants pieux, le rire moqueur de mon beau-père. Il arrêtait la prière sur mes lèvres. Je sortais de l'Église muette et découragée.

Je ne retrouvais mes saines croyances qu'en pensant à la venue prochaine de mon enfant. Alors, quand je sentais en moi cet être plein de vie, je me disais : C'est Dieu qui a fait ce miracle! Et ma reconnaissance pour lui était sans bornes.

Ce fut le 8 juin 1852 que mon fils André vint au monde. Il faillit me coûter la vie. Victoire, ma mère et mon mari pleurèrent sur moi pendant quarante-huit heures. Enfin, je fus sauvée et le petit garçon tout enrubanné fut placé à côté de moi dans mon lit.

Ma chambre se trouva bientôt remplie. Mon père, mes frères, le bon oncle arrivèrent pour baiser le nouveau-né. Chacun voulait qu'il lui ressemblât, chacun disait : il a mon nez, il a mes yeux, il a ma bouche, mais c'était à moi qu'il ressemblait. Ma mère le prit comme une relique et ouvrit ses langes devant tous les regards amis. Alors mon mari se mit à genoux devant lui le lorgnon sur le nez, observant ses mouvements et riant comme un fou chaque fois qu'il bâillait. « Ton fils est beau, venait-il ensuite me dire. Je te remercie de me l'avoir donné... »

Mon oncle surtout était en extase devant le petit André et songeait déjà à ce que deviendrait cet enfant d'une heure.

— Ma fille, me disait-il, d'un ton doctoral en me désignant son neveu, il sera sensuel, je vous en avertis, il faudra veiller au développement de ses instincts; pas trop de nourriture, calmer le sang avant tout.

— Toujours ses manies! disait ma mère à voix basse, en remuant l'eau sucrée de l'enfant dans le gobelet d'argent.

Mon beau-père accueillit également bien son petit-fils. On le lui porta dans sa robe brodée. Il le garda longtemps sur son lit, baisa ses petites mains et lui donnant sa bénédiction de philosophe :

— Grandis, lui dit-il, jouis de la vie et meurs quand tu ne seras plus heureux.

Le baptême eut lieu quand je fus assez bien rétablie pour aller à l'église et tenir moi-même l'enfant sur les fonts baptismaux. Ma mère fut la marraine, le bon oncle, le parrain. Nous nous en allâmes comme une noce à travers les rues jusqu'à la cathédrale toute parée de fleurs. L'enfant disparaissait sous des flots de lentelles et de mousseline des Indes. Il était porté par une jolie nourrice, coiffée à la mode du pays, d'un bonnet à longues barbes, reposant sur un transparent brodé d'or. J'étais aussi fière de la nourrice que de mon fils! Hélas, d'autres yeux que les miens admirèrent aussi cette femme; ce furent ceux du sacristain, lequel tout en aidant le curé dans ses saintes célébrations, conçut une passion violente pour le transparent brodé d'or. Le soir même, en rangeant mes robes, je trouvai le Don-Juan dans une armoire voisine de la chambre de la nourrice et attendant l'heure favorable pour pénétrer chez elle. Je crus mourir de frayeur en apercevant cet homme derrière mes jupons et je me mis à crier au voleur! « Grâce! madame, grâce! suppliait le sacristain. Je ne suis pas un voleur, je ne suis qu'un amoureux... »

Mon mari, réveillé par mes cris, arriva lui-même
fort ému et ne consultant que son émotion, jeta
l'amoureux du haut en bas de l'escalier.

La naissance d'André nous rouvrit les portes de Trécœur et les bras de ma chère grand'mère, mais hélas!
le revoir fut de courte durée. Madame de Quigny suc-
comba aux suites d'une attaque de paralysie quelques
mois après avoir pardonné. Cette mort fut mon premier grand chagrin. Je me souviendrai toujours des
heures qui la suivirent, de ce pauvre Trécœur sans
âme, de tous ces paysans en pleurs, agenouillés sur
les marches du perron, de ma mère, penchée sur la
morte qui semblait dormir dans son lit blanc, ce lit où
j'avais moi-même dormi près d'elle. Je m'échappai
vers la fin du jour pour revoir le jardin, les charmilles,
l'étang où les cygnes et les canards s'ébattaient encore.
Je dis adieu à tous ces amis du passé. Je savais que
ma grand'mère laissait Trécœur à un neveu portant
son nom et que je ne rentrerais désormais dans le domaine de mon enfance qu'en étrangère.

Mon cousin Sigismond de Sainte-Suzanne, qui habitait le beau château de la Millerie, dédaigna Trécœur
et y installa son fermier. J'obtins de lui la permission
d'y revenir en pèlerinage. Lorsque je revis Trécœur
pour la première fois, de longs mois après la mort de
ma grand'mère, je crus mourir d'émotion. Tout en
larmes, toute tremblante, j'errai dans les jardins pleins
d'herbes et de ronces, sous les charmilles dont les
branches détachées semblaient pleurer comme moi.
Au bord de l'étang, les peupliers abattus, traînaient
leurs corps raides dans les eaux noires du petit lac,
où j'avais vu les ombres des cygnes se refléter comme
dans un miroir. La nymphe de pierre qui surmontait

la cascade, se dégageait encore sur le fond de prairies
et d'horizons bleus, mais la cascade était muette. Les
bois n'avaient plus de sentiers, tout y poussait pêle-
mêle. Les chevaux du fermier y erraient en secouant
leurs clochettes. Une des belles avenues avait été ven-
due à un sabotier qui avait planté sa hutte à l'ombre
du seul arbre resté debout. Cet homme semblait régner sur ces lieux dévastés, saluant à peine ceux qui
en avaient été les maîtres.

Du côté du château, les choses étaient aussi changées.
Les fenêtres battaient tristement. Le salon n'avait plus
les meubles d'autrefois. Quelques chaises de paille
remplaçaient les consoles dorées et les bergères de
lampas dans lesquelles je m'endormais après ma leçon
de lecture, le cartel Louis XIV et son char d'Apollon
avaient disparu, ainsi que les vases de Rouen où ma
grand'mère mettait ses roses.

La chambre de la morte, cette chambre où j'avais
vécu sous son aile était envahie par la fermière et ses
enfants. Dans le coin sacré où elle avait son prie-Dieu,
à l'endroit même où était son crucifix, on voyait des
jambons suspendus et des guirlandes de haricots. —
Sous le toit, l'horloge rouillée ne faisait plus entendre
ce tic-tac que j'aimais. Elle s'était tue le jour où ma
grand'mère avait descendu dans son cercueil les marches du perron. Sur les balustrades de la cour, les
vieux lions de pierre, gardiens fantastiques du domaine
demeuraient assoupis sous la mousse, l'aile de la mort
avait touché chaque chose, imprimé sur chaque souvenir son cruel cachet.

Qui m'eût dit, lorsque je pleurais devant cette
demeure abandonnée, qu'un jour viendrait où je reverrais ces mêmes lieux, l'œil sans larmes et le sourire

aux lèvres? Cependant le temps accomplit ce miracle.
Bientôt la douleur que me causèrent les premiers voyages
à Trécœur se changea en mélancolie, puis l'indifférence
arriva presque. Il ne m'avait fallu que de courtes années pour m'habituer à respirer librement sur les ruines
de tout un passé. J'amenai des amis pour visiter le
château que mon mari avait rendu célèbre en le dé-
crivant dans *Monsieur de Camors*. Il ne fut guère de
semaine où nous ne vinssions causer sous les charmilles
et faire des provisions de fleurs dans les prés. Plus
tard, nous arrivâmes en troupe. On pêcha dans l'étang,
on joua au croquet sous les grands hêtres, on mangea
des cerises et on but du lait sur le perron. Un jour
même on dansa. Ce fut dans la cour d'honneur qu'eut
lieu le bal. Quand la nuit fut venue, toutes les balustrades se couvrirent de petites bougies qui émaillèrent
le fond de verdure sombre. On plaça un tonneau tout
enguirlandé sur l'escalier de la première terrasse. — Un
ménétrier monta sur le tonneau et nous, nous valsâmes
autour des quinconces. Que de fois depuis je me suis
reproché ce bal, le ménétrier et la légèreté de mon
cœur.

CHAPITRE XIV

Mon mari travaillait avec ardeur dans sa chambre
d'étudiant. *Le Cheveu blanc, le Parc, Péril en la demeure,
Dalila*, sa plus belle œuvre, parurent successivement non sans lui causer de grandes fatigues ner-
veuses. Il nous lisait toutes ses œuvres, à ma mère et
à moi, avant de les livrer à la *Revue des Deux Mondes*.
Il nous les lisait dans sa pauvre chambre, derrière un
paravent, qui semblait nous isoler plus complètement
encore des humains. Il aimait lire devant ma mère,
dont l'âme exaltée était pour lui un soutien. Quelquefois son père le décourageait cruellement. Je me souviens qu'il fut mécontent du *Village* et qu'il voulait lui
faire brûler le manuscrit. Cette nouvelle charmante ne
dut sa vie qu'à ma mère et à moi ; nous combattîmes

énergiquement toutes les deux l'inconcevable jugement
de M. Feuillet.

Bientôt mon mari songea à entreprendre un voyage
en Bretagne pour puiser de nouvelles inspirations dans
ce pays poétique ; mais la grande difficulté fut d'obtenir de M. Feuillet la permission du départ. Mon beau-
père ne pouvait plus se passer de son fils, il avait foi
en ses conseils médicaux, et à tous les instants du
jour et même souvent la nuit, il l'appelait pour qu'il
lui tâtât le pouls. Mon mari remplissait avec une tendresse et un respect admirables, ce rôle de médecin,
mais de temps à autre, il réclamait un congé ; et jamais
ce congé ne lui était accordé qu'au milieu des orages.
Nous partîmes cependant après avoir confié notre petit
garçon à ma mère.

Cette fois on laissa la berline dans la remise. Nous
fîmes le voyage, courant à l'aventure dans de modestes
fiacres que nous prenions de ville en ville. C'était charmant de trotter sur ces routes pleines de ruines, de
dolmens et de tumulus. Apercevait-on une petite
église avec la croix sculptée de son cimetière, on faisait
arrêter les chevaux, on se précipitait hors de la voiture,
sautant comme des écoliers à travers les pierres et les
petits ruisseaux, et on arrivait à la chapelle. Du cimetière tout parfumé par les genévriers et les menthes, on
apercevait une mer d'horizons bleus et de vieilles
forêts profondes où la pensée cherchait encore les
prêtresses et les druides de la Gaule.

Quelquefois, nous nous perdions dans des bruyères
sans limites. La route tracée sur ces sols arides, était
bordée par quelques ajoncs et par de petits chênes
noirs et tristes comme les oliviers du midi. Une croix
de bois plantée sur un tertre, une grande pierre levée,

dernier débris du culte druidique se dressant comme un géant sur le bleu du ciel, rompaient la plate uniformité de ces paysages. On trouvait après cela des bois frais où les chevaux se reposaient, de grands étangs où s'ébattaient des oiseaux sauvages, où les cerfs venaient boire. En errant à pied dans ces solitudes, on rencontrait tantôt une vieille paysanne ensevelie sous sa cape de toile, filant sa quenouille, pendant que sa vache broutait les jeunes pousses autour d'elle, tantôt une fillette, montrant sa tête au-dessus d'un buisson puis rentrant dans le fourré comme un chevreuil inquiet. Ce fut ainsi que nous fîmes la connaissance de Christine Hoyadec que mon mari rendit célèbre dans le *Jeune homme pauvre*. Nous l'aperçûmes sortant du bois, tenant une lettre qu'elle ne savait pas lire. « Monsieur, dit-elle à mon mari, en s'avançant à pas discrets vers nous, — c'est une lettre de mon amoureux, lisez ! Je voudrais savoir... » Et, en effet, ses grands yeux désiraient savoir si on l'aimait toujours. Mon mari lut la lettre et rassura Christine. On lui restait fidèle. Il la lut à plusieurs reprises. Christine écoutait, les cils baissés, roulant les coins de son tablier et rougissant à chaque mot d'amour. Et puis, reprenant sa lettre, elle s'enfonça de nouveau dans les bois en nous disant merci.

Nous retrouvions la voiture. Le cocher et les chevaux dormaient. On réveillait bêtes et gens pour reprendre la route. C'étaient alors des villages que nous traversions, de pauvres villages avec des maisons ressemblant à des huttes. Par les fenêtres, les vaches sortaient leurs têtes étonnées, tandis que des visages de femmes doux et distingués se laissaient voir dans l'ombre des portes. Presque toutes ces créatures avaient l'air de statues, elles ne regardaient pas ce qui se passait dans la rue, leurs yeux suivaient avec mélancolie le fil de leur quenouille. Pendant cela, leurs enfants à moitié nus, couverts de vermine, s'ébattaient dans la poussière.

Puis, c'était l'auberge ! on s'arrêtait pour donner l'avoine aux bêtes, et pour manger soi-même. Il fallait avoir grand faim pour attaquer l'omelette aux œufs durcis et la fricassée de corneilles préparées par l'hôte. On ne pouvait même pas se rattraper sur le pain. C'était du pain de blé noir, dur et sentant le cuir, car il reposait ordinairement au fond d'une armoire contenant des chaussures. Je l'ai vu à Plestein, sortir du lit de l'aubergiste qui le tenait chaudement sous ses couvertures.

Après les villages, apparaissaient les châteaux en ruine, les vieilles tours éventrées. La tour d'Elven, Suscinio, l'abbaye de Saint-Gildas où repose Abélard. Un peu après Vannes, du côté de Carnac, nous faisons le tour d'un tumulus surmonté d'une petite chapelle. Quelques maisons de bergers sont espacées aux alentours. Dans l'une d'elles, on montre des bijoux romains en or massif trouvés récemment par des paysans labourant leurs champs. Il y a un collier de femme parmi ces bijoux. Je le mets autour de mon cou, il est si lourd qu'il me fait pencher la tête.

En quittant les forêts et les ruines nous visitâmes les plages. La baie de Douarnenez nous enchanta. Puis ce fut Roscoff et ses grèves hérissées d'écueils parmi lesquels on voit encore la chaumière où Marie Stuart passa la nuit quand elle vint en France pour épouser François II.

A quelques lieues de Roscoff, comme nous roulions sur la route de Saint-Pol-de-Léon à Morlaix, nous tombâmes au milieu d'une fête. C'était un dimanche et jour de pardon. Les offices venaient de finir et l'on dansait dans le village, sur la place de l'église. Nous fîmes arrêter la voiture pour regarder le bal. Les violons et les bignous se faisaient entendre sous les grands ifs, à travers lesquels on apercevait les lames azurées de la mer. La bourrée tournait autour d'un mai pavoisé et les vieillards de la contrée, rangés contre la haie du cimetière, regardaient danser la jeunesse heureuse. Il y avait de jolis costumes et de jolies filles. Des guirlandes accrochées aux maisons, devant les portes des tonneaux pleins, des tables chargées de gâteaux avec des enfants rangés autour et sur toutes ces choses, les rayons lumineux du soleil couchant.

Bientôt se détacha de la ronde et s'avança vers nous, un jeune paysan d'une grâce parfaite. Il avait un costume d'opéra : une veste de drap gris bordée de velours noir, des bragoubras gris comme la veste ; un gilet rouge sur lequel passait un ceinturon fermé par une boucle d'or, et un large chapeau galonné qui jetait une ombre douce sur des traits rappelant ceux des anciens gaulois. La beauté de cet homme nous frappa tellement que nous ne pûmes retenir un cri d'admiration en l'apercevant. Ce cri le fit rougir.

— Madame, dit-il en me saluant, les camarades et moi, voulons faire honneur à l'étrangère, nous vous prions de conduire la danse.

Je rougis à mon tour, en disant que je ne savais pas la bourrée.

— C'est facile, répondit le Breton, si vous voulez, je vous l'apprendrai.

Sur un signe de mon mari, je sortis de la voiture acceptai la main que me tendait le danseur. Alors, nous marchâmes tous les deux vers le grand mai, autour duquel nous tournâmes le reste du jour, nous balançant doucement, comme si nous avions été bercés par les vagues.

A Quimper, nous vîmes passer une noce, qui sortait de l'église. Les mariés étaient riches et avaient un cortège seigneurial. Tout le monde était à cheval ; les femmes portaient des coiffes de dentelles, des corsages brodés, des jupes courtes, couvertes de galons d'or et d'argent ; les hommes avaient de grands chapeaux, comme les cardinaux de Rome et des manteaux éclatants, flottant sur la croupe de leurs chevaux. Les joueurs de bignou ouvraient la marche avec leurs instruments gonflés comme des outres ; toute cette procession reconduisait l'épouse chez ses parents, car l'usage du pays veut que la mariée n'appartienne à l'époux que le lendemain du mariage.

Le lendemain nous nous rendîmes aux halles où dansait la noce. Elle se mit en mouvement et tomba d'épuisement à minuit seulement. Les joueurs de bignou, perchés sur des tonneaux ornés de mousse et de fleurs, livraient aux échos leurs monotones harmonies, tandis qu'à leurs pieds, les matrones de la fête se tenaient accroupies dans une immobilité de statues, pareilles aux serpents que fascine la flûte des charmeurs.

Entre les piliers des halles, la foule se pressait et interpellait les danseurs qui sautaient avec mélancolie les uns devant les autres. La mariée se balançait tristement ; c'était une jeune fille aux traits effacés, pas jolie, mais avec des attaches fines et de la distinction dans les manières. Elle ne quittait pas la main du marié, un petit homme trapu, enseveli sous ses cheveux et qui ne ressemblait en rien à l'Adonis de Saint-Pol-de-Léon.

Nous restâmes trois jours à Brest, après quoi nous partîmes pour Penmarck, port le plus sauvage du pays breton, où quelques maisons de pêcheurs sont construites sur les ruines de la ville brillante que ravagea Fontenelle, un seigneur qui terrifia le pays par ses crimes et fut décapité sur la place de Grève, sous Henri IV.

Non loin de ces pauvres cabanes sont des rochers pleins d'algues suintantes où le vent passe en tourbillons avec de formidables bruits, rejetant comme des balles dans l'espace, les mouettes et les goélands égarés dans ces sinistres solitudes. La mer enserre les rochers, et ses flots, brisés par les écueils, s'élèvent en gerbes d'écume jusqu'aux plus haut sommets, les balayant de leur bave salée. C'est ainsi qu'ils emportèrent quelques années plus tard, une femme de nos amis et sa fille, venues dans ces parages pour y admirer une grande marée. Leurs pauvres corps, jetés de gouffre en gouffre avec ceux des goélands et des mouettes, furent retrouvés tout meurtris, en plein océan.

Nous terminâmes la série de nos excursions en nous enfonçant dans les montagnes du Helgoate. Là, on ne parlait pas français. Au village du Helgoate où nous débarquâmes vers le soir, nous fûmes obligés de demander asile au curé, car dans l'unique auberge du lieu, on prétendit nous faire coucher avec les vaches. Le curé parlait un peu notre langue, mais bien peu. C'était un petit homme tout rond et qui riait toujours; il riait en nous abandonnant son pain et son saucisson, il riait en nous cédant son lit. Il riait en s'asseyant sur le vieux tabouret où il comptait passer la nuit. Il riait encore le lendemain en nous menant visiter l'église de Saint-Erboth, perdue au milieu des bois, et qui renferme un curieux ossuaire et de beaux débris d'architecture.

Nous fûmes suivis dans notre expédition par une procession d'enfants en guenilles que mon jupon aux franges rouges remplissait d'admiration. Bientôt je m'aperçus que ces petits sauvages, armés de couteaux taillaient à la dérobée dans mon jupon et se paraient de ces franges ; ce qui fit que l'hilarité du curé ne connut plus de bornes.

Dans la chapelle où nous arrivons en nous accrochant aux ronces et aux racines, nous voyons un autel devant lequel brûlent quelques cierges. L'autel est couvert de chevelures, on dirait qu'on a scalpé toute la contrée. Il y a parmi les cheveux un mélange de queues de vaches et de fleurs fanées qui excite notre curiosité. Le curé nous explique que ce sont des sacrifices faits à Dieu par les pieux Bretons. Quand un fléau s'abat sur eux, les hommes offrent au ciel les cheveux de leurs femmes et les queues de leurs vaches. Ils y joignent les couronnes qui ont orné le front des mariées.

Le curé regretta beaucoup de nous voir partir. Nous avions passé comme un météore dans sa pauvre vie. Je montais en voiture, quand il me remit, riant toujours, malgré son émotion, un petit panier contenant des pommes de terre et une rose. Je conserve encore les cendres de la rose.

Landivisiau fut notre dernière étape, nous y abandonnâmes notre voiture pour prendre la diligence qui devait nous ramener chez nous. Nous déjeunâmes en compagnie du percepteur et du capitaine de gendarmerie qui parlaient avec animation, en mangeant du boudin, d'un concert qui avait eu lieu la veille dans la salle de la municipalité. Ils vantaient les artistes et particulièrement une demoiselle Agathe qui avait chanté la barcarolle de l'opéra de *Marie*. « Batelier, dit Lizette » avec un talent sans égal. A ce moment même parut mademoiselle Agathe qui venait aussi chercher sa pâture. Le percepteur et le capitaine pâlirent; pourtant mademoiselle Agathe avait au moins quarante ans, les cheveux rares et les dents rares aussi. Elle prit place entre ses deux adorateurs qui cessèrent de manger du boudin pour parler à la diva de sa bar-carolle.

Une fois bien installés dans la diligence et tout en roulant vers la maison, mon mari me confia ses regrets de quitter la vie libre, l'horreur que lui inspirait l'existence qu'il allait retrouver. J'avais beau lui parler de l'enfant et de moi-même comme d'une source de bonheur. « C'est vrai, me répondait-il, je suis un ingrat, mais j'aime aussi ma carrière et je sens que je la perds dans cette nécropole... »

Lorsque nous fûmes de retour, nous côtoyâmes de nouveau les bords de la Vire, nos lignes sur l'épaule. Mon mari était triste, moi de même; je pêchais près de lui en silence et souvent mes yeux obscurcis par les larmes perdaient de vue le bouchon qui s'enfuyait.

Nous revenions de ces promenades par un joli chemin appelé la route de Candol où les genêts s'épanouissaient en gerbes dorées sur nos têtes. De grosses pierres s'échelonnaient au milieu de la voie, traversée par une multitude de petits ruisseaux bordés de cresson et de digitales. Quelquefois nous glissions en sautant sur les pierres humides, nous tombions et cela nous faisait rire; ce rire était béni, il devenait si rare ! Un jour, arrivant à un carrefour où se trouvait une ferme soli-

taire, nous entendîmes les accents d'une voix superbe,
s'élever dans la sonorité du soir. C'était une grande
et horrible fille appelée la Marotine qui chantait ainsi.
Elle servait de commissionnaire aux bouchers de la
ville. On la rencontrait portant sur la tête des débris
sanglants qu'elle allait vendre aux paysans dans les
campagnes. Les paysans partageaient leur cidre avec
elle et c'était dans son ivresse qu'elle remplissait l'air
de ses chansons. Nous nous arrêtâmes pour l'écouter.
Quand la voix se perdit au loin, nous nous remîmes
en marche, alors mon mari me dit mélancoliquement :
La Marotine est heureuse, elle chante sa liberté !

Ma situation vis-à-vis de mon beau-père devenait
chaque jour plus difficile. Il exigea bientôt que je
passasse toutes mes journées dans sa chambre, pour
remuer ses petits coussins autour de lui ; puis il refusa
tout à coup de me recevoir : je l'agitais, je faisais du
bruit j'avais des modes nouvelles qui l'irritaient, un
jeune visage qui choquait sa vieillesse. Bref il me
ferma sa porte. Mon exil dura plus d'une année. Pendant cela, j'eus un second enfant, mon fils Jacques. On
n'osa pas lui apprendre cet événement. A travers tout,
mon mari continuait à mener sa vie d'infirmier et
devenait fou d'ennui. Il passait des heures, assis au
pied de mon lit d'accouchée, la tête ensevelie dans ses
mains et pleurant comme un enfant. — Je finis par le
décider à mettre une religieuse près de son père, quoi
qu'en dît le vieux philosophe. La lutte fut terrible et
eut pour résultat de faire chasser mon mari de la
chambre paternelle comme j'en avais été chassée moi-
même, mais l'exclusion dura peu, et mon mari dut
reprendre, malgré la présence de la sœur, son triste
rôle près du malade.

L'automne vint, je ne me remettais pas de mes couches et j'inquiétais ma mère. J'allais m'asseoir péniblement à la porte du jardin, lorsqu'il y avait un rayon de soleil, tenant sur mes genoux le dernier né, maigre et pâle comme moi, rêvant pendant des heures devant les arbres jaunis, écoutant le bruit des feuilles qui tombaient comme des larmes sur la terre humide. Le bon oncle était mort, s'il eût été là, je lui aurais fait conter de nouveau la retraite de Russie. Ces souvenirs m'eussent paru doux, comparés aux tristesses de l'heure présente.

Parfois la sœur qui soignait mon beau-père passait devant moi, lisant dans son bréviaire. Je l'entendais venir aux claquements des grains de son rosaire. J'avançais la main, elle y posait ses doigts raides, puis disparaissait au fond de l'allée. J'interrogeais ses yeux, son calme visage, l'expression éteinte de son sourire et je me demandais si cette fille à peu près morte n'était pas plus heureuse que moi.

Ma mère passait les soirées près de moi, essayant de me distraire et de me consoler en dorlotant les enfants. Elle était heureuse du bien qu'elle me faisait : « Enfin je peux me dévouer, disait-elle, j'avais toujours rêvé cela, me dévouer ! Et je n'avais autour de moi que des gens heureux, des gens bien portants. Que de fois, ajoutait-elle, j'ai dit à ton père, que j'aurais voulu lui voir les jambes cassées afin qu'il eût besoin de mes soins... » L'air convaincu avec lequel elle disait cela et l'étonnement qu'elle paraissait éprouver en voyant que mon père ne partageait pas ses rêves, m'amusait et me donnait une joie dont je la remerciais avec rires et baisers.

Nous en étions là, quand survint un événement.

qui releva notre courage. M. de Beaufort, directeur
du théâtre du Vaudeville et l'acteur Lafontaine, enthou-
siasmés par la lecture de *Dalila* qui venait de paraître
dans la *Revue des Deux Mondes*, arrivèrent un beau jour
à la maison pour prier mon mari de faire une pièce
avec le roman.

La pensée de donner l'hospitalité à ces personnages
importants me ravit l'âme, et la troubla en même
temps, car je pensai tout de suite à l'agitation que leur
présence causerait dans notre intérieur monacal, au
bruit que pourraient faire ces gens, en marchant, en
parlant, en se promenant sous les fenêtres de mon
beau-père. Je songeai aux fureurs de cet homme apprenant que sa maison était envahie et qu'on y parlait
comédies et plaisirs; alors une sueur froide me passait
sur les os.

Cependant les choses allèrent mieux que je ne l'avais
cru d'abord. Nous installâmes ces messieurs dans le
pavillon opposé à celui qu'habitait M. Feuillet, là où
mon mari faisait des armes avec le major du régiment.
Ces messieurs furent priés de fermer doucement les
portes; on les avertit que le jardin était plutôt un
décor qu'un lieu de promenade et que l'entrée en était
interdite. Il y eut de nouveau des matelas placés dans
les portes et même quelques bottes de paille, après
quoi nous respirâmes plus librement.

Mon mari travaillait avec ses hôtes une partie du
jour. Je ne l'avais jamais vu si souriant, si heureux.
Pendant les deux ou trois soirées que ces messieurs
nous donnèrent, nous pûmes, grâce à la paille et aux
matelas. entendre en paix les tirades d'André Roswein dites avec une admirable passion par l'acteur
Lafontaine. Nous entendîmes aussi ses chants. Il

disait, d'une voix douce et pénétrante, cette chanson du soldat :

Là-bas, dans le vallon, j'ai tué mon capitaine.

et tout le monde s'essuyait les yeux.

Quand la première ébauche de la pièce fut terminée, M. de Beaufort voulut enlever son auteur, afin qu'il achevât la pièce à Paris et en dirigeât les répétitions. Mon mari se laissa entraîner et partit sans trop de remords avec ces messieurs, son père lui ayant de nouveau fermé sa porte depuis quelques jours. En me disant adieu, mon mari, pour calmer l'amertume de la séparation, me dit que je viendrais bientôt le rejoindre et qu'il comptait sur mes applaudissements le soir de la première représentation.

Je reçus de lui, pendant la route qu'il fit toujours en poste, des lettres respirant le bonheur. « C'est si amusant de voyager ainsi, m'écrivait-il; nous montons les côtes à pied Lafontaine et moi, en chantant et en disant des bêtises. Oui, ma chère, je dis des bêtises, j'ai vingt ans! »

Je ne tardai pas à l'aller retrouver. Ma mère se chargea de mes petits enfants. Moi aussi je fis gaiement le voyage, moi aussi j'avais vingt ans!

CHAPITRE XV

La rue de Chabrol fut abandonnée pour un appartement meublé, rue Duphot, où nous nous installâmes joyeusement comme des écoliers. Mon mari passait presque toutes ses journées au théâtre. Cela marcha bien d'abord, mais bientôt il rentra les nerfs exaspérés. Mademoiselle Fargueil, qui remplissait dans la pièce le rôle de la princesse Falconieri, avait elle-même des nervosités insupportables. Elle se fâchait, elle rendait le rôle, elle le reprenait en pleurant ; se trouvant mal et crachant le sang par-dessus le marché. Mon mari commençait à regretter la pêche à la ligne et la paix de sa triste maison. Moi je regrettais les enfants et ma mère, mais j'étais heureuse pourtant dans ce Paris de mes rêves.

Le soir, quand mon mari n'était pas trop fatigué, il

me menait au théâtre ou aux réceptions des Buloz. M. Buloz, directeur de la *Revue des Deux Mondes*, avait un salon intéressant rue Saint-Benoît. On nous y accueillait à bras ouverts, on nous y présentait tous les littérateurs en renom. Nous allions également chez le baron Baude, de l'Institut. Il nous réunit une fois à M. Villemain. J'eus la sottise de m'endormir entre les coussins d'un moelleux canapé au moment où madame Baude me présentait M. Villemain. En me réveillant brusquement pour la présentation, je commis une terrible confusion entre les noms de Villemain et de Cousin, j'appelai M. Villemain M. Cousin, ce qui ne parut pas d'ailleurs le contrarier excessivement.

J'assistai aux répétitions de *Dalila* dans une baignoire obscure, en compagnie du chat de la concierge et du lampiste. Quel intérêt pour moi lorsqu'on changeait de décor et que les acteurs entraient en vacances. On voyait tout ce monde se pincer, se battre ou s'embrasser, faire des gambades derrière le dos du régisseur, déboucher du champagne au nez du pompier. Ces folies duraient jusqu'au moment où les machinistes ayant fini leur besogne, la voix du régisseur criait : « Place au théâtre, », alors tout disparaissait comme si le canon eût balayé l'endroit.

La première représentation eut lieu après six semaines d'études et de fatigants travaux. Le succès fut complet ; tout ce que la société parisienne avait de plus brillant s'épanouissait sous le feu des lustres, battait des mains, appelait l'auteur. La salle s'ébranlait sous les cris, sous les bravos. Je me sentais fière, mon cœur battait à me briser la poitrine ; je me demandais si de tels instants ne devaient pas me payer des mauvaises heures.

Tous les amis finirent par nous découvrir au fond d'une loge grillée, où nous avions passé cette soirée d'émotion et de triomphe. Émile Augier fut un des plus chauds, et je lui vouai une grande amitié à partir de ce jour-là. Quant à Lafontaine, il se jeta au cou de mon mari en pleurant, et je crois que Fargueil en fit autant quand il alla la complimenter dans sa loge; car, en l'embrassant à mon tour, j'aperçus sur son habit la trace de deux bras poudrés qui devaient être ceux de la princesse Falconnieri. Lafontaine avait été excellent ami et admirable artiste. Le soir de cette première représentation, il avait poussé l'amour de l'art jusqu'à se couper la langue pour que ce fût bien son sang qui tachât le petit mouchoir du poitrinaire André Roswein. Mon mari aima toujours se rappeler cette scène.

En rentrant rue Duphot, mon pauvre mari trouva une dépêche qui le terrassa : son père venait de mourir, enlevé brusquement par sa terrible goutte. Ce coup de foudre lui fit oublier toutes les joies des heures précédentes. Il s'en voulut d'avoir quitté le vieillard, de n'avoir pas tenu sa main au moment suprême. Il se reprocha sa gloire, il maudit ceux qui l'avaient arraché pour la conquérir, à sa vie de sacrifices et de devoirs. Ses cris et ses sanglots me fendaient l'âme, j'étais à ses genoux sans pouvoir l'apaiser.

Le lendemain, dès l'aube, je partis avec mon beau-frère pour rendre les derniers devoirs au pauvre mort. Mon mari qui ne pouvait pas entendre parler du chemin de fer, reprit la poste et nous rejoignit deux jours plus tard.

Je n'oublierai jamais la nuit que je passai en attendant la cérémonie funèbre; je ne voulus point me coucher, je restai à la fenêtre à regarder le jardin éclairé par une lune superbe q ui jetait des lueurs fantastiques sur les arbres et sur le petit faune insouciant. La mort était là, à mes côtés, et cette mort qui me faisait libre, tout en me remplissant d'une respectueuse terreur, me jetait dans de poétiques rêveries. Ma pensée cherchait dans le ciel semé d'étoiles, l'avenir qui m'était réservé; j'y voyais une vie nouvelle, une jeunesse triomphante, une gloire dont je jouirais sans entraves. Je me voyais pour jamais dans ce beau Paris avec un mari sans esclavage, se donnant entièrement à son talent et à moi. Les clartés de l'aurore succédant à la nuit, je jetai un manteau sur mes épaules et descendis dans le jardin plein de lumière et de rosée. J'en parcourus lentement les allées; alors celui qui m'eût suivie eût vu couler mes larmes, car les regrets étaient éclos à la suite des rêves. Je frémissais tout à coup devant cette liberté reconquise dont je n'avais vu d'abord que les enchantements. Je me reprenais à aimer ces lieux qui m'avaient vue souffrir, qui avaient vu naître mes enfants, je me reprenais à les aimer au moment où il me fallait les perdre. Pareille à ces oiseaux que l'on fait libres et qui abandonnent l'air et le soleil pour revenir à leur prison, j'aurais tout donné pour rentrer dans la mienne.

Nous quittâmes la maison quinze jours après la mort de mon beau-père; mon mari avait hâte de se fixer à Paris. — Ma mère nous vit faire nos préparatifs de départ avec une douleur qui me fit grand mal. Elle ne disait rien mais pleurait sans cesse et sa pauvre santé en était altérée. Mon mari en eut si grand pitié qu'il promit de lui consacrer trois mois chaque année et pour lui donner foi en ses promesses, il loua à deux kilomètres de Saint-Lô le débris du château appelé la

Vaucelle où François I⁰ʳ et Jacques d'Angleterre avaient séjourné. De plus, nous suppliâmes ma mère de nous accompagner à Paris pour nous aider dans notre installation, et elle partit avec nous moins désolée.

Je renonce à peindre les tristesses qui servirent de cortège au départ. Les pleurs des domestiques, les cris de Victoire, le désespoir de mes frères et de nos amis. Mon petit André fut très ébranlé par les adieux et quand la voiture qui nous emportait vint à passer sous la porte voûtée de la vieille cour, son cœur se fondit et il envoya des baisers pleins de sanglots à la maison paternelle. « Je reviendrai! Je reviendrai! » criait-il en tendant ses petites mains aux gens qui nous escortaient jusqu'au seuil.

Pendant que nous cherchions un appartement à Paris, ma mère consultait les médecins comme jadis, non plus pour sa maladie nerveuse mais pour une maladie beaucoup plus sérieuse et qu'elle nous avait cachée pour ne pas achever d'attrister notre vie. Il fut décidé par Nélaton qu'une opération était nécessaire. Ma mère se résigna; après avoir été prier Dieu à Notre-Dame, elle sortit de l'Église en disant : je suis prête.

Elle supporta vaillamment la terrible épreuve. Mon père et ma sœur étaient venus la rejoindre et au milieu de nous tous sa convalescence fut rapide. Elle avait repris sa gaieté, se croyant sauvée. Nous avions rempli sa chambre de fleurs; elle prétendait qu'elle n'avait jamais été plus gâtée, plus heureuse; sa chambre donnait sur les Tuileries, on la portait dans un fauteuil à la fenêtre d'où elle voyait les arbres tout verdoyants de feuilles nouvelles; et elle disait: « Cela sent bon! cela donne faim, je mangerais ces petites feuilles en salade! » Et en parlant des feuilles elle se

rappelait la Normandie, la Vaucelle où elle viendrait
près de nous. Elle se réjouissait de voir courir les enfants dans le vieux manoir. Son point noir était de me
laisser derrière elle à Paris, dans ce Paris plein de
dangers pour les jeunes femmes. Quand je travaillais à
ses pieds comme autrefois, lorsque j'avais dix ans,
elle me donnait des conseils. Elle m'encourageait à
continuer mes pratiques religieuses; là sera ta sauve-
garde, disait-elle. En s'épanchant sur toutes ces choses,
elle avait la main sur le roman du *Jeune homme pauvre*
qui venait de paraître et qu'elle adorait. Elle prétendait que mon mari avait voulu faire son portrait en
peignant mademoiselle de Poroït-Gaël, cette vieille
fille un peu folle qui bâtit toute sa vie son sanctuaire
dans les nuages.

Un jour elle se trouva si bien, elle se sentit si forte,
qu'on lui permit de donner son dîner de relevailles.
Elle se réjouissait qu'on but à sa santé dans sa chambre
fleurie. Ce fut moi qu'elle chargea de tout organiser.
Comme je mettais les corbeilles de roses sur la table,
elle me dit : « J'ai mal dans la bouche », et je m'aperçus
qu'elle parlait les dents serrées. Elle fut gaie pourtant
et s'occupa de tout le monde excepté d'elle ; mais dans
la nuit la fièvre l'envahit, deux jours après elle était
emportée par le tétanos.

Je me suis toujours étonnée qu'on supportât certaines
douleurs sans en mourir. Lorsque j'eus perdu ma
mère, il me sembla que la terre manquait sous mes
pas ; que ce fil de bonheur auquel je m'étais accrochée
en prenant ma liberté, venait de se rompre et que rien
ne saurait en renouer les débris ; que les affections qui
me restaient, pâliraient devant celle qui avait disparu
et que je ne saurais plus aimer personne. Pourtant les

mois passaient, et déjà à travers mes larmes, je m'occupais de ma maison, des soins à donner à mes fils,
des succès croissants de mon mari. Le souvenir de ma
mère flottait sur toutes ces choses, mais peu à peu, il
perdit de son amertume et devint mon cher compagnon.

Lorsque mon pauvre père eut regagné Saint-Lô
avec ma sœur, nous quittâmes l'hôtel où nous avions
vécu jusque là près de lui et prîmes gîte dans une
vieille maison de la rue de Tournon qui sentait la
province. Nous étions au quatrième, sous les toits et
pourtant nous nous trouvions installés comme des
princes. Ce premier *chez nous* avait tant de séductions !

Mon deuil m'empêchait d'aller dans le monde, mais
je passais de bonnes soirées près de mon mari qui
m'initiait toujours à ses œuvres. Nous faisions aussi
de longues promenades au Luxembourg, du côté de la
pépinière qui nous rappelait le jardin de mon père.
On s'asseyait sur un banc et l'on parlait du pays,
pendant que les étudiants circulaient dans les bosquets
avec leurs longs cheveux, et leur air inspiré. Puis nous
allions chez une amie de ma mère, madame Brunet
de Sebville, à laquelle ma mère m'avait recommandée
en mourant. Madame Brunet avait perdu son mari,
général de division, ancien gouverneur de Rome, à
l'assaut de Malakoff. Le général ne lui avait laissé
qu'une fortune modeste, mais elle supportait vaillamment les revers du sort. C'était une femme intelligente,
au sourire fin et doux ; elle avait beaucoup d'originalité
dans le caractère et de passion dans les sentiments. Sa
conversation était vive et amusante, et son petit salon
de la rue Servandoni était sans cesse rempli de gens
qu'elle savait intéresser par son charmant esprit. On
s'occupait chez elle des élections académiques. On y

faisait une discrète opposition au gouvernement ; elle laissait tourmenter le gouvernement, car elle n'avait iamais pu pardonner à l'Empereur la mort du pauvre général.

Chaque dimanche, j'allais déjeuner chez elle en sortant de l'église Saint-Sulpice. Elle me contait ses voyages, me montrait les curiosités qu'elle avait rapportées d'Italie et les habits percés de balles que le général avait laissés sur la brèche. Elle avait une manière de dire les choses, de s'exalter, de marcher dans le salon, les poings sur les hanches qui me rappelait ma grand'mère de Quigny. Je me croyais transportée à Trécœur pour un instant, et je l'aimais de me rendre ces souvenirs.

Elle me présenta tour à tour à ses amis. Ce fut par elle que je connus mesdames Bizot et de Brancion, toutes les deux gouvernantes du prince impérial. Madame Bizot m'accueillit à merveille, elle me dit que mon mari était apprécié à la Cour et me fit pressentir qu'il y serait bientôt invité.

Nous allâmes un soir prendre le thé chez madame Bizot ; c'était la première fois qu'elle nous recevait. Comme nous déposions nos manteaux dans l'antichambre nous nous heurtâmes à un vieux chien barbet, tout crotté, paraissant disposé à entrer avec nous dans les salons. Nous crûmes que c'était le chien de madame Bizot et nous lui fîmes fête. On nous annonce : le chien ouvre la marche, la queue droite, avec sa houppe qu'il agite fièrement. Je présente mon mari, madame Bizot nous fait asseoir devant un grand feu qu'entourent une douzaine de personnes. Madame de Brancion est là, avec son visage sévère. Le profil accusé de madame Brunet fait silhouette sur la muraille. Notre entrée paraît préoccuper madame Brunet ; je m'aperçois qu'elle fait des signes en désignant le chien, installé sur la fourrure du foyer, montrant les dents à ceux qui essayent de se chauffer les pieds. Tout le monde supporte l'animal avec respect, on le regarde et on nous regarde, je n'y comprends rien. Madame Bizot s'agite, parle bas à ses voisins, puis prend un air résigné et tâche d'être à la conversation. Tout à coup madame Brunet n'y tenant plus s'écrie : « A qui le chien ? — Mais à madame Bizot sans doute, dit mon mari. — Pas du tout monsieur, répond madame Bizot, il doit être à vous. — Oh madame, vous me permettrez d'en douter. — Comment ce chien n'est pas à vous, et je le supportais ici ? Mais alors d'où vient-il ? Qui l'a fait entrer ? » Et voilà madame Bizot s'emparant d'une pincette et poursuivant le pauvre animal, qui se sauve sous les meubles, tantôt y reste blotti, tantôt part comme une flèche passant devant la porte ouverte, sans se douter que son refuge est là. Enfin il aperçoit cette porte, l'enfile, reçoit sur le dos en entrant dans l'antichambre un grand coup de balai des domestiques, pousse de lamentables cris et, de guerre lasse, se jette dans l'escalier qu'il descend en hurlant. Alors chacun se rapproche de mon mari, lui avouant qu'on soupçonnait son talent d'être plein de fantaisie et qu'une fois cela admis, il avait paru naturel qu'il allât dans le monde avec son chien...

CHAPITRE XVI

Nous commencions l'automne de 1858 et le *Jeune homme pauvre* venait d'être joué au théâtre du Vaudeville avec un immense succès, lorsque mon mari fut invité à passer quelque temps à la Cour qui était alors à Compiègne. J'étais désolée de n'avoir pas reçu d'invitation pour mon compte, et pour me consoler, mon mari me permit de m'installer dans la ville, à l'hôtel de la Cloche, pendant qu'il serait au château où je pourrais l'aller voir. Il me permit aussi d'amener mon fils André pour m'aider à passer mes heures de solitude.

C'était triste et froid, cet hôtel de la Cloche ; j'avais une chambre où le vent soufflait comme dans la plaine. Mon petit garçon pleura comme je le déshabillais avec sa bonne : « J'ai peur, disait-il, je voudrais ma maison. »

Il refusa d'entrer dans son lit et je dus le prendre
dans le mien où il trembla longtemps avant de s'endormir.

Le lendemain, je me levai de bonne heure pour
visiter la ville ; cela me paraissait charmant d'être en
pays étranger. Je marchais d'un pas léger et l'enfant
trottait à côté de moi.

A la fin du jour, je sortis de ma caisse ma plus
jolie toilette et après m'être habillée, je m'acheminai
vers le palais pour rendre visite à mon mari.

Il me parut sévère, ce beau palais, la nuit, au
milieu des brouillards épais ; je m'étais imaginé voir
sortir de ses fenêtres des gerbes de lumières. On m'in-
troduisit chez mon mari par de longs corridors sur-
chauffés, dans lesquels se tenait une armée de valets
en culottes courtes.

Je traversai la galerie qui servait de salle à manger,
et restai éblouie devant l'éclat du dessert tout préparé
pour le dîner du soir. J'aurais voulu marquer ma place
à cette table magnifique, respirer longtemps ce parfum de fête ; je jetais des regards charmés sur les
peintures, sur l'or des plafonds, sur les glaces où je
me voyais passer. Il me prenait une soif de luxe et de
grandeur qui me faisait oublier le petit quatrième de
la rue de Tournon.

Enfin, j'arrivai chez mon mari ! J'avais peur de le
trouver changé à mon égard, maintenant qu'il vivait
dans le luxe et les honneurs. J'avais peur qu'il me
trouvât bien provinciale s'il venait à me comparer aux
dames de la Cour et à cette belle Impératrice qu'on
admirait dans les cinq parties du monde ; mais il fut
plus affectueux pour moi que jamais et plus simple
aussi. Je le trouvai fumant sa pipe au coin du feu, les

pieds dans de modestes pantoufles ; il me raconta les
aventures de son camarade Jules Sandeau, également
l'hôte des souverains et qui n'avait pu parvenir la
veille à mettre convenablement sa culotte, attachant
les petites bouffettes de ruban noir qui se placent ordinairement sur le côté, au beau milieu du genou, ce
qui donnait à cette culotte l'air d'une culotte à l'envers. Avec cela, ces bouffettes étaient frisées comme
un dahlia et si ridiculement volumineuses, que mon
mari dut prendre des ciseaux pour en couper la moitié.

Après cette gaie causerie, j'allai voir madame Bizot,
qui était de service ; je fus conduite chez elle par un
des superbes valets.

Madame Bizot me reçut dans un salon tendu de
tapisseries, où brillait un grand lustre. Par une porte
entr'ouverte arrivait une voix d'enfant : c'était celle du
prince impérial, qui jouait dans la chambre voisine.
Bientôt l'on entendit le bruit d'une scie et d'un mar-
teau, et, comme je prêtais l'oreille, madame Bizot me
mena discrètement près de la porte de cette chambre :
« Regardez, » dit-elle, parlant bas et entrouvrant la
porte un peu davantage. Alors je vis l'Empereur,
assis sur le tapis et confectionnant des joujoux pour
son fils.

Nous continuâmes à causer mystérieusement par
respect pour Sa Majesté qui était si près de nous, et
pendant cela madame Bizot m'apprit qu'on allait jouer
le *Jeune homme pauvre* au palais et que je serais invitée
à la représentation, ainsi qu'aux chasses qui allaient
avoir lieu. Je rentrai à l'hôtel de la Cloche, le cœur
palpitant, et cette nuit-là, je dormis dans ma vilaine
chambre, comme si j'eusse été dans la grotte
d'Aladin.

Le surlendemain, il y eut chasse au cerf ; j'y fus en effet conviée et la suivis en voiture découverte. Le départ s'organisa à la sortie du parc et à l'entrée de la forêt. Ce fut un tumulte que je ne saurais dépeindre ; les cris des piqueurs, le hennissement des chevaux, le roulement des chars, le son du cor remplissaient les airs. On se sentait perdu dans ce grand désordre. Les breaks impériaux stationnaient au milieu des simples équipages. Ils étaient remplis de femmes ensevelies sous des fourrures. Quant à l'Empereur et à l'Impératrice ils avaient gagné à cheval, suivis des officiers de la maison, un endroit plus éloigné pour éviter la foule.

A peine l'ordre du départ fut-il donné que le sol résonna sourdement comme si une armée d'éléphants l'eût ébranlé. Les voitures, les chevaux et les hommes se lancèrent dans un galop infernal à travers la forêt. La rapidité de la marche était telle que les arbres semblaient glisser dans un fantastique brouillard. Dans ce même brouillard, fuyaient les chasseurs en costume Louis XV ; on eût dit les ombres du temps passé, évoquées pour ces fêtes.

On faisait halte parfois dans un carrefour ; chacun mettait pied à terre pour écouter d'où venait la voix des chiens. Le silence se faisait alors et rien ne le troublait que le passage des biches faisant craquer les feuilles mortes sous leur pied léger.

L'Empereur se laissait rarement apercevoir ; il marchait presque toujours sous bois avec ses généraux ; quelquefois on le voyait apparaître dans une clairière, il saluait et disparaissait au fond des fourrés.

Fatiguée de la course et du bruit, je dis à mon cocher de prendre une allée plus déserte et de mettre les chevaux au pas, alors, je descendis de la voiture pour marcher et réchauffer mes pieds glacés.

J'avais parcouru la moitié de l'avenue, lorsqu'au milieu du calme qui m'enveloppait, j'entendis de bruyants éclats de rires. Ces rires venaient d'un endroit défriché, entouré d'une clôture de petits sapins qui cachait à demi une cabane abritée par un grand chêne. Devant la porte de la maisonnette, des femmes qui me parurent être celles des breaks, battaient la terre de leurs petites bottes et se tapaient mutuellement dans les mains pour y ramener la chaleur; c'étaient elles qui riaient si bien. Au milieu du groupe, un homme de petite taille, portant le tricorne et l'habit Louis XV alimentait une flamme bleuâtre qui sortait d'un vase posé sur un trépied; cet homme était l'Empereur. Il me parut plus animé qu'à l'ordinaire ; cette halte dans les bois, ce punch qu'il préparait aux femmes, ce retour à la vie libre semblaient avoir rajeuni son front; il était charmant dans sa souveraineté champêtre. Après l'avoir admiré par-dessus les clôtures, je me sauvai sans être aperçue.

La pluie se mit à tomber et l'on perdit les traces du cerf. Les cors sonnèrent le rappel ; on regagna Compiègne dans un océan de boue. Je fus mouillée jusqu'aux os et en rentrant à la Cloche il fallut me mettre au lit, tremblant la fièvre.

La nuit fut horriblement agitée, je courais toujours malgré moi à travers la forêt, je tombais dans des précipices, je luttais contre le cerf et contre l'Empereur. Je me reveillai tout en larmes et complètement envahie par la maladie. Il fallut renoncer à la représentation du *Jeune homme pauvre* qui avait lieu le soir même et me décider à partir par le premier train, ne voulant pas

rester mourante dans cet affreux hôtel. Je fis chercher
mon mari pour lui dire adieu. Il arriva comme je
pleurais sur la jolie robe destinée à la fête impériale
et que ma femme de chambre emballait. Lui aussi,
avait envie de pleurer à l'idée de me laisser partir seule
dans ce misérable état; mais il ne pouvait songer à
quitter ses souverains au moment même où ils donnaient
cette représentation en son honneur. « Courage, je
serai près de toi dans quelques heures, » me dit-il, en
me serrant sur son cœur.

En arrivant à Paris, deux heures plus tard, j'appelai
le médecin, puis madame Brunet qui s'installa près
de moi. Le médecin constata que j'avais une angine
très grave. Vers le soir, il dit à madame Brunet: « Il
est temps de rappeller M. Feuillet. » On envoya une
dépêche à Compiègne; elle arriva à minuit, au moment
où mon mari, couvert d'applaudissements, savourait
sa gloire dans la loge impériale. Le pauvre homme
partit sans avoir pris le temps d'ôter ses habits de
Cour et il arriva au point du jour, croyant me trouver
morte. Le mal, au contraire, avait cédé et le docteur
l'accueillit avec des mots d'espoir.

Ma convalescence marcha rapidement. J'étais si heureuse d'avoir reconquis la vie, si reconnaissante envers
celui qui me l'avait rendue, que ma foi ébranlée par
la philosophie de mon beau-père retrouva bientôt
toutes ses ardeurs. Je fis dire une messe à Saint-Sulpice pour mes relevailles et je me rendis pieusement
à l'église. C'était au mois de décembre, la neige tombait abondamment. En sortant de l'église, je fis quelques pas sur la place à travers cette neige qui couvrait
la terre; les enfants des écoles traçaient des sentiers
au milieu de ses blancheurs. En suivant leur route,

j'arrivai près de la fontaine où sont assis les grands
évêques de pierre avec les lions couchés à leurs pieds.
Devant ces statues recouvertes de givre, le souvenir de
la retraite de Russie traversa mon esprit. Je revis nos
soldats couchés sous le même linceul; je revis le
shako du pauvre oncle et le saule du jardin, et la
maison abandonnée et tout ce que j'avais laissé derrière moi dans la patrie...

Mon mari avait aussi certains retours vers le passé.
Il me disait parfois : « Ma pauvre vieille maison, je
voudrais la revoir ! revoir aussi la Vire, mes lignes, le
chemin où la Marotine chantait. » La vie de Paris lui
prenait sur les nerfs; le monde s'emparait trop de
lui. Il soupirait après les jours qui le ramèneraient
au pays et vers le château de François Ier. Malheureusement, le vieux manoir était encore inhabitable. Il
fallait plus d'une année pour en terminer la restauration. Mon père fut chargé d'en activer les travaux,
mais quelque fut son zèle, nous ne pûmes songer à
nous y installer au printemps.

Le reste de la saison se passa à Paris et dans de
continuels déménagements. La rue de Tournon devint
trop bruyante avec les omnibus. On se transporta du
côté des Champs-Élysées ; d'abord rue de l'Oratoire du
Roule, puis rue Newton, dans un petit hôtel entre
cour et jardin où mon mari espéra trouver le calme
rêvé. C'était joli pendant l'été, ce petit hôtel, j'y passai
quelques jours de bonheur sans mélange. Je cultivais
mon jardin, j'y faisais planter les fleurs de ma jeunesse, les pentecôtes et les croix de Jérusalem que
j'avais vu fleurir dans les bosquets de Trécœur. Je
travaillais sous la tonnelle en gardant les enfants qui
jouaient sur la pelouse.

Mon mari allait toujours beaucoup dans le monde, tout en se plaignant d'y aller. Moi je l'y suivais en ne me plaignant pas, car j'aimais follement le monde.

Je dansais aux bals du général Espinasse, alors ministre de l'intérieur, à ceux des Cahen d'Anvers. J'entendais de la musique et des vers aux réceptions de la vicomtesse d'A... qui ne recevait que le Faubourg — Saint-Germain, mais nous recevait aussi, trouvant un certain honneur à présenter mon mari à ses invités. Elle leur présentait aussi quelquefois un monsieur qui jouait de la flûte comme un berger. Cela me rappelait les concerts de la Société philarmonique de Saint-Lô, et les solos de mon père. Le berger avait la manie de chauffer sa flûte avant d'en tirer des sons, au désespoir de messieurs du Faubourg Saint-Germain qui aimaient à se rôtir les mollets aux grands feux de la vicomtesse, et qui devaient céder la place à la flûte. Quant à la vicomtesse, elle assistait à ses préparatifs dans un haut fauteuil, surmonté d'un blason et ressemblant à un trône. Cette femme aimait le faste et les choses excentriques. Elle prenait des bains dans une baignoire en marbre blanc, représentant un cygne aux ailes éployées et recevait ainsi certaines visites. Un jour je la trouvai reposant dans sa conque, coiffée d'un madras comme une vieille négresse, et barbotant au milieu d'une eau parfumée. Je me souviens aussi de son lit à colonnes surmonté de quatre colombes qui tremblaient sur leurs fils d'archal, comme ces amours que l'on posait aux grands dîners de nos mères sur les temples en nougat. Du fond de son lit, comme du fond de sa baignoire, la vicomtesse avait toujours des mots aimables pour moi, ce qui me faisait lui pardonner ses colombes, son bain, son madras et l'homme à la flûte.

Nous allions souvent aussi chez la princesse Mathilde, — qui nous recevait avec une affectueuse bonté ; son salon était un salon de princesse artiste et de très grande dame qui me plaisait beaucoup. On y voyait le tout Paris intelligent ; les littérateurs et les peintres en renom ; les princes et les ambassadeurs de tous les pays. Guère de musiciens par exemple, car la princesse n'aimait pas beaucoup la musique. Les salons de réception, même le jardin d'hiver, étaient remplis d'objets d'art groupés avec un goût exquis. Les tableaux des grands maîtres, les statues de bronze et de marbre ; les vases de Chine d'où sortaient de gigantesques palmiers ; les tapisseries, les meubles anciens d'une grande magnificence décoraient le palais de la rue de Courcelles. Quelquefois la princesse me recevait dans la journée et dans ses appartements familiers du premier étage. Quand je montais ce bel escalier où les draperies chinoises tombaient en cascades soyeuses, où des paons espacés sur la rampe laissaient traîner leurs queues irisées comme des écrins entr'ouverts, il me semblait que je gravissais l'escalier des sultanes dont Scheherazade nous avait conté les histoires.

On dînait aussi chez la princesse et chacun de ses dîners était pour elle un triomphe. Je la vois toujours, entrant, de sa démarche fière, dans la salle du festin, avec ses bras de statue, sa longue traîne, les triples rangs de perles qui s'étageaient sur sa poitrine magnifique. Je la vois, s'asseyant comme sur un trône devant l'aigle d'or qui étendait ses ailes sur les fruits et sur les fleurs de la table impériale. Je me la rappelle surtout distribuant ses aimables sourires et jetant un regard sur chacun pour s'assurer que chacun était bien et content de sa place, car elle était bonne cette princesse

et voulait tous ses amis heureux. Que de fois j'ai pu
apprécier les générosités de son cœur, l'intérêt qu'elle
portait aux souffrances et aux tristesses d'autrui. Que
de fois elle m'a permis de lui conter mes peines et que
de fois elle a su les adoucir.

Je voyais dans ce milieu princier les princesses
Bonaparte qui appréciaient beaucoup mon mari. La
comtesse Primoli nous était particulièrement sympathique. C'était une aimable et douce personne aimant
tout ce qui était honnête et sain. Elle recevait avant
dîner. On prenait le thé et l'on causait. Je me trouvai
chez elle plusieurs fois en 1863 avec la maréchale
Bazaine. Nous offrions le thé toutes les deux aux visiteurs. Qui m'eût dit alors, que cette même petite
maréchale, gaie comme un oiseau, mangeant a belles
dents ses tartines à mes côtés, aurait un jour une si
triste destinée? que cette même femme qui trottait si
gaiement dans les salons de la comtesse Primoli irait
quelques années plus tard, dans une pauvre barque, à
travers la tempête et les flots d'une mer furieuse, arracher son mari à la prison des îles Sainte-Marguerite?

Les sœurs d'Augier nous ouvraient également leurs
salons hospitaliers. L'une d'elles habitait une jolie villa
à Croissy sur les bords de la Seine. On y dînait gaiement,
on y mangeait bien, on y causait de même. Je me
souviens d'y avoir dîné un jour avec Ponsard, lequel
me désenchanta d'abord, me faisant l'effet d'un sémi-
nariste mal vêtu et timide; mais mon sentiment
changea pendant la promenade que nous fîmes le soir
avec lui et Augier. Ces deux messieurs nous condui-
sirent, mon mari et moi, le long des rives de la Seine
jusqu'à la voiture qui nous attendait de l'autre côté
du pont de Bougival pour nous ramener à Paris

Nous nous arrêtâmes sur le pont pour admirer la belle nuit, pour respirer l'air des campagnes et le parfum des foins coupés ; alors appuyés sur la rampe du pont nous priâmes Ponsard de nous dire des vers. Il y consentit et au bruit de l'eau fuyante, au bruit des insectes qui chantaient sous les herbes, Ponsard nous psalmodia des vers de Lucrèce. Je n'oublierai jamais ces poétiques instants.

Augier ne cessait de nous prodiguer ses preuves d'amitié. C'était pour mon mari un frère enthousiaste. Jamais la jalousie ne se glissa entre ces deux cœurs. Augier, quand il ne voyait pas mon mari lui écrivait d'aimables lettres. J'en détache une du paquet que mes archives garderont toujours.

Croissy....

« Mon cher ami,

» Je ne compte pas en effet aller à Paris, me trouvant en bonne veine de travail. Venez donc me trouver soit à l'aurore, soit à l'heure du dîner si cela vous dérange moins.

» Vous savez comme on va de Paris à Croissy, station de Rueil. Omnibus américain de Rueil au pont de Bougival. Vous passez les deux ponts à pied sec et au lieu de traverser à gauche vous enfilez tout droit devant vous jusqu'à une petite maison à volets verts, c'est là que je respire incognito.

» Notez, mon cher ami, que j'ai un confrère dont je n'ai jamais mis en doute la cordialité. Notez que ce confrère c'est vous. Je suis bien sûr que vous vous réjouissez de mes succès parce que je me réjouis des vôtres et que vous aimez ce que je fais parce que j'aime ce que vous faites. La réciprocité est la loi de la sympathie, (comme le mot l'indique, d'ailleurs.)

» Vous êtes bien gentil de m'envoyer les mains de votre femme dans les vôtres. J'aime fort le contenu et le contenant. Je vous enverrais bien mes pattes en retour mais ce n'est pas la peine de leur faire faire le voyage, puisque j'en vais avoir besoin pour vous applaudir. Le plus tôt sera le mieux. J'espère que madame Valérie sera du voyage, connaissant votre bonté ; en attendant présentez lui toute mon amitié et partagez là avec elle.

» E. AUGIER. »

« Pourquoi diable vous traitez-vous d'Hysope ? Seriez vous devenu bossu en secret ? Très drôle. »

Ce fut quelque temps après qu'Emile Augier écrivait sur mon album d'autographes cette phrase charmante :

« Comme on vous aimerait trop si on n'aimait pas assez votre mari. »

» E. AUGIER. »

CHAPITRE XVII

On jouait quelquefois la comédie chez l'Impératrice.
Mon mari avait eu l'idée de faire pour elle une pièce
dans laquelle elle eût un rôle. C'était une entreprise
un peu difficile. Il fallait mettre dans l'œuvre une si
grande réserve que l'inspiration devait en souffrir.
Cependant mon mari créa les *portraits de la Marquise*
dont le succès sembla complet et qui lui valut de la
part de la souveraine le plus précieux des souvenirs.
Sa Majesté fit faire son portrait en miniature, dans le
costume de son rôle, le plaça sur une bonbonnière
enrichie de diamants avec la date de la représentation
gravée à l'intérieur et l'offrit à mon mari. Ce fut le
13 novembre 1859 que cette représentation eut lieu
au palais de Compiègne.

Nous fûmes invités à dîner aux Tuileries quelques

mois après l'apparition des *Portraits de la Marquise*.
Cela me causa une joie d'enfant ; vite, je m'occupai de
ma toilette, de cette précieuse toilette de Cour. Je courus
chez madame Barenne, qui habillait le Faubourg Saint-
Germain, et me recommandai à toutes les inspirations
de son goût. Je fus terriblement déçue : la veille du
grand jour, à onze heures du soir, on m'apporta une
robe qu'il me fut impossible d'accepter. C'était un
fourreau de douairière, enrubanné comme une quenouille et dans laquelle j'aurai rougi d'entrer. Que
faire ? plus le temps de réparer le mal. Me voilà pleurant, refusant de me coucher, rêvant au moyen d'organiser en quelques heures une toilette nouvelle.

Le lendemain, le jour venait de paraître, les marchandes de légumes descendaient les coteaux de Passy,
leurs paniers pleins de rosée sur l'épaule ; les con-
cierges balayaient les trottoirs humides ; le soleil, d'un
rouge éclatant, se dégageait des brumes légères de l'aurore et dorait les fenêtres encore fermées des hôtels
voisins. Je sortis sans bruit de ma maisonnette, après
avoir cueilli en passant dans le jardin une branche de
giroflée sentant le printemps, et, gagnant bientôt les
Champs-Elysées, me jetai dans le premier fiacre matinal
descendant vers Paris.

Ce fiacre me porta rue de la Paix, chez un célébre
couturier qui devait me parer pour la fête du soir.

Pas un magasin n'était encore ouvert. Je m'introduisis un peu émue chez le concierge du couturier.

— Que voulez-vous, me dit cet homme ?

— Monsieur Worth ?

— Encore couché ; revenez à midi.

— Impossible : une affaire très importante à lui communiquer.

— Alors montez chez lui et parlez aux domestiques. Troisième à gauche.

Je grimpe. Je sonne à la porte du précieux personnage. Une nourrice mal éveillée, portant un superbe poupon, me reçoit d'un air surpris.

— Monsieur Worth ?

— Il est au lit.

— Je le sais, mais veuillez lui faire passer ma carte. J'attendrai ici qu'il soit levé ; il faut absolument que je lui parle.

Fatiguée de mon insistance, la Bourguignonne se décide à prendre ma carte sur laquelle j'avais écrit quelques mots, après quoi elle disparait avec l'enfant.

Au bout d'un quart d'heure, je vois apparaître un monsieur dans le désordre de la nuit, enveloppé d'une élégante robe de chambre. C'était M. Worth lui-même. Je prépare des excuses ; M. Worth me prie gracieusement d'entrer dans la chambre de madame Worth qui est encore couchée et tient à donner ses conseils

Nous sommes dans la chambre de madame Worth où brûle encore une lampe posée sur un trépied. Madame Worth, très jolie, perdue dans des flots de dentelles et de nœuds galants, m'apparaît au fond de son lit à baldaquin. En approchant d'elle on respire l'iris, des souvenirs de ruelles vous traversent l'esprit; on se croirait au petit lever de la reine.

— Asseyez-vous, madame, me dit madame Worth en me désignant un fauteuil.

— Ah ! madame, que je suis honteuse de vous déranger !

— Pourquoi donc, madame?

— Vous avez lu le petit mot sur ma carte, n'est-ce pas?

— Oui madame.

— Eh bien?

— Eh bien, nous serons heureux de faire quelque chose pour vous. Votre nom, votre bonne grâce nous encouragent; vous aurez votre robe ce soir.

— Ah ! merci, madame.

Et dans ma reconnaissance je saisis la main charmante que madame Worth laissait pendre sur son couvrepied de satin.

Pendant cela, M. Worth appuyé contre une des colonnes du lit, rêvait à l'œuvre merveilleuse qu'il allait entreprendre.

Il nous transmit bientôt ses projets et nous les approuvâmes pleinement. Il voulait une robe de soie lilas couverte de bouillonnés de tulle de même nuance, dans lesquels se noieraient des touffes de muguet. Un voile de tulle blanc jeté comme un nuage sur les bouillonnés et sur les fleurs. Enfin, une ceinture avec des bouts flottants, rappelant les guides du char de Vénus.

Le tout bien convenu, on se mit au travail. Mais il fallait essayer plusieurs fois la robe et comme je demeurais fort loin, je dus m'installer pour la journée chez les Worth. J'écrivis à mon mari pour lui faire connaître ma décision et lui demander ma femme de chambre. J'ajoutais qu'il aurait à venir me rejoindre le soir pour l'heure du dîner.

En courant prendre mon déjeuner chez le pâtissier Carême qui habitait près des Worth je me faisais un peu honte à moi-même. Je m'en voulais d'abandonner ma maison, mon mari, mes enfants pour de vaines frivolités et de perdre les heures d'une courte vie dans de telles préoccupations. Afin de me rendre un peu d'estime, je résolus en rentrant chez les Worth, d'écrire à ma vieille bonne Victoire qui vivait tristement à Saint-Lô depuis mon départ et la mort de ma mère. Il me semblait qu'en me rapprochant d'elle, je faisais un acte humble et bon qui rachèterait les vaniteuses pensées que je nourrissais depuis le matin.

« Ma chère bonne, lui disais-je, je vais à la Cour ce soir. Es-tu fière de ta fille? Ta fille est fière aussi, mais elle a des remords. Elle trouve que les plaisirs qui demandent tant à la vie sont de coupables plaisirs. Figure-toi que je suis sur pied depuis quatre heures du matin pour me faire faire une toilette. La première était manquée. Je t'écris chez le couturier, car c'est un homme maintenant qui habille les femmes à la mode. Cette folie va me coûter les yeux de la tête; avec l'argent que je sèmerai là, j'aurais une maison pour tes vieux jours, voilà qui empoisonne ma joie, ma gloire et le reste!

» Ma lettre est interrompue : premier essai de ma robe. Si tu savais comme elle est jolie, cette robe! C'est un bouquet! Et puis elle a une traîne que je vois fuir derrière moi et qui fait un délicieux froufrou. Dieu veuille que je ne marche pas dans cette traîne en saluant l'Empereur. Voilà qui serait affreux! Juge donc! si j'allais t'écrire : j'ai manqué ma révérence !

» M. Worth (c'est le nom du couturier) me rassure et me dit que je me tirerai très bien d'affaire. Il est très aimable, ce Worth. Tu sauras qu'il me fait beaucoup de compliments, qu'il est très heureux de m'habiller, parce que, dit-il, j'ai une jolie tournure et du *chic*. Chic est un mot que tu n'as peut-être jamais entendu. Cela veut dire élégance personnelle, élégance ayant une physionomie. Je t'expliquerai cela jusqu'au bout quand je serai de retour dans notre Normandie et que je marcherai sur l'herbe de nos prairies en développant ce chic extrême.

» Voilà que l'on me réclame pour le second essayage; décidément c'est une tyrannie que le monde. Cette fois-ci, je m'en vais pour toujours. »

» Adieu femme sans chic et que j'adore.

» VALÉRIE ».

Le lendemain, je retrouvai la lettre toute pliée dans la boîte à bijoux où ma femme de chambre chargée de la mettre à la poste, l'avait oubliée; je la glisse aujourd'hui dans ces souvenirs.

La nuit tombait; le moment solennel allait sonner. On alluma les lustres dans la chambre de madame Worth et de superbes habilleuses procédèrent à ma toilette. On voulut me mettre du blanc sur les épaules, du rouge sur les joues, cela m'attrista, je m'aimais mieux sans ces embellissements.

Lorsque tout fut terminé on appela le juge suprême. Worth parut et après avoir retapé de sa main un nœud qui manquait de grâce, il se déclara satisfait. Mon mari arriva bientôt après et me trouva bien aussi. En l'embrassant pour le remercier de son compliment, je lui laissai une partie de mon rouge dans la moustache, ce qui nous égaya fort. Nous partîmes joyeux comme des écoliers en répandant sur les Worth une pluie de bénédictions.

Nous voilà en voiture, descendant rapidement la rue de la Paix et la rue de Rivoli, puis entrant dans la cour des Tuileries. Le cocher s'arrête devant le pavillon de Marsan, nous sommes arrivés ! Un suisse nous reçoit en frappant le sol de sa hallebarde ; j'ai presque peur. Le cœur me saute, ma gorge se serre, il me semble que je ne pourrai jamais répondre à Leurs Majestés si elles m'interrogent.

Je monte cependant bravement l'escalier au milieu des cent gardes espacés sur les marches et qui restent immobiles sous leurs armures comme les statues des temples égyptiens.

Tout resplendit de lumière dans les galeries que nous traversons. J'ose à peine regarder les magnificences qui nous entourent parce que je ne veux pas avoir l'air d'une petite fille curieuse ; mais j'aimerais à m'arrêter devant les peintures des panneaux et à suivre leurs féeriques histoires.

Au fond du dernier salon se trouve madame la princesse d'Essling, maîtresse des cérémonies. Je la salue sans marcher dans ma traîne et suis contente de moi. Elle me prend par la main et me fait asseoir au milieu d'un groupe d'une vingtaine de femmes, qui parlent si bas entre elles, qu'on se croirait dans la chambre d'un malade.

Le salon dans lequel nous sommes est le salon particulier de l'Impératrice. Il y a dans tous les coins, des gerbes de fleurs, des tables chargées de livres, d'ouvrages, de petites boîtes, de statuettes, de ces mille riens qui composent de nos jours les intérieurs féminins ; je m'y sens moins perdue que dans les galeries et je reprends confiance.

Les hommes en frac et en culotte, vêtus comme des maîtres d'hôtels, sont groupés dans les embrasures des fenêtres et parlent aussi très bas. Pendant cela deux chambellans circulent au milieu d'eux, disant à chacun quelle sera sa voisine de table.

Au bout d'un certain temps d'attente et de mystérieuses causeries, une haute et lourde porte vient à
s'ouvrir ; une voix sonore, celle d'un chambellan,
annonce : l'Empereur ! Tout le monde est debout.
L'Impératrice apparaît aussi, les femmes se placent
d'un côté du salon, les hommes de l'autre. M. de
Lezay-Marnézia nomme les hommes à l'Empereur,
M. de Toulongeon nomme les femmes à l'Impératrice.
Tous les deux suivent Leurs Majestés, pendant qu'elles
font le tour de la pièce, distribuant d'aimables paroles
à chacun.

L'Impératrice s'arrête devant moi, me regarde, me
questionne sur cette maladie qui m'a fait quitter
Compiègne le soir de la représentation du *Jeune homme
pauvre*, me parle de mes enfants avec une grande
bonté, enfin me fait des compliments sur ma toilette.

— Vous me direz le nom de votre couturière ?

— Madame, c'est un homme, un Anglais.

— Ah ! et on l'appelle ?

— Worth, madame, il est depuis peu de temps à
Paris.

Quant à elle, ce soir-là, c'était une déesse descendue
de l'Olympe. Elle avait une robe de tulle blanc semé
de nœuds de velours noir que retenaient des épis de
diamants. Sur la tête une aigrette de diamants, à son
superbe cou tous les diamants de la couronne. Sa
beauté n'avait rien d'humain dans ce cadre écrasant ;
on eût dit une fille de roi, sortant d'un palais des
Mille et une Nuits et traînant après elle les merveilles
du Bosphore.

Nous entrâmes bientôt dans la salle où l'on dînait.
Les invités se rangèrent sur deux rangs, pour laisser
passer l'Empereur et l'Impératrice qui se donnaient le

bras. On prit place à table aux sons d'une musique divine. J'étais du côté qui faisait face à l'Empereur, pas très loin de lui et je le voyais qui cherchait à m'apercevoir à travers l'encombrement des corbeilles de fleurs, des candélabres, des surtouts d'or massif. La princesse d'Essling qui était à sa droite lui parla bas à un certain moment et bientôt après je la vis repousser une pyramide de fruits qui me cachait aux regards impériaux. C'était pour moi un triomphe, mais un triomphe qui ne me laissait heureuse qu'à demi, car je n'osais pas manger, encore moins lever les yeux et j'avais faim et je désirais voir !

Après le dîner, on causa par groupes ; vers onze heures on servit le thé que l'Impératrice présida. Je remarquai qu'elle mangeait à belles dents ses tartines. Un peu après, sur un signe de l'Empereur, elle se leva, lui prit le bras et disparut avec lui, répandant sur son passage des sourires et des révérences.

Nous rentrâmes rue Newton, par une superbe nuit. Comme nous traversions le jardin tout parfumé, je dis à mon mari que j'aimerais m'asseoir avec lui sous la tonnelle pour lui parler de cette inoubliable soirée, de l'Impératrice, de la pyramide, et de mille autres choses, mais mon mari était fatigué, craignait l'humidité, il me pria de rentrer. Je lui obéis à regret et gagnai la chambre des enfants avant de gagner la mienne. André s'éveilla. « Mère raconte », dit-il en se frottant les yeux ; et je répandis dans ce petit cœur, un peu de ce qui remplissait le mien.

Ma seconde fête à la Cour fut le bal que l'Empereur et l'Impératrice donnèrent dans les salons de l'hôtel d'Albe, aux Champs-Élysées. Ce fut un bal travesti. Je courus de nouveau chez Worth et lui commandai un costume espagnol qui me valut bien des compliments.

Il était en satin rouge et bleu, couvert de galons d'or et d'argent, de paillettes brillantes, de franges qui tombaient comme une pluie d'or sur le corsage de velours ponceau. Le chapeau, en velours noir, avait des houppes assassines et une grosse rose sur le côté. Les souliers étaient en satin bleu avec des talons rouges. Les bas brodés et pailletés dessinaient très haut la jambe.

Nous arrivâmes au bal de bonne heure. Les salons étaient encore vides. Le duc et la duchesse Tascher de la Pagerie, qui remplissaient les rôles de maître et de maîtresse de maison, attendaient à la porte les invités. Mon mari m'ayant quittée pour causer avec M. de Tascher, j'entrai seule et me promenai dans les salons déserts, pleins de fleurs et de lumières, admirant les tableaux, les objets d'art et toutes les magnificences de ce palais. Nul bruit ne se faisait entendre ; l'orchestre était encore muet. Je me trouvai bientôt dans un salon carré où il n'y avait que des glaces et des fleurs, et au milieu, un énorme massif de plantes exotiques, d'où sortait un jet d'eau, retombant dans un bassin de marbre blanc, avec le bruit mélancolique d'une source dans la campagne. Les glaces reflétaient les hauts feuillages, les girandoles, les lumières et mon costume chamarré. Je m'amusais à pirouetter brusquement sur les talons et je voyais toutes ces petites espagnoles, s'agiter de miroir en miroir, à la file, en longue procession, cela m'amusait. Je riais devant elles, sans me préoccuper d'un spectateur assis à l'ombre des feuillages et qui me considérait.

Le spectateur était un petit domino rêveur, écoutant la cascade. De temps en temps, il passait une

main petite et bien gantée sur le nœud de satin qui
ornait son épaule, puis il retombait dans une immobilité complète. Piquée par l'indifférence du domino,
je m'avançai vers lui, décidée à l'intriguer et à lui
reprocher sa froide réserve. J'avais les yeux dans ses
yeux, quand je reconnus l'Empereur qui avait soulevé
son loup. Il se leva et comme je reculais, il marcha sur
moi sans faire plus de bruit qu'un spectre. Je me mis à
fuir ; il me suivit. La foule arrivait dans les salons ; à
tous ceux que je reconnaissais, je disais en courant :
l'Empereur, l'Empereur ! Et on nous regardait passer
avec étonnement. Enfin, l'Empereur, qui avait un peu
la goutte ce soir-là, ralentit sa marche et se mit à
boîter. Puis il rencontra M. de Toulongeon, lui prit le
bras et, de guerre lasse s'assit avec lui sur un canapé
où je ne tardai pas à l'entendre rire aux éclats. Ce fut
alors que je m'arrêtai moi-même, le cœur battant sous
mes franges d'or.

Lorsque les salons furent remplis, les danses commencèrent. Il y eut de merveilleux ballets, représentant des scènes mythologiques. Tout l'Olympe ébranla
pendant de longues heures les bases de ce palais.
Puis sur un ordre du duc de Tascher, les danses cessèrent, l'orchestre se tut et l'on attendit dans le silence
l'ouverture de la salle du souper.

Bientôt un immense rideau qui nous séparait d'un
espace inconnu, se déchira comme un nuage, et alors
parut à nos yeux le plus beau spectacle qui se soit vu
de nos jours. Dans une vaste profondeur que dominait
une galerie, apparut un jardin d'hiver avec ses massifs,
ses jets d'eau, ses petites rivières bordées de verdure,
ses statues, ses bosquets éclairés par des feux de mille
couleurs. A l'ombre des palmiers, au bord des bassins

pleins d'eau parfumée étaient dressées des tables,
chargées de fruits et de fleurs. Des pages, avec leurs
panaches blancs, la jambe tendue, l'aiguière au
poing, attendaient l'heure de verser le vin dans les
coupes.

Lorsque cette heure eut sonné, on descendit par
groupes les escaliers de marbre blanc qui menaient à
ce féerique séjour. Les tables furent entourées et les
pages nous servirent. Alors, d'invisibles orchestres
envoyèrent leurs mélodies. Les galeries qui encadraient
ces lieux se remplirent de masques grouillants, animés, dont la voix et les rires se mêlèrent aux accords
des quadrilles et des valses. Tout en soupant près du
petit duc de Choiseul-Praslin, qui avait sur la tête un
bourrelet pyramidal, je pensais que Balthazar eût envié
ces festins.

Il était presque jour, lorsque nous quittâmes le
palais d'Albe. Mon mari me laissa sous le péristyle
pendant qu'il courait chercher notre modeste fiacre
perdu dans la foule des équipages armoriées. J'avais
froid et je me serrais dans mon manteau, j'éprouvais
aussi ce lugubre désenchantement qui suit les heures
de fêtes. Il me paraissait impossible de reprendre les
habitudes journalières après de tels plaisirs, une fois
rentrée chez moi, d'entendre la voix de ma cuisinière et
les gros pas du porteur d'eau. J'entrevoyais avec abattement le dîner du soir avec la petite lampe et les
enfants frappant leurs fourchettes contre les verres,
toutes choses douces pourtant !

J'étais en train de rêver de cela et des splendeurs
perdues, quand un domino qui regagnait comme moi
son gîte, me heurta du coude en passant. Il était élégant, il avait la démarche jeune et légère ; la fête ne

semblait pas lui prédire les mêmes désillusions qu'à
moi, car il sortait en chantant. Le vent ma inal secoua
en ce moment les lustres suspendus sous la véranda et
nous fûmes éclairés l'un et l'autre par un brillant
rayon. Le domino s'arrêta. « Madame, vous avez froid, »
dit-il; et il rentra dans l'antichambre, enleva une des
peaux de tigre qui décoraient la rampe de l'escalier et
la jeta sur mes épaules. Comme il la serrait près de
mon cou, et que je me défendais contre tant d'empressement, il me dit à l'oreille qu'il m'aimait, puis
il disparut en reprenant sa chanson. Il avait son loup,
je ne pus voir son visage.

Je laissai tomber la peau de tigre et sautai rapidement dans le fiacre qui arrivait au petit trot. Je n'osai
rien dire de l'aventure à mon mari. Ce « je vous aime »
dont je n'étais pas coupable me semblait pourtant une
trahison. Le lendemain, j'étais à Saint-Sulpice, près de
mon confesseur, lui déclarant que j'avais le malheur
d'être aimée sans avoir jamais rien fait pour cela.
« Propos de bal masqué, me dit l'abbé, rien d'inquiétant
ni de durable. On ne vous aime plus déjà! » Et sans
trop me l'avouer, je maudis l'ingrat.

CHAPITRE XVIII

Deux lettres de George Sand. — **La** Vaucelle.

La partie du château de la Vaucelle que nous devions
habiter pendant l'été, se trouvait prête à nous recevoir. Mon père nous écrivit qu'il ne s'agissait plus que
de nous faire précéder de quelques meubles. Nous nous
hâtâmes d'envoyer les meubles et de partir.

Les enfants avaient besoin de l'air natal : André venait
d'avoir la fièvre scarlatine et restait affaibli. Je me mis
en route avec mes deux fils, laissant leur père à Paris
pour terminer quelques affaires. Il tenait aussi, avant
de nous rejoindre à se présenter chez George Sand
qui arrivait de Nohant, et pour laquelle il avait un
véritable culte. Je me souviens encore de l'impression
que lui causait la pensée de cette première visite ; il la
désirait et la redoutait à la fois. Il m'en parlait sans
cesse, se préoccupant de la manière dont il traduirait
son admiration devant cette femme de génie. Il se

préoccupait même de sa tenue, je ne l'avais jamais vu si inquiet de lui. Cet homme modeste douta toujours de ses propres dons.

Je place dans ces souvenirs deux lettres de madame Sand, écrites à mon mari, quelques mois auparavant :

Nohant...

« Il y a bien longtemps, monsieur, que je veux vous dire que j'aime votre talent d'une affection toute parculière. Vous sachant fier et modeste, je craignais de vous effaroucher ; à présent que de grands succès doivent vous avoir appris enfin ce que vous êtes, il me semble que vous comprendrez mieux le besoin que j'éprouve de vous envoyer mes applaudissements.

» Vivant souvent loin de Paris, je n'ai pu voir le *Roman d'un jeune homme pauvre*, mais j'ai fait venir la pièce et je l'ai lue à un ancien ami de vous qui est la mien depuis dix ans. Après cela, nous avons parlé toute la journée de la pièce et de vous, et j'ai voulu lire aussi plusieurs de vos proverbes ravissants qui m'avaient échappé. Nous avons donc passé avec vous deux ou trois bonnes journées. On lit si bien à la campagne, l'hiver, dans la vieille maison pleine de souvenirs, au milieu de toutes ces choses et le cœur plein de tous ces sentiments que vous peignez avec tant de charme et de tendre délicatesse ! Après cela, il est bien naturel qu'on veuille vous le dire et vous remercier de ces heures exquises qu'on vous doit. Il y aurait de l'ingratitude à ne pas le faire, n'est-ce pas ? Et puis, je suis de l'âge des grand'mères et mon comliment peut bien ressembler à une bénédiction. Ce n'est donc embarrassant ni pour vous, ni pour moi. Je ne vous demande pas de m'en savoir gré, mais je vous prie d'y croire comme à une parole sincère et qui peut entre mille autres vous porter bonheur.

» GEORGE SAND. »

Nohant, 27 février 1859.

« Vous croyez que je vous ai répondu d'avance? Non. Je veux vous remercier, moi, d'une lettre si bonne, si vraie, si affectueuse. Je ne peux pas vous dire tout le bien qu'elle m'a fait. Je l'ai là à côté de moi, comme un talisman et un porte-bonheur. On a ses jours de spleen malgré le bonheur du coin du feu et des vieux amis. On voudrait, sans quitter cela, vivre de la vie d'artiste, c'est-à-dire que la religion de l'art, qui n'est que l'amour du vrai et du bien, a encore des croyants. Et il y en a si peu! Les uns arrivent au scepticisme par l'expérience, les autres, parce qu'apparemment leur cœur est vide. On voit tous les jours des gens qui désertent et qui renient jusqu'à leur mère. On se sent tout seul dans sa petite maison avec les siens, comme Noé dans son arche, voguant sur les ténèbres et se demandant parfois si le soleil est mort. Alors, c'est bien bon de voir arriver l'oiseau à la branche verte, et ce petit oiseau de mon jardin, comme vous l'appelez, c'est l'oiseau de la vie et un vrai fils du ciel éclairci et rallumé. Quand je remets de temps en temps les pieds sur la terre lavée par ce déluge des événements passés depuis dix ans, j'y retrouve tout le mal d'auparavant, avec un mal nouveau, une fièvre de je ne sais quoi, toujours en vue de quelque chose de petit et d'égoïste, de jaloux, de faux et de bas, qui se dissimulait autrefois et qui s'affiche aujourd'hui. Et moi qui dans la solitude ai passé mon temps à tâcher de devenir meilleure que cela, je me figure que je suis encore plus seule dans cette foule inquiète et souffrante, à laquelle je ne trouve rien à dire qui la console et la tranquillise, puisqu'elle a l'air de ne plus rien comprendre.

» Mais je redeviens artiste dans mon cœur, je retrouve la foi et l'espérance quand je vois une belle action ou une belle œuvre remuer encore la bonne fibre de l'humanité et l'idéal lutter avec gloire et succès contre cette nuit qui monte de tous les points de l'horizon. J'ai souffert pour mon compte, oui, bien souffert, mais l'âge de l'*impersonnalité* étant venu, j'aurais connu le bonheur si j'avais vu la génération meilleure autour de moi. Aussi mon cœur s'attache à tout ce que je vois poindre ou grandir. J'ai vu déjà en vous l'un et l'autre, et vous me dites que vous n'êtes plus très jeune, tant mieux, puisque vous voilà mûri sans que le ver vous ait piqué. Les fruits sains sont si rares! et ils portent en eux la semence de la vie morale et intellectuelle, destinée à lutter contre les mauvais temps qui courent. Notre pauvre siècle, si grand par certains côtés, si misérable par d'autres, vous comptera parmi les bons et les consolateurs, ceux qui portent un flambeau et qui savent l'empêcher de s'éteindre. Votre lettre me montre bien que vous avez le talent dans le cœur, c'est-à-dire là où il doit être pour chauffer et flamber toujours. C'est un devoir de s'aimer quand on est sorti du même temple, aimons-nous donc, nous qui ne sommes pas bêtes et mauvais. Croyons, à la barbe des railleurs froids, que l'on peut

vivre à plusieurs et se réjouir d'une gloire, d'un bon
heur, d'une force qui éclatent au bon soleil de Dieu.
Ne semble-t-il pas, quand on voit ou quand on lit
une belle chose, qu'on l'a faite soi-même, et que cela
n'est ni à lui, ni à toi, ni à moi, mais à tous ceux qui
en boivent ou qui s'y retrempent? Oui, voilà les bonheurs de l'artiste, c'est de sentir cette vie commune et
féconde qui s'éteint en lui dès qu'il s'y refuse. Et il y
a pourtant des gens qui se découragent devant l'œuvre
des autres et qui voudraient l'anéantir. Les malheureux ne savent pas que c'est un suicide qu'ils accom-
pliraient. Ils voudraient tarir la source, sauf à mourir
de soif à côté.

» J'irai à Paris à la fin de mars, je crois, y serez-
vous et viendrez-vous me voir? Oui, n'est-ce pas? Ou
bien vous viendrez me voir dans ma Thébaïde, qui
n'est qu'à dix heures de Paris? Laissez-moi espérer
cela, car à Paris on se voit en courant; et, en attendant, je vous serre les mains de tout mon cœur.

» G. SAND. »

Nous arrivâmes, mes fils et moi, par une tiède
journée de printemps, dans le castel de François Ier,
situé au fond de la vallée de la Vire, à deux kilomètres de Saint-Lô. On y accédait par un chemin
étroit, bordé de haies qui longeaient la rivière et faisaient face aux coteaux boisés qu'on appelait la Falaise.

Le château avait été transformé en ferme. Il ne restait de ses splendeurs que la chambre du roi, un bel
escalier de pierre et une chapelle très intacte et très
vaste, dans laquelle l'architecte nous avait créé tout un
logement. Le salon, éclairé par de jolies ogives, avait
accès sur un promenoir à créneaux d'où l'on aperce-

vait Saint-Lô, le rocher paternel et la tour de Jeanne Couillard, s'élevant majestueusement dans le lointain, au-dessus des peupliers bordant la route de Bretagne.

Les murs d'enceinte, murs également crénelés, avaient résisté aux fatigues du temps. Derrière eux, s'abritait le petit jardin séparé de la cour de la ferme par deux rangs d'arbres verts, au delà desquels se dressait le pigeonnier seigneurial avec ses lierres échevelés; de l'autre côté de la chapelle, une énorme épine laissait pendre ses rameaux blancs sur les fenêtres grillées et sur le blason de la porte.

La voiture qui nous amenait du chemin de fer s'arrêta sous l'épine aux panaches blancs. Mon père, mes frères, nous aidèrent à en descendre. Victoire, debout sur le seuil, nous tendait de loin les bras. Comme ma pauvre mère manquait à ce retour au pays! Comme je parlai d'elle à Victoire en me couchant le soir dans cette maison qu'elle eût tant aimée! Comme je la pleurai en me rappelant ses vertus et ses charmes.

Je réglai ma vie dès la première semaine de mon séjour à la Vaucelle. Le matin, je m'occupais de mon ménage, de mes enfants. Vers le milieu du jour, je lisais, je travaillais dans mon joli salon, plein de bibelots et de fleurs. Un peu avant dîner, je faisais ma visite à la ferme; j'entrais dans la laiterie; je goûtais la crème; j'allais avec la vachère jeter du grain aux poules, je la suivais dans les chemins ombragés où elle coupait des orties pour ses bêtes. Cela me rappelait Trécœur et la fille aux bras rouges qui m'emmenait traire les vaches en sifflant. Avant de rentrer, je disais bonjour au fermier, un vieillard goutteux dont la résignation m'intéressait. Je le trouvais presque toujours assis sous sa vaste cheminée, chauffant ses pieds raidis, pendant que la soupe sautait à gros bouillons dans la marmite et que la servante rangeait sur la table les couverts d'étain. Le pauvre homme regrettait les jours heureux où il allait couper ses blés, mais il répétait sans cesse : Dieu le veut ! Dieu l'a voulu ! Et dans une immobilité de statue il attendait la mort sans murmurer. Le soir venu, j'allais dans le chemin, à la rencontre de mon père et de mes frères. Je les ramenais triomphalement dans le petit jardin, où nous causions jusqu'à la nuit, puis nous rentrions, et devant eux je couchais les enfants.

Les enfants ! Je n'en étais pas contente : Jacques restait frêle et criard. André perdait chaque jour ses forces. Je les envoyais dès que le soleil était levé jouer dans les prairies. Ils étaient gais pourtant. De loin, je les voyais courir avec leurs grands chapeaux qui s'agitaient au-dessus des herbes comme d'immenses champignons et j'entendais leurs voix joyeuses crier : hop ! hop ! au chien de la ferme qui gambadait devant eux dans les sillons. Mais de temps en temps, je remarquais qu'André s'arrêtait dans un coin pour reprendre haleine, suivant d'un œil mélancolique son petit frère qui continuait la course.

Victoire venait le soigner et je sentais qu'elle s'inquiétait. Un matin que nous étions allées asseoir le petit malade à l'ombre des créneaux, elle me dit en le regardant : « Madame, faites venir son père. » Le médecin me tint le soir le même langage que Victoire ; alors j'écrivis à mon mari : « Notre fils est plus mal, reviens ! »

Cependant malgré mes inquiétudes, malgré celles des gens qui m'entouraient, je ne pouvais croire que la mort me prendrait cet enfant. Dès que je le voyais sourire ou reposer, je me disais : « Il vivra : il deviendra un homme; je garderai mon fils. »

Le jour fixé pour le retour de mon mari, l'enfant ne quitta pas son lit. Après l'avoir veillé jusqu'au soir, je sentis une soif de solitude, un besoin de pleurer en liberté sans voir le grand œil de cet enfant questionner mes larmes. Je courus vers la terrasse qui bordait les créneaux et là, je me laissai souffrir.

La nuit venait; les brouillards s'élevaient sur la rivière. On distinguait à peine les barques des pêcheurs derrière les saules. La lune se leva et ses clartés tombèrent comme un triste sourire sur le petit castel et sur le chemin blanc. Bientôt au détour de cette route, j'aperçus un homme portant un fardeau; il marchait à grand pas vers la maison. Mes yeux le suivaient avec distractions, lorsque tout à coup un frisson me parcourut de la tête aux pieds. A mesure qu'il approchait, je reconnaissais que son fardeau était un cercueil.

Je descendis de la terrasse en courant, j'ouvris la porte et attendis l'homme au passage.

— Où allez-vous? lui dis-je m'avançant vers lui, comme si j'eusse voulu l'empêcher d'entrer.

— Là-bas, au bout du chemin, chez la Mazure.

— Elle a donc perdu son enfant!

— Oui, il est mort hier.

— Merci, monsieur.

Et je laissais l'homme continuer sa route.

En rentrant, je tombai assise sur les marches de l'escalier, écrasée par les plus sombres pressentiments. Les coudes sur mes genoux, la tête dans mes mains, je pensais à la douleur de cette mère; aux tortures qu'elle avait dû souffrir, aux tortures pareilles que je souffrirais peut-être. Un bruit de roues se fit entendre et me tira de ma torpeur ; je me relevai comme égarée, m'élançant sur la route vers mon mari qui arrivait.

Quelques jours plus tard, l'homme au cercueil passait encore ; mais cette fois, il n'allait pas au bout du chemin. Il s'arrêtait sous notre toit que Dieu avait frappé....

A peine avait-il franchi le seuil de ma demeure, que j'en sortais appuyée sur le bras de mon père, fuyant vers la ferme qui m'offrait un asile. D'un pied mal assuré, je montai le grand escalier qui menait à la chambre du roi et pénétrai dans cette pièce d'une nudité sinistre, où l'on avait placé quelques sièges à mon intention. Je m'assis sur l'un d'eux, et là sans mouvement, sans pensée, presque sans vie, je me mis à tourner machinalement un chapelet entre mes doigts.

Mon père allait et venait sans me dire un mot; mais de temps en temps, il s'arrêtait, me regardait et murmurait en reprenant sa marche : Pauvre fille! pauvre enfant! Quant à mon mari il s'était enfui dans la campagne, après m'avoir serrée dans ses bras.

Pendant de longs jours, j'essayai de répéter avec le vieux fermier : Dieu l'a voulu ! mais la résignation ne vint pas. Pour la première fois, j'eus des pensées de révolte ; les doutes qui m'avaient envahie quelques années plus tôt quand M. Feuillet se riait de ma foi, reparurent en mon âme désolée. Bientôt j'eus horreur de la prière, des dogmes qui avaient charmé mon enfance; horreur des prêtres qui me parlaient des anges et de mon fils le sourire aux lèvres. Je ne cherchais plus la poésie des églises; je me refusais à toute consolation chrétienne, je voulais d'un désespoir sans soutien.

Une nuit, je crus mourir; mon cœur cessa presque de battre. Ma pensée s'obscurcit, mes yeux restèrent fixes et cessèrent de voir mon mari agenouillé près de moi. Alors pendant cette agonie, je rappelai Dieu, comme on appelle un ami qu'on a injustement abandonné.

Une oppression affreuse m'empêchait de marcher. Je passais mes journées assise dans le jardin, brodant des robes pour le petit Jacques. Quelquefois, je m'asseyais sur la terrasse des créneaux, et là je repaissais mes yeux des paysages charmants que la mort en passant n'avait point attristés.

Mon mari venait me rejoindre, s'installant dans les lierres qui couvraient les ruines, et me faisait la lecture. La guerre d'Italie venait d'être déclarée; les journaux étaient pleins de détails intéressants sur nos campagnes. Cela me captivait et rendait un peu de mouvement à mon âme assoupie. Parfois la cloche de la cathédrale s'ébranlait dans les airs, proclamant les triomphes de nos armées, je retombais alors dans une sombre rêverie, car cette cloche qui saluait nos soldats, avait aussi sonné notre deuil.

Dans ces mêmes journées, nous apprîmes avec chagrin la mort du général Espinasse tué à Magenta avec son aide de camp M. de Froidefond, celui qui avait dansé si gaiement avec moi aux bals du ministère.

Le médecin, qui venait me voir chaque matin, constata que je m'affaiblissais de plus en plus et que la maladie noire qui m'envahissait devenait réellement inquiétante. Aussi conseilla-t-il à mon mari de me faire quitter ces lieux où j'avais tant souffert. Il fut

résolu que nous partirions pour Trouville où nous pas-
serions la fin de la saison avant de regagner Paris.

On m'avait défendu les émotions et je n'étais pas
rentrée dans la chambre où j'avais vu mourir mon enfant.
La veille du départ, mon mari, étant allé à Saint-Lô
pour régler quelques affaires, je profitai de ma solitude
pour revoir ces lieux pleins d'un sinistre attrait. Tout
m'y parlait de l'absent; j'y revoyais partout la trace
de ses pas, de ses jeux, de ses souffrances. Je m'assis
sur la pauvre chaise où j'avais passé près de lui tant
d'heures inquiètes. Ses joujoux étaient-là dans un triste
abandon. — Le bateau qu'il traînait sur les petites
mares de la cour, sa balle, le pupitre où étaient ren-
fermés ses livres d'études, étaient sur le parquet dans
un navrant pêle-mêle. J'ouvris le pupitre et j'y trouvai
un paquet bien clos, sur lequel il avait écrit : pour
maman. C'étaient des petits cailloux blancs dont il
avait fait provision pour moi et que la mort ne lui
avait pas laissé le temps de m'offrir.

En rentrant, mon mari me trouva perdue dans ces
contemplations. Il me gronda d'abord, puis s'assit
comme moi au milieu de ces ruines et se mit à san-
gloter.

Nous partîmes le lendemain au point du jour, à
l'heure où la ferme s'éveillait. Mon père, mes frères et
les fermiers étaient rangés sous la grande épine et
pleuraient sur nous. Je ne savais pas leur dire adieu.
Je restais le regard fixé sur ce coin de terre où ma vie
était venue se briser; on eût dit que je voulais en
imprimer la triste image en mon cœur et ne point
partir sans avoir bu à longs traits le souvenir de sa
douloureuse hospitalité.

CHAPITRE XIX

Je traînais partout ma triste vie; on essayait vainement de me faire oublier. Je me laissais distraire sans
éprouver aucun bien des distractions qui m'étaient
imposées. Je n'étais plus qu'une ombre. On disait
autour de moi : c'est la consomption! Il lui faudrait le
midi. Mais comment supportera-t-elle le voyage?

Ce voyage fut cependant décidé, mais cette décision ne fit qu'ajouter à ma douleur. Mon mari,
très nerveux, très ébranlé par tant de cruels chagrins me supplia de lui pardonner s'il ne m'accompagnait pas. Toujours cette question du chemin de fer
qui rendait impossible les longs déplacements. Il lui
eût fallu des semaines pour venir me rejoindre à Nice
en voiture. De plus il tenait à garder près de lui le
petit Jacques, disant qu'il fallait m'enlever toute pré-

occupation pendant ce séjour où je devais trouver la
guérison. Ces nouvelles séparations à l'horizon faisaient
de moi la plus désespérée des femmes.

Dans ce pénible état, je tins cependant à faire mes
adieux à l'Impératrice. Je me rendis comme une morte
à l'un de ses petits lundis, et je me souviens que je
faillis en effet y laisser mon dernier souffle. Il me prit au
milieu de la soirée une impossibilité de remuer, une
espèce de prostration qui me cloua sur mon fauteuil,
et cela, pendant que tout le monde recevait l'ordre de
quitter le salon où étaient Leurs Majestés pour passer
dans la galerie voisine. L'Empereur et l'Impératrice
avaient à causer d'affaires importantes. C'était madame
la princesse d'Essling qui indiquait à chaque invité la
porte de la galerie. Le salon se vida ; je finis par rester
seule. L'Empereur me regardait, puis parlait bas à
l'Impératrice ; je ne bougeais pas, je voyais à travers
le brouillard qui obscurcissait mes yeux, madame
d'Essling qui me faisait toujours signe de sortir. Rien,
je restais immobile ! Enfin, l'Empereur dit assez haut :
« Mais que fait-elle là ? » Alors je me levai comme si
j'eusse été frappée par un ressort et je disparus, en
trébuchant, par la première porte qui s'offrit à moi.
C'était celle d'une pièce solitaire, un peu froide où l'air
arrivant par une fenêtre ouverte, me rendit bientôt
mes sens. Madame d'Essling ne tarda pas à paraître et
je lui expliquai en essuyant mes larmes que j'étais
malade à mourir. Elle m'assura qu'elle dirait à l'Empereur que je n'avais pas été indiscrète et elle me
calma avec une grande bonté.

Je ne pouvais entreprendre seule et dans mon état
de santé, le long voyage projeté. Mon père s'offrit à
m'accompagner et il s'adjoignit une religieuse.

Nous partîmes tous les trois au mois de mars 1860. Le jour du départ, mon mari pour m'éviter le déchirement des adieux s'était enfui avec le petit Jacques, pendant que l'on terminait les caisses. Je les appelais, je les cherchais partout; il fallut cependant quitter la maison. Comme je descendais l'escalier, appuyée sur le bras de mon père, je suppliai qu'on me laissât revoir une dernière fois la chambre de mon mari. Mon père disait : « Tu as tort de t'ébranler ainsi, » et voulait me retenir; mais me sauvant de ses bras, j'escaladai les marches et courus me jeter sur le grand fauteuil où travaillait mon mari; j'y posai mille fois mes lèvres. Quelques instants plus tard, blottie dans ma pelisse de fourrures, je roulais vers la gare de Lyon.

J'avais eu à peine le temps de porter les yeux sur la religieuse envoyée le matin du couvent. Dès que je fus installée dans le wagon et que mon pauvre cœur se fut un peu détendu, je me pris à la considérer.

C'était une petite bonne femme, d'une cinquantaine d'années, à l'œil faux, aux mielleuses prévenances. A chaque station elle demandait s'il y avait un buffet, et quand on lui répondait affirmativement elle se précipitait hors du wagon et rentrait avec un jambon entre deux pains. Avec cela, un bavardage qui ne cessait point, des détails à n'en plus finir sur sa famille, sur son père qui était un marquis. « Ah ! disait-elle, je vous raconte tout cela pour vous distraire, car ordinairement, je ne parle pas des miens; nos règlements le défendent. » Il est évident que si son père eût été serrurier, elle n'eût pas été si pressée d'enfreindre les réglements.

Le lendemain nous dînâmes à Marseille. Puis ce fut

Toulon, où nous couchâmes dans un hôtel dirigé par
un Turc. Après un jour de repos, nous reprîmes la
route de Nice dans une chaise de poste attelée de
quatre chevaux, où mon père m'installa au milieu de
moelleux oreillers.

Je suis très intéressée par les pays que nous traversons, par ces montagnes, ces torrents, ces vallées
où fleurissent les roses. De tous côtés sont des bois de
pins, hauts comme les mâts d'un navire, à travers lesquels on aperçoit des horizons d'un bleu ardoisé. Nous
gravissons bientôt une côte rapide et si rocailleuse que
la voiture saute comme un ballon. Le postillon monte
la côte à pied, en sifflant, puis il cueille une branche
de bruyère et la plante à son chapeau.

Les bêtes ont besoin de faire halte. On s'arrête au
bord d'une fontaine où boivent deux mules noires.
Le postillon arrose les naseaux de ses chevaux couverts
d'écume ; pendant cela des enfants venus d'un village
voisin entourent la voiture. Ils disent « la povera » en
me regardant ; puis ils s'en vont et reviennent avec
une coquille pleine d'une eau verdâtre. Ils me la présentent. Je ne sais pas ce que cela signifie. Le postillon
m'apprend que c'est de l'eau bénite : « Signez-vous, dit-
il, c'est pour que vous fassiez bon voyage. » Je fais le
signe de la croix, puis je donne quelque monnaie aux
enfants et nous voilà repartis. La nuit tombe, nous ne
distinguons plus rien. Mon père dort, moi je pleure, la
sœur dit ses prières.

Au point du jour, nous entrons dans les montagnes
de l'Esterelle ; partout des rhododendrons et des gerbes
de bruyères suspendues sur les abîmes, sur des torrents dont la voix gronde comme celle du tonnerre.
La route côtoie les ravins, escaladant la montagne ou

se perdant dans les flancs de rocs immenses, pareils à
des cathédrales. C'est à la fois l'enfer du Dante et le
paradis. Je pensais que si mon mari était là, il aurait
des joies sans nom, et je fermais les yeux pour rêver
que je l'avais près de moi et que nous admirions
ensemble ce paysage.

Nous traversons Antibes, puis Cannes, avec ses maisons roses et ses champs de violettes. Quelques instants plus tard, Nice nous apparaît enveloppée de
brumes légères. Nous descendons à l'établissement du
docteur Lubanski, un docteur polonais qui traitait les
malades par l'hydrothérapie. C'était un homme distingué ayant formé sa clientèle dans la haute société française; sa femme d'un esprit supérieur recevait beaucoup et s'était fait un salon.

L'établissement était situé à l'entrée de la ville, dans
un champ planté d'orangers. On étendait les lessives
sur des cordes entre les orangers, et le claquement du
linge mouillé faisait un bruit monotone et triste.
L'intérieur de l'habitation ressemblait à celui d'une
hôtellerie. Un escalier de moulin conduisait à des
chambres qu'on pouvait appeler cellules. Chacune
d'elles avait un lit enveloppé de tulle blanc, une table,
deux chaises et une petite glace dans laquelle on avait
le visage tout de travers.

Un sombre couloir séparait les cellules d'une galerie
d'où l'on apercevait la mer et la pointe neigeuse des
Alpes. On me roula sur une chaise longue, dès que je
fus sortie de la voiture, devant cette vue magnifique.
J'y versai de douces larmes qui me firent du bien. Il
me semblait que ma pensée s'élargissait et se calmait
à la fois. Le docteur et sa femme furent pour nous
d'une grande bonté. Nous dînâmesentre eux deux et

un Polonais de leurs amis qui avait perdu son nez, je ne sais dans quel événement.

Le lendemain était jour de Pâques. Le champ d'orangers me parut inondé de soleil quand je le traversai pour aller à l'église. Ce fut au couvent de l'Annonciade que j'entendis la messe ; elle fut chantée par des religieuses cachées derrière les grilles dorées du cloître. Je m'unis à leurs voix charmantes pour chanter l'Alleluia.

Grâce à mon nom, je ne tardai pas à être fêtée par tous les membres de la colonie. Je reçus beaucoup de visites intéressantes ; entre autres, celle de la comtesse de Dampierre, de la princesse Dolgorouki et d'Alphonse Karr qui s'était retiré à Nice et y vendait des fleurs. Madame Lubanska m'avait abandonné gracieusement sa galerie et j'en avais fait mon petit empire.

Je recevais aussi quelquefois des moines quêteurs. Il y en avait beaucoup à Nice. L'un d'entre eux m'a laissé un mystérieux souvenir. C'était un capucin de grande taille, avec de pauvres vêtements usés et une longue barbe emmêlée. Il me tendait de loin sa bourse d'un air suppliant, et comme je le priais d'avancer vers ma chaise longue, me sentant plus fatiguée ce jour-là que les autres jours, il me dit en marchant vers moi :
— Madame, je vous retrouve malade et j'en suis affligé. Je vous ai connue mieux portante, plus jeune et plus heureuse.

— Comment, mon père, où m'avez-vous connue ainsi ? Je ne me souviens plus, ma mémoire se perd avec le reste.....

— Ma mémoire à moi est bonne. Je vous ai connue et ne vous ai pas oubliée. J'ai dansé avec vous dans des jours de fêtes bien lointains, bien lointains.

Et en disant cela, le capucin secouait sa tête où un cercle de cheveux déjà gris, traçait sa pâle auréole.

— Ne puis-je savoir, mon père, le nom de celui qui ne m'a pas oubliée ?

Il se recueillit comme s'il eût cherché lui-même, puis répondit doucement :

— C'est un capucin !

Et il ne parla plus ! S'avançant alors vers l'aumône que je lui tendais, il la prit et disparut, heurtant son chapelet aux meubles qui se trouvaient sur son passage. J'entends encore le bruit sec de ce chapelet froissé, et aussi le bruit des sandales du pauvre homme, frappant contre ses talons nus.

Peu à peu je reprenais des forces, je faisais de longues promenades avec mon père. Nous allions souvent à Villefranche, un petit port adossé aux flancs d'une montagne où poussaient de grands aloès et des pins tombant en parasols. Sous les arbres bordant la mer, je pêchais des coquillages avec les enfants du village. Ces petits entraient dans l'eau jusqu'à la ceinture pour m'attraper des chevaux marins ; j'étais ravie ! D'autres fois nous faisions des stations au cimetière de Cimier, le plus doux et le plus joli des cimetières avec ses statues de marbre et ses lauriers-roses. Que de fois, assise sur ces tombes étrangères, j'ai songé à celles que j'avais laissées au pays ; mais j'y songeais poétiquement comme si ma douleur subissant le charme de ces beaux lieux, se fût changée en extase.

Nous fûmes un jour conduits à Cimier par un cocher qui avait servi dans les armées de Garibaldi ; Nice venait d'être annexée à la France. Du haut de son siège, cet homme nous contait ses campagnes, et nous montrait son chapeau percé d'une balle, le même chapeau qu'il portait alors. « Là était une plume, nous disait-il, en nous désignant le trou fait par la balle. Lorsque la plume fut enlevée, je vous jure que j'entendis un vilain sifflement ; » puis il ajoutait : « J'ai brûlé des villages avec Garibaldi, traversé l'incendie en poussant des cris sauvages. » Et pour nous mieux pénétrer de la vérité de ses récits, il se mit à pousser ces mêmes cris, qui effrayèrent tellement les chevaux qu'ils s'emportèrent et faillirent nous jeter dans le ravin.

Nous fîmes également quelques voyages à Monaco, en bateau à vapeur. Le dernier fut charmant. La matinée était si pure, la mer si transparente ! Nous étions à peu près seuls sur le bateau, rien que les mariniers et deux femmes qui retournaient à Menton. C'étaient des filles du peuple, mais des filles superbes. Je ne pouvais me lasser de regarder leurs silhouettes gracieuses se dessiner sur le bleu des horizons, ainsi que le jasmin fraîchement coupé qu'elles s'étaient planté sur l'oreille.

La traversée fut courte et nous arrivâmes bientôt dans la petite anse protégée par des rochers à pic où l'on débarquait. Le bateau ne pouvait arriver près des bords ; alors les mariniers nous prirent dans leurs bras et nous déposèrent sur la rive. Quant aux filles au jasmin, elles ôtèrent leurs bas, relevèrent leurs jupes et traversèrent élégamment les flots.

Nous déjeunâmes dans un hôtel adossé aux rochers. L'hôte dressa la table dans le jardin, sous les citronniers. On cueillait des fruits à l'arbre et on pressait le jus dans les mets. Le repas terminé, mon père voulut me faire connaître la maison de jeu, située sur le haut du roc, près du palais de Monaco Pour y accéder, je m'installai sur un petit âne caparaçonné de rouge, qui me fit gravir lestement la montagne. Je perdis lestement aussi sur le tapis vert les deux cents francs que mon père m'avait donnés pour tenter la fortune. Je vois toujours ces horribles croupiers promenant leur petit rateau sur mes pièces d'or.

La nuit était venue quand nous reprîmes le bateau, alors que la mer devenait phosphorescente et que la lune se levait. Je m'étendis sur le pont, écoutant chanter les matelots. Moi aussi je chantais autrefois, quand j'étais heureuse; je chantais dès l'aube, la fenêtre ouverte, tout en m'habillant. Cet autrefois, qui venait me hanter dans mon exil, me fit battre le cœur. C'était le rappel de ma première vie si insouciante et si gaie; c'était un ami que je retrouvais; il me semblait que je tombais dans ses bras.

D'autres chants, plus beaux que ceux des mariniers, me charmèrent un soir chez la marquise de Saint-Valier où chantait la Cruvelli. Je ne saurais peindre l'impression que me causa cette voix et les larmes qu'elle me fit verser. Pour en savourer tous les charmes, je m'étais retirée dans la profondeur d'une fenêtre donnant sur la mer, et là, devant cette mer endormie, devant le ciel constellé, je me crus transportée dans les régions célestes. Le lendemain j'écrivais à mon mari : « J'ai du chagrin de jouir sans toi de si belles choses. En grâce, viens me retrouver ! »

Il ne vint pas ! mais il m'écrivait chaque jour de jolies lettres qui m'aidaient à supporter mon veuvage. Je les portais comme des reliques dans un petit sac et je lui répondais aussi tous les jours. Pendant cela il travaillait à son roman de *Sibylle*, et m'en paraissait inquiet comme il était inquiet de toutes choses.

CHAPITRE XX

Lorsque la bise de mai vint à souffler sur la côte,
nous songeâmes à regagner la France par la route de
la Corniche. J'espérais rentrer chez moi, après cette
longue absence, mais le docteur Lubanski ne trouvant
pas ma guérison complète déclara que je devais cou-
ronner l'œuvre, à peu près accomplie, par un séjour
dans les montagnes et par une continuation de traite-
ment à l'eau froide. Ce fut à Divonne, petit village
perdu dans les monts du Jura, entre le pays de Gex
et la Suisse, qu'il m'envoya. Divonne avait un établissement hydrothérapique où je devais me résigner à
passer encore deux mois.

Le matin du départ de Nice, pendant que mon père
réglait les notes, et faisait attacher les caisses sur la
voiture, je m'acheminai vers la promenade des Anglais

où tout dormait encore. Il était cinq heures à peine ;
les petits hôtels, avec leurs jardins ruisselants de
rosée gardaient le calme de la nuit : leurs jalousies
tombaient sur les balcons comme des paupières abais-
sées ; aux fenêtres, des perroquets dans des cages
dorées s'envoyaient de criards bonjours. La mer,
dont on entendait au loin les sourds murmures,
battait sans bruit la berge. Dans ses eaux rafraî-
chies, des chevaux enfoncés jusqu'aux flancs prenaient un bain matinal et tendaient leurs naseaux
au vent de la côte, secouant et balançant leurs
têtes comme ces mahométans qui saluent la lumière.
Du côté de Cannes, dans un fond de poussière
d'or où s'agitaient les papillons, on voyait arriver de petits ânes, avec leurs paniers pleins de
fruits et de fleurs. Ils étaient menés par des fillettes
gaillardes, ornées de grands chapeaux également
fleuris. J'arrêtai la première qui vint à passer et
plongeant mes mains dans les coussins de violettes de
Parme, sur lesquels elle était assise, je lui achetai sa
provision. Je revins vers mon père avec cela, et
lorsque nous fûmes installés dans la voiture, je semai
les violettes autour de nous. Un de ces bouquets fut
gardé, desséché et rapporté en France comme souvenir de cette matinée charmante et de ce pays de soleil
et de fleurs.

Nous suivîmes la route de la Corniche, tracée sur
le flanc des rochers, ayant à notre gauche des rocs
dépouillés, à notre droite la mer sans limites. Les
chevaux descendaient au grand trot les pentes rapides,
quelquefois dans un tournant un peu brusque on
cessait de les apercevoir et la voiture paraissait suspendue sur les abîmes. On se perdait alors dans le

cruel sentiment du vertige. Je fermais les yeux ; mon
père restait calme ; la sœur demandait si nous allions
passer sous le *Mont Sinaï*.

Au pied des montagnes, on traversait des villages
de pêcheurs. Rien ne peut donner une idée de la
misère et de la saleté de ces lieux. Quelques beaux
visages de femmes apparaissaient aux fenêtres quand le
postillon claquait du fouet. C'était dommage de les
voir dans ce misérable encadrement de murailles cras-
seuses, auxquelles pendaient de places à autres quelques lambeaux de chairs, désignant la boutique d'un
boucher.

Dans l'un de ces villages, comme nous passions près
d'une église, nous aperçûmes une noce qui en sortait.
Les mariés ouvraient la procession têtes baissées et
bras balants. Ils recevaient en plein visage des poignées
de blé que leur jetaient, en marchant à reculons, les
filles et les garçons d'honneur. Cela voulait dire : que
la paix vous accompagne, que l'abondance soit dans
vos greniers. Derrière le cortège déguenillé, des enfants
à peu près nus, n'ayant que des chemises en lambeaux,
exécutaient des danses et saisissaient en mesure les
grains de blé qui volaient au-dessus de leurs têtes.
Point de curieux dans les rues désertes, mais des ânes
et des mulets libres, fuyant devant la noce solitaire
qui gagnait la maison de l'époux.

Nous passâmes quelques jours à Gênes, visitant les
églises et les palais ; achetant des coraux aux petites
marchandes en plein vent. La sœur bourrait ses poches
d'oranges et de pastèques, en disant qu'elle regrettait
les fruits de France, les fruits du marquis son père
qui avait d'incomparables fruits dans ses incomparables
propriétés.

Un soir comme nous rentrions à l'hôtel, nous tombâmes au milieu d'une foule prosternée devant une petite madone cachée dans un mur. Tout le monde était à genoux sur le pavé et marmottait des litanies que psalmodiait de son côté un prêtre monté sur une borne. Près de là, des mendiants accroupis secouaient leur vermine sur ces dévotes gens. Et pendant cela, les voitures roulaient, les cochers juraient, les piétons passaient et repassaient piétinant sans merci ce flot mouvant.

Je n'aimais pas cette religion italienne faite de démonstrations superstitieuses et de vaines pratiques. Je trouvais que ses représentants manquaient de respect et de dignité. A Nice, j'avais été scandalisée plus d'une fois, en voyant les prêtres taquiner les jeunes filles dans les rues, leur jeter des oranges, s'installer près d'elles au bord des fontaines en leur débitant des bons mots ; je m'étais sentie révoltée un jour, devant les irrévérences du clergé, déposant un pauvre mort à la porte de l'église et riant avec les polissons qui jouaient à saute mouton par-dessus le cercueil. Au moment de Pâques, je me tourmentai fort d'avoir à me confesser à l'un de ces ecclésiastiques. Je choisis cependant le plus âgé, le plus sévère d'aspect, seulement, je ne m'inquiétai pas de savoir s'il parlait français ou non, et lorsque je fus dans le confessionnal, je m'aperçus qu'il ne comprenait que l'italien. Je dus lui dire mes péchés en français. Lui me fit des remontrances en italien ; au milieu de cet embrouillamini, j'espère que Dieu me donna l'absolution dans les deux langues.

Le 1er juin, nous montâmes sur le *Pansilippe* arrivé d'Alger et qui faisait voile vers Marseille. J'étais heureuse comme une enfant de me trouver sur ce beau bateau

et de faire pour la première fois une longue traversée.
Je marchais sur le pont fièrement, causant avec les
officiers.

Quand Gênes eut disparu dans les traces enfumées
de la vapeur, quand nous fûmes en pleine mer, et que
je n'eus plus rien à voir que les dauphins qui nous
suivaient en gambadant, je m'intéressai au va-et-vient
du bateau, des matelots, des cuisiniers et du capitaine.
J'étudiai les passagers qui devenaient verdâtres à
mesure que les vagues grossissaient. Un orage se montrait à l'horizon. La foudre traversait au loin le ciel
et la mer ; je restai bientôt seule sur le pont avec
un évêque revenant de Rome. Il disait son bréviaire en
regardant les éclairs. Un moment, Monseigneur inter-
rompit sa lecture pour me demander si je ne craignais
pas le mal de mer.

— Je ne l'aurai jamais, Monseigneur !
— Le croyez-vous, madame ?
— J'en suis sûre, Monseigneur.
Sur cette formelle assurance, l'évêque reprit sa prière.

Bientôt cependant, je vois le bréviaire de Monseigneur
tournoyer dans sa main, et sa croix d'or en faire
autant sur sa poitrine. Un brouillard épais passe sur
mes yeux et me fait voir les matelots les pieds en l'air
et la tête en bas. Tous les objets qui m'entourent se
mettent à flotter dans un vague écœurant. C'en est
fait, je ne suis plus sûre de mon cœur. — Le voilà
parti ! On m'étend dans l'entre-pont, près d'une vieille
dame aux poses abandonnées ; je suis malade à mourir.
L'orage est terrible, il nous enveloppe ; la vaisselle se
brise dans la salle à manger. Les colis tombent les
uns sur les autres dans un affreux pêle-mêle. Je tombe
moi-même sur la vieille dame qui me repousse cruel-

lement. Mon père est cramponné aux bagages ; la sœur pousse des hurlements. Un Anglais qui passe en trébuchant avec un filet à papillons et un panier, me jette le panier sur l'estomac. Je le repousse pour respirer. Bientôt, je sens sur ma joue quelque chose de chaud et d'humide qui me donne le frisson, c'est la langue d'une gazelle que l'Anglais rapporte d'Afrique et qui est enfermée dans le panier. Il est probable que ma joue a conservé un peu du sel des vagues et que cela a tenté la bête, dont la tête passe à travers les tresses d'osier. — Quand le temps devint plus clément, je caressai la pauvre petite et m'endormis même en sa compagnie. En arrivant à Marseille, lorsque je m'éveillai, la petite gazelle dormait encore, le nez appuyé sur mon épaule.

Divonne est un joli lieu, où je passai deux agréables mois, faisant des excursions chaque dimanche avec les baigneurs. Le directeur de l'établissement dirigeait la marche. Nous l'appelions M. Topfer en souvenir du maître de pension des *Nouvelles genevoises*. C'était un brave cœur et un homme charmant dont j'aime à me souvenir. Il nous menait en bande à la Faucille, cette montagne dont Napoléon Ier avait tracé la route, à Saint-Cergues, chez le père Amat, un restaurateur lettré, qui recevait les artistes et leur donnait une cuisine digne de Brillat-Savarin, après quoi, il leur faisait écrire des vers ou peindre des vues sur son album. Je mangeai des pieds d'ours chez le père Amat, car il y avait encore à cette époque des ours dans la montagne, mais je ne fis aucun quatrain. J'écrivis seulement mon nom sur le fameux album, ce qui fit qu'après l'avoir lu, le père Amat s'écria : « Est-il possible que j'aie l'honneur de recevoir chez moi, l'épouse d'un si grand

littérateur ? « *Son épouse* à lui était une religieuse
défroquée, qui lui aidait à préparer les pieds d'ours
et à mettre ses précieux vins en bouteille.

Nous dépassions parfois les limites françaises et
pénétrions en Suisse dont nous n'étions séparés que
par la guérite d'une sentinelle. Nous déjeunions à
Vevay, puis nous montions en barque et l'on ramait
jusqu'à Chillon, ce vieux château des ducs de Savoie
qui servit de prison à Bonivard. Ce fond du lac de
Genève, cette vallée du Rhône, ces hautes chaînes de
montagnes qui nous cachaient l'Italie, avaient pour
moi des charmes que je ne saurais dépeindre.

Un jour, nous poussâmes jusqu'aux gorges du Trient
après avoir visité en procession cet antre terrible, nous
nous installâmes pour goûter, dans un creux plein de
verdure qu'abritaient les rochers. On étala des mouchoirs
de poche sur la mousse ; on posa dessus des jambons,
des pâtés, des tartes aux pruneaux. Ce fut très gai ce
repas champêtre. M. Topfer nous raconta, tout en mangeant, ses aventures de voyage. Il nous dit qu'en parcourant le Tyrol, il avait sauvé une dame qui était
restée suspendue par sa jarretière sur un précipice.
« Je balançai fort à la sauver, ajouta-t-il, parce que je
m'aperçus qu'elle était jarretée au-dessous du genou
et que par conséquent elle méritait la mort. » Un de
nos compagnons, qui étudiait pour être prêtre, crut
devoir profiter de la circonstance pour faire une allo-
cution et prouver que l'âme de la femme jarretée
au-dessous du genou, valait celle d'une femme jarretée
autrement. Comme nous savions cela parfaitement,
nous n'écoutâmes pas l'abbé dont la voix se perdit au
milieu de nos rires et du bruit de la cataracte qui
grondait près de nous.

Il y eut une fête villageoise à Divonne près de
l'église. Il arriva des musiciens de Genève, des marchands
de Nyon, des saltimbanques des quatre coins du monde ;
ce fut un dimanche ! Le plus beau soleil se leva sur
les montagnes et empourpra le Mont Blanc. On fut à la
messe ; l'église était remplie d'une jeunesse impatiente
qui attendait la fin de l'office pour se livrer au plaisir.
Le curé essaya bien dans un sermon pathétique de
rappeler le vrai but de la vie, mais les pieds et les
cœurs avaient des ailes et fuyaient vers la prairie.

On dansa toute la journée. Nous vînmes, vers le
soir, mon père et moi, nous mêler à la fête et aux
couples épris qui se tenaient à bras le corps. Je voulus
valser ; mon père se dévoua ; il valsait à ravir, mon
père. Il m'entraînait comme une plume qu'il eût poussée
devant lui, et quand il trouvait une touffe d'herbe
devant notre marche fuyante il me soulevait tout
bonnement dans ses bras, et me posait un peu plus
loin, sans que la mesure fût interrompue pour cela. Et
quand je lui criais « Grâce », il me disait gaiement :
« Allons courage ! » Et nous valsions de nouveau, et nos
yeux perdaient de vue les gens, les arbres et les monts
derrière lesquels se noyait le soleil couchant.

Nous eûmes un autre bal sur les hauteurs du Mussy,
après un dîner fait sur la bruyère. Ce soir-là, tous les
baigneurs de l'établissement avaient voulu être de la
fête ; les infirmes, comme les bien portants. On partit
en troupe, suivis par deux ou trois chariots portant la
vaisselle et les vivres. Le couvert fut mis sur la mousse
pendant que les enfants des hameaux voisins faisaient
cercle autour de nous. Au cliquetis des verres et des
assiettes, se mêlait le bruit des clochettes des vaches
sur la lisière des bois. L'air était si pur sur ces hauteurs,

dans ces immenses espaces qu'on eût entendu de vallée en vallée et de montagne en montagne les notes perlées d'un rossignol.

Chacun s'assit devant son assiette entre les touffes de genêts. Quelques-uns choisirent le revers du coteau et s'y installèrent, laissant pendre leurs pieds dans le vide. Quant aux femmes, elles s'étaient groupées à l'abri d'un vieil arbre dont les branches mortes ressemblaient aux bras d'un fantôme.

Quand la nuit apparut, avec ses ombres et ses étoiles, et que le Mont Blanc s'affaissa dans son linceul blafard, les domestiques allumèrent des fagots espacés sur le plateau du Mont, glissèrent des feux de bengale sous les touffes d'ajoncs et suspendirent un collier de lanternes vénitiennes au cou des petits sapins noirs. Alors le sommet du Mussy, couronné de ses ombrages, se montra dans une gerbe étincelante, dont l'éclat fit pâlir les étoiles.

Le repas terminé nous dansâmes aux sons d'un violon et d'une clarinette abreuvés de champagne. Ces messieurs prirent nos chapeaux et nos écharpes et se firent de singuliers travestissements. Quelques-uns s'étaient enroulés dans des fourrures servant de couvertures de voyage et s'en allaient traînant ces queues magistrales le long des bruyères illuminées.

Les feux s'éteignirent sur les minuit, et les étoiles reparurent dans les cieux assombris. A leur clarté, je fis une quête pour les pauvres enfants qui avaient assisté à cette fête comme des statues muettes et qui étaient encore là, tout ébahis. On mit du pain dans leurs poches et des sous dans leurs tabliers, et les petits qui dormaient sur le dos de leurs grands frères se réveillèrent pour dire : merci !

Tandis que les mendiants regagnaient leurs chaumières par les sentiers rocailleux, nous descendions joyeusement la route de Gex, violon et clarinette en tête.

Vers la fin de mon séjour on joua la comédie. J'eus un rôle dans *Embrassons-nous Folleville*. Mon costume Louis XV avec ses nœuds et ses roses, mes cheveux poudrés, mon pouf en point d'Alençon dans lequel brillait un bouquet de diamants, transportèrent d'admiration la foule des spectateurs. Mon père, tout fier de sa fille, m'embrassa dans la coulisse.

Après le spectacle, lorsque je fus rentrée dans ma chambre, je voulus écrire à mon mari pour lui dire mon triomphe. La chaleur était accablante ce soir-là. Avant de commencer ma lettre, je me déshabillai, je passai mon peignoir, j'en relevai les manches pardessus les épaules, puis j'ouvris la porte qui donnait sur le perron tapissé de jasmin. Cela fait, encore coiffée de mon pouf et de mes diamants, je pris mon buvard, penchai ma tête sur le papier et décrivis ma gloire devant les étoiles.

Cette pauvre petite gloire me semblait triste à porter dans la solitude de mon cœur; j'avais besoin d'en envoyer à l'absent les échos. J'avais besoin de lui dire : sois heureux, je reviens à la vie. On me trouve belle et je suis plus à toi que jamais... Une heure allait sonner : je cachetais ma lettre lorsque je crus entendre un bruit léger dans le jasmin. J'eus peur et me précipitai vers la porte pour la fermer; mais au moment où je mettais le pied sur le seuil, je trébuchai sur une botte de roses qu'une main invisible venait d'y déposer. Devais-je prendre ce bouquet mystérieux, offert à cette heure tardive? Il était si joli, si frais, si plein de rosée; il me rappelait si bien le parfum des campagnes de Nice, que je ne pus résister. Je le saisis dans mes bras, j'y fourrai mon nez jusqu'aux yeux et lui donnai l'hospitalité pour la nuit. Mais quand le jour parut, j'eus des remords de m'être appropriée ces fleurs inconnues et, me levant vite, je courus les reporter sur le balcon où je les laissai se flétrir.

CHAPITRE XXI

Quelques semaines plus tard, je retrouvais à Paris
mon mari et mon fils et nous partions tous les trois
pour finir la saison en Normandie. Ce fut à la maison
de mon père que nous demandâmes l'hospitalité, car
nous avions abandonné la Vaucelle depuis notre
malheur.

Bientôt mon mari reprit goût au pays de son enfance et résolut d'y passer de nouveau sa vie. Cette décision de quitter Paris me causa un grand chagrin,
mais je n'osai pas lutter contre elle, j'avais déjà demandé
tant de sacrifices! Cependant étant allée à Paris pour
préparer notre déménagement, je crus devoir écrire à
mon mari avant de commencer cette triste besogne,
pour le prier de réfléchir une dernière fois à la

grande décision qu'il allait prendre. Je lui rappelais ses anciens désespoirs et son horreur de la province, alors que son dévouement filial l'obligeait à y vivre et je lui témoignais la crainte qu'il ne se repentît un jour d'être rentré dans cette atmosphère éteignante, et qu'il ne soupirât de nouveau après la fièvre parisienne. Alors je reçus de lui la réponse suivante :

Saint-Lô.

« Mon enfant chérie,

» Ta lettre est pleine de tendresse et de raison et je veux la garder entre toutes, en effet, pour le soutien et la consolation des mauvaises heures. Mon esprit, frappé d'une sorte de vicillesse anticipée par une série de secousses et d'ébranlements cruels, n'a plus depuis quelque temps que l'ambition propre à la vieillesse, celle du repos. Mes ressorts constamment tendus depuis trois ans dans cette lutte à outrance contre le chagrin se sont fatigués et se dérobent à des luttes nouvelles. Paris, qui me représente actuellement toute cette succession de misères, d'agitations et de souffrances, quoique la plus amère de mes douleurs ne m'y ait point frappé, mais je l'y ai apportée toute vive, et c'est là qu'elle m'a longuement déchiré, Paris ne peut donc que paraître haïssable à ma pensée abattue. Il me faudrait une grande patience, un grand sentiment du devoir pour y vivre maintenant. Il est vrai que j'en ai ardemment, dans d'autres temps souhaité le séjour; je ne songe pas à m'en défendre, cela était tout simple, le contraire eût été inexplicable. Je suis un artiste et un poète quoique mince; mes facultés sans être grandes sont passionnées, et comme toutes les facultés de ce genre, ardemment impatientes de se développer sans entraves, de donner librement leur mesure, et de toucher barre au plus haut point de leur vol. J'ai donc dû souffrir, beaucoup comme artiste et comme homme, en me sentant au pied, à l'âge de la force et de l'ardeur, la chaîne étroite de la vie de province. Au point de vue de l'éternité, tout cela est mesquin et misérable sans doute, mais nous sommes nés pour vivre sur cette terre, pour nous mêler à la foule humaine, y jouer notre rôle; et nous recevons des sentiments et des passions pour cette destinée, comme nous recevons des pieds et des mains. Paris représentait donc pour moi dans ce temps-là, un développement large et complet de mes facultés, les joies de la réputation mesurées à un mérite que je ne m'exagérais pas, mais que je sentais digne d'une scène plus grande que Saint-Lô. Enfin les séductions enflammées de l'ambition littéraire, les petits triomphes de la gloriole, les grandes relations, toute la mise en scène inconnue et attrayante du succès dans un milieu élevé. Il faut bien dire que rien de tout cela ne m'a manqué dans la mesure légitime et que toutes mes inquiètes curiosités ont été avec un bonheur rapide et presque inouï, pleinement satisfaites. J'ai voulu voir, j'ai vu! La vie de Paris ne me donne rien de plus dans cet ordre de satisfactions dont on se lasse si vite, mais qu'on veut irrésistiblement connaître dès qu'on est né pour les connaître.

» Ma situation vis-à-vis de Paris n'est donc plus du tout ce qu'elle était autrefois; et de ce que j'ai beaucoup désiré le séjour de Paris, il serait parfaitement illogique de conclure que je doive le désirer encore aujourd'hui, quand la signification en est absolument changée. Je le répète, Paris m'est devenu odieux et je

ne le reverrai que lorsqu'il s'agira de régler des affaires
utiles à ma carrière.

» OCTAVE. »

Cette lettre me décida donc à entreprendre ma tâche
et bientôt après je rentrais à Saint-Lô suivie de quatre
voitures de déménagement.

Pendant mon absence mon mari acheta une maisonnette située à deux pas de Saint-Lô sur la route de
Cherbourg et nous y transportâmes nos dieux lares.
On accédait à ce domaine par une ruelle appelée la
rue Monte-à-regret, qui avait été nommée ainsi dans
la nuit des temps parce que c'était le chemin que prenaient les condamnés à mort pour aller au lieu du
supplice.

Ce lieu de supplice se trouvait près de la maison et
n'avait conservé rien de fatal. C'était une place plantée
de tilleuls magnifiques qui laissaient voir entre leurs
branches, les flèches de la cathédrale, la vallée de la Vire
et les remparts du vieux Saint-Lô. La maison datait
à peu près d'un siècle; elle était entourée d'un très
petit parc, dont les beaux vieux arbres tombaient en
éventail sur son toit. Les pelouses étaient souriantes,
semées de bouquets de pins à l'abri desquels se dressait une petite statue de Vénus. Quand la lune se levait
sur elle, on eût dit la pierre sépulcrale d'une jeune
fille, enlevée à quelque cimetière italien.

Nous entrâmes aux Palliers, le 5 octobre 1861. Je
m'y installai assez tristement. Tout m'y paraissait
froid et désert. J'avais peur la nuit de la place aux
suppliciés. J'avais peur du balcon de ma chambre,
dont les pierres provenant d'un couvent de moines,
portaient des inscriptions funéraires. Chaque fois que

j'allais à ma fenêtre, j'apercevais un ci-git qui me glaçait. Mais le matin il m'était doux de m'éveiller dans cette chambre. De mon lit il me semblait que j'étais dans les arbres ; je m'imaginais parfois coucher avec les oiseaux.

Il eût fallu que le matin durât toujours. Quand la journée avançait, la mélancolie me dévorait. Je m'en allais le long de l'allée qui bordait la place et d'où l'on plongeait dans la ville. Les vieux remparts et les maisons des huguenots voilés par la brume, formaient un cadre à mes rêveries. Là, sans témoins, marchant à grands pas sur les feuilles tombées, je me rappelais tout un monde d'êtres disparus : madame de Quigny, ma mère et mon fils ! Je me demandais comment, après tant de secousses cruelles, tant de changements dans ma vie, tant de vides dans mon cœur, j'avais pu me distraire et ressusciter. Comment j'avais pu me rattacher à quelque chose, m'occuper de moi-même et des autres ; je me prenais alors en horreur et en pitié !

Mon petit Jacques venait me rejoindre. Il avait une robe blanche et dans les cheveux un nœud bleu qui ressemblait à un papillon. C'était charmant de voir passer son ombre sur les charmilles dépouillées. D'abord il trottait en avant, puis à mesure que le crépuscule arrivait, il se serrait contre moi et prenait ma main. Cette main d'enfant dans la mienne me semblait un soutien. Je comprenais mieux alors l'utilité de la vie, et la puissance du devoir.

Pour trouver un repos plus complet, mon mari avait voulu se faire un ermitage à côté de l'habitation commune. Il avait acheté de l'autre côté de la route, une chaumière avec un petit verger et il y avait installé ses livres et sa collection de pierres. Il s'intéressait beaucoup à la minéralogie. C'était là qu'il travaillait, et passait ses journées. J'appelais cette retraite la maison de Jean-Jacques Rousseau. Elle avait aussi ses contrevents verts !

Pendant la mauvaise saison, la maison de Jean-Jacques n'était ni gaie ni confortable. Le vent y soufflait de tous côtés. On y mourait de froid, malgré les poêles et les cheminées ; mais au printemps le soleil y pénétrait comme un incendie, pendant que les cerisiers du petit verger se couvraient de fleurs ; on eût cru que la paix souriante était là ! Elle en était loin pour les pauvres nerfs de mon mari. Il y avait des chiens qui aboyaient dans le voisinage, des enfants qui jouaient au bouchon sous les fenêtres, des vaches qui mugissaient aux alentours. Plusieurs fois par jour mon mari sonnait la cloche d'alarme. C'était une cloche qui m'appelait vers lui, quand les bruits du dehors devenaient par trop exaspérants. Alors, je me rendais à l'appel. J'entendais les plaintes, je promettais d'y compatir et prenant un fouet je courais après les chiens, les vaches et les polissons.

Il n'était rien que je n'inventasse pour assurer la paix à mon mari. Je me souviendrai toujours de la démarche que je fis quelques années plus tard près de l'un de nos préfets, le comte Malher, pour qu'il fît tuer les chouettes qui criaient la nuit dans son jardin, pas très éloigné du nôtre à vol d'oiseau, et qui répondaient aux soupirs de nos propres chouettes. Mon mari faisait d'ailleurs à celles-ci une guerre acharnée et tirait sur elles des coups de revolver toute la nuit ; mais comme il ne pouvait en tirer sur les chouettes du préfet et que ces chouettes lointaines l'empêchaient aussi de dormir, j'eus l'idée d'aller trouver le comte Malher pour lui peindre la situation. Ce fut ainsi que je fis sa connaissance, l'une des plus agréables de ma vie. Je me présentai dans son cabinet, en le priant de faire tuer ses chouettes, s'il tenait à ce que mon mari continuât à vivre et à écrire ses livres. Devant cet ultimatum, le préfet me promit avec toutes les grâces du monde, de faire droit à ma demande, et pendant quelques jours, ou plutôt quelques nuits, ce fut un véritable bombardement entre la préfecture et les Palliers.

Je vivais bien solitairement et bien sévèrement pendant que mon mari était plongé dans ses travaux. Je le suppliai un jour de me donner une de ces petites voitures appelées paniers et un cheval que je me faisais une joie de conduire moi-même. Cette faveur me fut accordée avec bonté et me rendit quelques jours heureux.

Ma voiture et mon cheval devinrent une passion. Ils me faisaient une vie libre et charmante. Je parcourais avec eux les campagnes, allant à la découverte des villages et des vieilles églises. Je laissais mon équipage à la garde de mon domestique et j'entrais dans ces pauvres sanctuaires où la paix régnait. Je m'agenouillais sous la petite lampe brûlant devant le tabernacle et, là, je priais comme dans ma première jeunesse avec un amour attendri et des éclairs de foi. D'autrefois, je pénétrais dans les bois, dans les prés, dans les chaumières des pauvres gens. Je m'asseyais à leur foyer ; ils me contaient leurs peines. Je promettais de revenir et de les consoler. Par une belle soirée, lorsque je regagnais la maison emportant ces souvenirs et que mon cheval animé par le retour, courait à toute vitesse sur la route, il me semblait que je venais de faire la conquête du monde.

Quelques mois plus tard, mon mari dut me quitter pour aller à Paris où se préparait son élection à l'Académie ; je commençais une grossesse, et ne pus l'accompagner. Il se décida, pour la circonstance, à faire la route en chemin de fer, ce qui le jeta dans un grand trouble. C'était une inquiétude nerveuse qu'il ne pouvait dominer. Depuis son retour en Normandie, il luttait contre ce fantôme, sentant qu'il devait aller souvent à Paris pour ses affaires, et sachant aussi que chacun de ses voyages en poste et à petites journées, ne lui coûtait pas moins de douze cents francs. Enfin, il triompha, et j'eus le bonheur de le voir guéri de son idée fixe. Il partit avec son médecin, le docteur Frestel, qui était aussi son ami, ce qui acheva de lui donner du courage.

Voici quelques-unes des lettres qu'il m'écrivit pendant sa longue absence.

Paris.

« Chère petite amie,

» Il ne faut pas m'en vouloir du courage que j'ai eu de te quitter encore une fois ; je t'assure qu'il n'était pas gros mon courage. Mon cœur en revanche était gros comme une maison. Je ne sais si jamais devoir m'a paru plus difficile à accomplir. Je ne veux pas m'étendre davantage là-dessus pour ne pas attendrir ton pauvre visage qui ne demande pas mieux, mais sache que je t'aime bien tendrement, que je ne me suis pas séparé de toi sans défaillance et que je ne prolongerai

pas cette séparation un jour de plus que le strict nécessaire.

» Il faut être brave pour être beau, c'est-à-dire pour
être un homme et mener sa vie un peu hors de l'or-
nière. Après avoir bien réfléchi à tout cela, après
m'être demandé mille fois si ce n'était pas une pure
folie, quand on a autour de soi et dans le cœur tous les
éléments du vrai bonheur, de se tourmenter l'esprit et
le corps pour chercher quelque chose au delà. De gâter
son repos, de troubler sa vie pour des chimères de
gloire, j'ai conclu qu'il n'y avait pas de bonheur complètement vrai pour l'homme qui ne se donne pas la
peine d'atteindre le degré de considération pour lequel
il était fait. C'est pourquoi, bien que j'en aie douté
souvent, je crois en définitif que le jeu en vaut bien la
chandelle.

» J'ai couché avant-hier à Caen, dans une grande
chambre fort belle, que m'a valu une magnifique ca-
lèche prise à Bayeux et par le tapage majestueux dont
elle a ébranlé la cour de l'hôtel d'Angleterre. Quoiqu'il en soit, j'ai été fort bien logé. L'ami Frestel qui
a eu l'imprudence de conserver ses sabots n'a pas eu
une si belle chambre à beaucoup près. C'était un simple
cabinet et même très simple. Aussi Frestel ne s'y est
point tenu. Il s'est rendu au théâtre, toujours avec ses
sabots qu'il aura déposés sous le péristyle, j'aime à l'en
flatter. On jouait la *Favorite*. Je l'ai conduit jusqu'à
la porte et suis revenu à travers les rues étant moins
affamé que lui de spectacle.

» Nous étions arivés à neuf heures à Caen par une
brume épaisse qui prêtait à cette capitale un aspect
peu réjouissant. Il me semblait que j'entrais à Bucha-
rest ou à Jassy, et je me le persuadais d'autant plus

aisément que j'avais un bonnet de velours à gros
glands lequel, comme tu sais, me donne avec Omer
Pacha une ressemblance extraordinaire. Frestel m'aidait lui-même fortement à me transporter sur les
rives brumeuses du Danube, m'entretenant avec chaleur de tous les faits de guerre qui ornent sa mémoire.
Jamais de ta vie, tu n'as entendu et tu n'entendras
Frestel jouer de la langue avec une si étonnante sou-
plesse ; j'en étais confondu. Ta perruche était dépassée
de beaucoup, quelle que soit la variété de son répertoire.

» Hier matin, avant le départ de Caen j'ai fait des
excursions charmantes. J'ai découvert le vieux château
qui sert de place d'armes. Du haut de l'esplanade, j'ai
eu un spectacle qui doit rappeler celui que l'on a de
la citadelle de Mayence, moins le Rhin, il est vrai.
Mais je voyais de là le vieux Caen avec tous ses clochers
sortant du brouillard matinal, comme Guillaume le
voyait il y a huit cents ans. J'aime bien à prolonger
ma vie en arrière, en sentant ce qu'ont senti les hommes
d'autrefois.

» Ce matin, je me suis réveillé dans mon hôtel de
la rue de Rivoli par un soleil radieux qui m'a fait
voir tout en rose, parce que j'ai pensé qu'il brillait aussi
sur les Palliers et que les Palliers en étaient moins
tristes. J'ai pris un bain, puis j'ai couru de là au
ministère où j'ai trouvé le frère en belle humeur et très
charmé de tes lettres. Tout le monde du reste a l'air
gaillard par ce beau soleil ; ces grands badauds de
Parisiens subissent comme de vrais enfants toutes les
influences du ciel.

» Je me décide, ma chérie, à aller de suite chez
Thiers et j'attends que j'en sois revenu pour fermer
ma lettre.

» Thiers m'a fait le meilleur accueil. Il a paru touché de mon empressement à me rendre de si loin à son invite. Il croit être sûr de grouper sept ou huit voix autour de moi au premier tour. Il m'a dit de retourner le voir bientôt. Il m'a recommandé de faire mes visites avec soin tout de suite. Il paraît prendre une sorte d'intérêt de patronnage personnel à ma cause, c'est très bon.

» Bonsoir, chère petite amie, aie du courage pour que j'en aie, je t'aime bien.

» OCTAVE. »

Paris.

« Ma chérie,

» Paris m'a paru bien grand et bien vide hier, malgré la multitude du dimanche. Je t'ai suivie par la pensée à travers la maison, le long des allées du jardin, je t'ai vue tenant le petit Jacques sur tes genoux ; je me suis un peu attendri devant cette double image de tout ce qui m'est cher en ce triste monde. Il m'est arrivé dans la journée une visite agréable, celle du fils de M. de Rémusat. J'ai été très touché de sa politesse. C'est un joli garçon, très intelligent et très aimable, qui était, dieu merci, plus intimidé que moi. Il joue la comédie avec passion, je l'ai fortement courtisé. Il m'a dit qu'il espérait que son père voterait pour moi, si M. de Carné ne se présentait pas.

» Ce matin, j'étais allé chez M. Vitet que j'avais trouvé dans un magnifique immeuble de la rue Barbet-de-Jouy. Lui aussi paraît devoir voter pour moi si de Carné ne se porte pas.

» De là chez le vieux Dupin toujours invisible. Puis,
assemblant mes forces, chez le duc de Broglie dans un
très superbe hôtel de la rue de l'Université. En pénétrant dans un premier salon j'ai failli m'évanouir
devant trois ou quatre messieurs qui s'y trouvaient, à
la pensée de m'expliquer en leur présence. Un jeune
homme pâle, qui doit être le prince Albert, m'a fait
passer dans le cabinet du duc. J'y ai été fort bien reçu.

» Après cela, j'ai couru chez Berryer, qui était sorti,
puis je me suis décidé à retourner chez Thiers. Il m'a
reçu cette fois dans son cabinet, une galerie d'objets
d'arts admirable. Je lui ai conté doucement et gaiement
mes espérances et mes inquiétudes. Il a été lui-même
gai, doux et paternel. « Laissez, laissez, a-t-il dit de
sa petite voix pointue, ce n'est pas fini! Quant à moi,
je voterai pour vous au premier tour, c'est clair ça. »
— Tu comprends que cette assurance si nette m'a
charmé. Le soleil luit donc aujourd'hui, ma petite
amie, il faut en profiter et voir rose, quitte à voir gris
demain.

» Hier soir, quoique je fusse très fatigué, je suis allé
chez la princesse Mathilde, dont j'avais déserté les
lundis depuis des siècles. Je craignais vraiment qu'elle
ne me pardonnât pas cette négligence prolongée, d'autant plus que je lui dois infiniment de reconnaissance.
Mais elle est vraiment bonne, cette princesse. Elle m'a
reçu à merveille en me disant qu'elle voterait pour
moi. Un peu plus tard, elle est venue elle-même m'inviter à dîner pour jeudi.

» J'ai oublié de te dire que j'ai fait, il y a deux jours,
un joli dîner chez Juliette. Comme convives, mesdames
Wey, Le Hon, Caro, de Bourgoin, Amédée Achard,
toujours amoureux de toi. Madame Caro m'intéresse

beaucoup depuis que je sais qu'elle est décidément l'auteur du *Péché de Madeleine* et des autres nouvelles signées Albane. C'est madame Taigny qui m'a révélé le secret, après en avoir reçu l'aveu de la coupable elle-même, seulement on continue d'ignorer avec madame Caro. C'est ce que j'ai fait, tout en lui parlant comme à un confrère.

» Je ne suis arrivé aux Tuileries qu'à onze heures. Le concert allait finir. J'ai trouvé, dans la galerie à côté de la salle du trône, Gounod, Bida, Baroche, qui m'ont fait un bout de conversation. On se promenait bras dessus bras dessous en écoutant la musique à travers les portes. C'était l'Opéra qui chantait.

» Vers minuit, l'Empereur et l'Impératrice ont passé de la grande salle dans la galerie, suivis de la foule qui a formé autour d'eux un centre compact que je n'ai pas essayé de percer. L'Impératrice était plus que belle : elle avait une couronne de feuillages en diamants, de laquelle pendaient des grappes en diamant qui tremblaient sur son front. L'Empereur avait l'air jeune et fort gai, la moustache lancinante. J'ai dit bonjour à madame de Montebello et je me suis écoulé sur l'escalier, où j'ai rencontré Waleski, qui m'a donné une poignée de main et fait les plus gracieux sourires.

» En attendant mon paletot, je me suis intéressé à voir le nonce et deux monsignori qui l'escortent, couverts de ces énormes chapeaux romains qu'on voit dans les vieilles gravures représentant la place Saint-Pierre à Rome.

» Bien fatigué aujourd'hui, je dors, ma chérie, mais je rêve de toi.

» OCTAVE. »

Paris.....

Chère petite,

» Je reçois ta lettre au saut du lit. Je te remercie tendrement de ton courage et de tes bonnes paroles.

» J'ai passé hier encore aux Tuileries une admirable soirée. Elle ne m'a donné aucune lumière sur ma candidature dont il n'a pas été question, mais elle a été d'ailleurs douce et charmante ; faut-il te conter cela par le menu ? Donc à sept heures et demie, je débarquais sous le pavillon de l'Horloge grelottant dans mes bas de soie ; j'ai toujours froid. Je monte l'escalier de gauche et je fais mon entrée à la suite de deux dames d'une belle laideur ; je salue la princesse d'Essling ornée d'un toquet de velours à panache blanc. Il y avait un petit nombre de dames et de généraux. Sandeau et sa femme, à ma grande joie sont arrivés peu de moments après moi et m'ont tiré de mon isolement. Vers huit heures, on annonce l'Empereur, puis l'Impératrice suivie pas à pas par le Prince impérial, digne et charmant. L'Empereur vient jusqu'à moi et me donne la main : « Je ne vous ai pas dit bonsoir », et il gagne la porte en se dandinant. L'Impératrice parcourait alors le front de notre ligne, s'inclinant par intervalle. Elle avait un diadème en diamants et un peigne en diamants d'où s'échappait un chignon à la grecque. Elle était éblouissante et fulgurante, vêtue d'un satin argenté et pareille à Diane sœur du Soleil.

» On va dîner, la musique des guides joue le *Barbier*. Je me place entre Sandeau et un chambellan aimable et gai. Il a pour voisin de l'autre côté, un monsieur qui l'intrigue beaucoup. Il croit le reconnaître pour je

ne sais quel loup de mer et il l'appelle amiral pendant
la moitié du dîner. Pendant l'autre moitié il en rabat
et il l'appelle docteur, ce qui m'amuse.

» On sort de table à neuf heures, je cause avec
madame Sandeau de la beauté de l'Impératrice; cette
souveraine vient à moi avec sa « marche de déesse sur
les nues » (Saint-Simon). Elle me parle de toi, ma
chérie, de ta santé, avec une bonté exquise et détaillée.
Elle me parle de Jacques : « Pourquoi ne me l'amenez-
vous pas? Il jouerait avec mon fils. — Si Votre Majesté
le permet. — Certainement, c'est la génération de
mon fils, il faut qu'ils apprennent à se connaître et à
s'aimer. » Puis une longue conversation avec Sandeau
et moi sur l'âge terrible des garçons, qu'elle appréhende
déjà pour le sien; avec mille réflexions pleines de
sens et d'esprit, car elle a de l'un et de l'autre à
merveille. Elle nous quitte un moment, puis revient.
« Voulez-vous voir mon cabinet de travail? Madame de
La Bédoyère va vous le montrer. »

» Le cabinet particulier de l'Impératrice se compose
de deux pièces réunies par une espèce d'arcade, cela
est un pur rêve, un nid de fée, de reine, d'oiseau bleu.
Des tableaux, des fleurs, des merveilles d'art, des
petits coins, des niches, des retraites, des grottes
cachées dans des draperies, derrière des paravents de
verdure et de fleurs, avec des lampes dans le feuillage,
partout, en grand et en petit, sous toutes les formes,
des portraits de la pauvre duchesse d'Albe, quelques-
uns de la main de l'Impératrice. Une armoire étagère,
où la marquise de La Bédoyère me fait remarquer le
chapeau de l'Empereur crevassé par la machine infer-
nale de l'Opéra.

» Je ne puis te dire tout ce qu'il y a dans ce cabinet de joli, de magnifique, de gracieux et d'intéressant..

» Je songeais à me retirer déjà enchanté de ma soirée, quand l'Impératrice se lève, m'appelle et s'asseoit un peu à l'écart. « Comment trouvez-vous mon cabinet? Vous avez vu les portraits de ma sœur, les trouvez-vous ressemblants? Elle vous aimait. Elle m'avait laissé son album pour vous l'envoyer. Elle était si gaie à Compiègne, vous souvenez-vous? » Tout cela dit avec un ton de mélancolie douce et un ton d'intimité qui me touchaient profondément. Puis elle revenait à toi, à nos chagrins, à ton état nerveux et à ton voyage de Nice. Elle me parlait de son voyage en Écosse qu'elle comparait au tien. Elle me disait les impressions de sa douleur, ses révoltes, ses apaisements, et cela avec une élévation de pensées et de langage dont j'étais vraiment surpris. Bref, pendant plus de vingt minutes, elle m'a tenu sous le charme de sa parole, de sa beauté, de sa couronne. Tout à coup elle s'est levée, me couvrant des feux de ses diamants, comme si elle eût secoué une pluie d'étoiles; elle m'a salué doucement, puis elle s'est retournée vers le public, a fait sa grande révérence, et s'est retirée aussitôt.

» Pour compléter cette bonne journée, Sandeau m'a appris que je pouvais compter à l'Académie sur quelques voix dont j'avais absolument désespéré.

» Là-dessus je t'envoie mon cœur et mes baisers.

» OCTAVE. »

Paris,

« Chère petite,

» Ta gentille lettre m'a fait venir l'eau à la bouche en me parlant de ton doux nid et de la paix de ta vie.

N'ai-je pas depuis longtemps une bizarre destinée, moi qui aime tant les habitudes du foyer et que les brises folles poussent obstinément de perchoir en perchoir.

» Je suis allé hier chez Guizot et chez Lamartine. J'ai été reçu chez les deux. Pendant que M. Guizot achevait son déjeuner, j'examinais avec terreur dans son salon, ce portrait de Scheffer, je crois, dont tu as vu les gravures et qui le représente si sec, si rigide, si imposant. Il est arrivé avec sa fille et son gendre et m'a fait passer dans son cabinet avec une bonne courtoisie de vieillard. Je ne l'aurais pas reconnu. Le portrait donne l'idée d'un homme de grande taille, et il est très petit, mais droit et vert. Il a encore l'œil superbe, mais sans dureté. Il m'a bien reçu et m'a parlé de mon père, dont il se souvient. Il m'a aussi parlé de mes œuvres, particulièrement du *Jeune Homme pauvre*, dont il m'a fait un grand éloge, en quelques mots simples et tombant juste. Enfin il a été si affable, qu'en vérité je ne désespérerais pas d'avoir sa voix, si je ne craignais pas toujours la candidature de M. de Carné.

» Je suis allé le soir chez Lamartine, car c'est le soir qu'il se tient chez lui, et qu'il aime qu'on lui fasse un doigt de cour. J'entre, je vois beaucoup de paletots dans l'antichambre, je frémis à la pensée de trouver tous mes concurrents réunis chez le grand homme, et il me semble que je vais mourir de honte : « Monsieur Feuillet. — Monsieur qui ? » crie d'une voix forte et impatiente le vieillard immortel. Je pénètre au même instant, et je me trouve devant sept ou huit messieurs ornés d'une dame jeune, brune et de grande taille. Je te jure, ma chérie, que pour affronter de telles situations et en sortir sans cheveux blancs, il faut avoir une belle dose d'aplomb. Cependant Lamartine m'avait vaguement reconnu. Il a quitté aussitôt le fauteuil qu'il occupait au coin du feu, m'a pris la main avec courtoisie et s'est assis sur un canapé voisin de ma chaise.

» J'ai pu le voir mieux que la première fois. Il est beau, quoique son aspect prête facilement à la caricature. Il a le front, le nez, les yeux et les sourcils magnifiques, sentant le génie en plein. Ses cheveux sont gris blanc, assez fournis encore et ramenés sur le front, un peu à la mode de la Restauration. On a dit quelques mots vagues sur l'élection prochaine, puis la conversation, à laquelle j'ai pris une part fort intermittente et réservée, est retombée sur les banalités courantes. Ces messieurs, dont je ne connaissais pas un, paraissaient mi-partie de vieux seigneurs légitimistes et de républicains.

» Lamartine parlait peu. Je l'ai touché en m'occupant d'un étrange petit chien qui avait deux grelots à son collier et qu'il m'a dit être un de ces petits chiens des prairies américaines qui vivent dans des taupinières. En revanche, comme l'un des assistants me faisait l'honneur de me trouver bien jeune d'apparence pour l'Académie, le grand homme a dit : « Il n'est pas jeune par le talent, quoiqu'il n'en sache rien. » C'était gentil. Je me suis retiré après une heure de séance avec la pensée que j'avais été à peu près ce qu'il fallait.

» En quittant l'amant d'Elvire, je me suis précipité chez la comtesse de Montebello, qui a rue Barbet-de-Jouy un véritable petit palais pour elle seule, avec de grands vestibules pleins de treillages fleuris et de vastes salons bourrés de belles choses et de choses jolies. Elle était gracieuse dans sa robe transparente, rapportée par elle-même de la ville du Sultan. J'ai trouvé là M. de Royer, vice-président du Sénat, et sa femme, tous deux charmants pour moi de vieille date, puis le duc de Montebello, frère du général, ambassadeur de France à Saint-Pétersbourg, madame de Caulaincourt, fille du maréchal Castellane, M. de la Poëze, deux illustres Polonais et le jeune de Montebello avec son précepteur. Le ton de cette maison est excellent. Le général, qui est le plus brave homme de la terre, nous a menés un instant fumer dans son cabinet où j'ai causé tout le temps avec le duc, grand vieillard à favoris blancs, qui a eu pour parrain Napoléon Ier. Je l'ai mis sur la question de l'émancipation des serfs, et il m'a donné là-dessus toutes sortes de détails intéressants. J'ai été surpris en rentrant au salon de le voir se mettre au piano, et jouer très galamment une polka de sa composition. Au-dessus de sa tête était un grand portrait de son père, le maréchal Lannes. Tout cela m'intéressait. Après la musique, madame de Montebello m'a fait voir dans un stéréoscope tournant de belles vues de Constantinople, puis elle m'a fait des tours de cartes où elle excelle. Le tout entremêlé de plaisanteries sur l'élection, sur ma *voix unique*, et de colères gracieuses contre l'injustice des hommes. Enfin, il était minuit quand je me suis retrouvé pataugeant sous la pluie dans ce quartier désert avec un gros mal de tête qui m'avait pris pendant cette aimable soirée.

» Aujourd'hui, je dîne chez la princesse de Solms, je ne suis pas fâché de mettre le pied dans cette maison en passant.

» Adieu, je t'embrasse et je t'aime avec tendresse.

» OCTAVE. »

« Chère petite,

» J'avais besoin d'un peu de paix au milieu de ces rêves de gloire, et je suis allé la chercher à Saint-Germain. Tu trouveras ci-joint une fleurette que j'ai cueillie dès l'aurore à ton intention dans la forêt, tout en me reposant sous un vieux tronc moussu et en pensant à une foule de choses du passé, douces et tristes; ce sont des espèces de petites renoncules blanches qui percent çà et là sous la couche des feuilles mortes, pour voir si le printemps s'avance. Il y en avait de pareilles dans tes chers bois de Trécœur.

» J'ai aussi réalisé un vieux rêve qui n'a pas trompé mes espérances, je me suis enfermé la moitié du jour dans le musée ce qui a été pour moi d'un grand intérêt. On a réuni là bon nombre de vestiges de l'existence de nos farouches ancêtres dans les temps préhistoriques; Il y a quelques-uns de ces pieux qui soutenaient les habitations lacustres, et quantité d'armes et d'instruments de l'âge de pierre ; des débris d'animaux antédiluviens, des ossements monstrueux des époques inconnues, où les hommes disputaient leurs repaires aux ours et aux éléphants, dans le cœur même de la France. On remonte ainsi au delà des âges par des témoignages matériels palpables, irrécusables. J'ai vu là avec un intérêt extrême des fragments du sol des anciennes cavernes habitées par les hommes primitifs. Ces fragments de terrains durcis et pétrifiés par des milliers de siècles, piétinés par les hommes d'il y a vingt mille ans, les débris de leurs armes sauvages,

de leurs repas, de leurs chasses, de leur cuisine tout
cela est presque effrayant.

» En rentrant à Paris j'ai couru de nouveau chez
M. de Sacy. Chemin faisant, j'ai rencontré un régiment
de chasseurs de la garde en grande tenue, puis j'ai remarqué des pelotons de cavalerie dans les rues et çà
et là des détachements d'infanterie dans les carrefours.
Cela m'a rappelé les mauvais souvenirs des jours d'é-
meute. Mon cocher m'a rassuré en m'informant qu'il
y avait eu simplement une grande revue passée par
l'Empereur et le prince de Prusse. J'ai trouvé M. de
Sacy aux *Débats*. Il a été comme toujours charmant
pour moi. J'en ai profité pour lui dire que j'ai été
souvent étonné et chagriné de trouver dans les *Débats*,
toutes les fois qu'il y était question de moi, une opinion très différente de celle qu'il voulait bien me témoigner. Je lui ai conté le ridicule prétexte politique
dont Janin a couvert ses étranges procédés à mon
égard. « C'est la manie de Janin de faire de la politique
dans une matière qui n'en comporte pas, m'a répondu
M. de Sacy. Quand vous a-t-il maltraité? je n'étais
pas ici, car je ne l'eusse pas souffert. » J'ai dit à M. de
Sacy que je lui demandais de ne point parler pour
moi à Janin. Que d'abord, je ne le voulais pas; qu'ensuite ce serait l'aigrir davantage; que seulement, je le
priais de limiter sa malveillance à mon égard dans des
termes convenables. Alors M. de Sacy m'a demandé si
j'avais bientôt une pièce. « Dans deux mois environ, lui
ai-je dit. — Prévenez moi du moment, a-t-il ajouté, je
vous promets de veiller sur la plume de Janin. » Là-
dessus je suis sorti assez content du résultat de ma
démarche qui m'avait coûté beaucoup.

» J'ai fait aussi une visite à Bocage qui savait que

j'étais ici, et se plaignait déjà de mon ingratitude. Le vieux Bocage était chez lui, vêtu comme un pauvre, au milieu de tableaux décrochés et épars sur les meubles. Il m'a paru très vieilli. Il m'a bien reçu mais avec un pointe de froideur et m'a conté d'un bout à l'autre son épopée avec Baroche et qu'il était ruiné et que les hommes étaient des traîtres et que lui était républicain et patati et patata. Il m'a laissé entendre que j'étais moi-même un traître, mais sans me dire pourquoi. Puis il m'a fait part de ses espérances, de ses projets; il veut entrer au Français. Il veut faire un théâtre aristocratique pour le faubourg Saint-Antoine; enfin il cessera de tutoyer Ponsard, si Ponsard a l'infamie de se laisser nommer sénateur, etc., etc Tout cela me causait un peu de sourire, un peu d'ennui, un peu de pitié. Enfin, je me suis sauvé après une longue et dernière séance sur l'escalier.

» J'ai terminé cette laborieuse journée par un dîner chez le brave Régnier. J'ai trouvé là madame Achille Deveria, ex très jolie femme, encore assez belle, amie intime de madame Régnier. Madame Régnier tenait couchée sur ses genoux sa petite fille malade d'un gros rhume. Le dîner a été assez gai malgré cet incident, Nous avons fumé ensuite dans le salon et Régnier nous a conté d'intéressantes histoires sur Talma.

Au moment de te quitter, je reçois ta lettre qui me charme comme toujours. Quand je pense que c'est ce gredin de Louis XI qui a inventé la poste, une chose si belle, lui qui était si laid; une chose si aimable, lui qui ne l'était guère!

» Adieu ma petite amie, tu es bien véritablement ma petite amie.

» OCTAVE. »

Paris.

« Chère enfant,

» Te rappelles-tu une séance des Académies réunies
à laquelle tu eus l'heur d'assister, il y a deux ou trois
ans? Te rappelles-tu y avoir remarqué je ne sais quel
artiste ou quel compositeur avec lequel tu me trouvais
de loin une vague ressemblance? Te rappelles-tu
m'avoir dit en revenant de là, que tu avais rêvé
me voir avec des palmes vertes et une cravate blanche
comme ce monsieur qui était plus jeune que les
autres? Moi, je m'en souviens et ce souvenir m'attendrit à l'heure présente, car me voilà avec des palmes
vertes, une cravate blanche et plus jeune que les autres.
Il me semble que c'est joli et bien porté à notre âge,
ma chérie. Il me semble que le bonheur rentre dans
notre petit moulin.

» J'étais entièrement troublé avant la bataille, et
j'enrageais de l'être autant, mais je sentais la partie
si belle, que la pensée de la perdre par quelque surprise toujours possible m'écœurait.

» Il était convenu que j'irais attendre le résultat chez
M. de Sacy qui demeure à l'Institut. Pour ne pas
trop prolonger ce moment de crise, je ne suis arrivé
qu'à quatre heures moins un quart. Comme je débouchais
devant les lions, j'ai aperçu un monsieur qui sortait
en courant de l'Institut et qui agitait son chapeau d'un
air de triomphe en s'adressant à un groupe de cinq à
six personnes qui stationnaient près du pont. J'ai
reconnu le frère dans ce groupe et l'instant d'après
tout ce monde m'embrassait au grand émoi des
passants.

» Je suis entré chez M. de Sacy qui m'a aussi embrassé ; puis Sandeau, Augier, le prince de Broglie sont venus m'étreindre ensuite.

» Les garçons du palais viennent d'interrompre ma lettre pour m'offrir un bouquet, puis ce sont les dames de la halle, nouveau bouquet fortement arrosé. Diable ! mais tout n'est pas rose dans les palmes.

» Oui, mais je ne pars plus dimanche ; je dois rester encore un peu pour accomplir les formalités nécessaires : Je dois d'abord faire trente-cinq visites et voir en personne les principaux de mes grands confrères. De plus il faut que je me mette en rapport avec les parents de Scribe pour emporter les éléments de mon discours et n'être pas forcé de revenir ici avant ma séance de réception.

» Je te dirai que cette séance n'aura pas lieu avant janvier ou février de l'an prochain, tu vois que nous avons le temps de respirer et de jouir un peu de notre vie tranquille.

» Ma mignonne, je veux te donner les noms de ceux qui ont voté pour moi. Cela aura son intérêt dans nos petites archives de famille. Tu verras tout de suite que j'ai eu pour moi les plus belles voix de notre belle France. C'est un bonheur grand et vraiment singulier que d'entrer par cette porte, si largement. Je pouvais être nommé par la majorité stricte ; il faut apprécier beaucoup l'ampleur et le luxe de celle que j'ai obtenue. Voici les noms exactement :

MM.	MM.
Guizot,	Cousin,
Thiers,	Duc de Broglie,
De Montalembert,	Duc de Noailles,

MM.	MM.
Berryer,	Saint-Marc Girardin,
De Falloux,	De Sacy,
De Rémusat,	De Laprade,
De Barante,	Augier,
Sainte-Beuve,	Legouvé,
Mignet.	Villemain,
Vitet,	De Ségur,
L'évêque d'Orléans,	

» J'attends avec une impatience fébrile ta lettre de demain pour savoir si tu es bien contente comme il faut être, car ceci est une joie nette comme l'œil.

» A toi et à Jacques de tout mon cœur

» OCTAVE. »

L'entrée à l'Académie, et la naissance de notre fils Richard furent deux événements qui semblèrent donner à mon mari un nouvel élan pour le travail. Il avait besoin de ces deux bonheurs pour relever son âme, car après avoir terminé *Sibylle* et joui du succès qu'elle avait obtenu, il était tombé dans un profond découragement à l'endroit de ses œuvres à venir, disant que son cerveau était vide, qu'il n'avait plus d'inspiration, qu'il n'en aurait plus jamais, et il avait brisé sa plume comme un soldat vaincu brise son épée. Que de fois je l'ai vu dans ces états désespérés qui me désespéraient moi-même. Je savais pourtant qu'en sortant de pareils affaissements, il courait à des succès nouveaux, mais je me disais toujours avec effroi : S'il disait vrai? Si c'était son dernier livre ?

Il n'écrivait jamais un roman ou une pièce sans que tout fut créé et coordonne dans sa tête. La recherche du

sujet était pour son travail la période la plus douloureuse ; l'incubation durait des mois, je pourrais dire des
années. C'était alors qu'il répétait sans cesse devant la
lenteur consciencieuse de ses créations : « Je n'ai plus de
pensée, mon cerveau est vide ! » Lorsqu'il sortait vain-
queur de l'aridité de ses conceptions et qu'il se mettait
à écrire, la besogne se terminait vite, avec entrain,
mais comme il fallait que des larmes se mêlassent à
tout, quand il mettait le mot « fin » à ses œuvres, il
pleurait ses personnages. « Que deviendrai-je maintenant, disait-il, j'ai perdu mes amis ! »

Successivement parurent *Julia de Trécœur* et *Montjoie*.
Nous passâmes quelque temps à Paris pour la représentation de *Montjoie*, à laquelle l'Empereur et l'Impératrice voulurent assister. Ce fut une très belle soirée
dont nous pûmes jouir sans qu'aucun revers en attristât
le succès.

Cependant, il y avait toujours des revers pour l'esprit
inquiet de mon mari ; quand le public accueillait bien
ses œuvres, les journalistes se montraient parfois
cruels et injustes dans leurs jugements ; et le lendemain
des premières représentations, mon pauvre mari était
bouleversé par la lecture de la presse. Les bons articles,
et ils étaient nombreux, ne pouvaient lui faire oublier
les mauvais. Il éprouvait une vraie souffrance à lire ces
derniers, et cependant il ne pouvait s'empêcher d'en
prendre connaissance. Les plus petits journaux de
province lui passaient sous les yeux. C'était au milieu
de ces paperasses haineuses qu'il passait les jours suivant l'apparition de ses pièces. Un article particulièrement malveillant de Jules Janin lui causa de véritables
désordres dans la santé. On le crut atteint pendant
quelque temps d'une maladie de cœur.

Il n'eut dans sa vie qu'une réelle défaite. Celle de la *Belle au bois dormant*, défaite qui faillit le tuer. Il s'était épris de cette pièce plus que de toutes celles de son répertoire, et l'accueil qu'il en reçut ravagea son cœur et ses nerfs. Je n'oublierai jamais la nuit qu'il passa après la représentation où quelques sifflets s'étaient fait entendre. Il marchait comme un fou dans sa chambre, refusant mes consolations et jurant d'abandonner sa carrière. Je finis par irriter sa peine en voulant l'adoucir et je dus le quitter, espérant que le repos viendrait dans la solitude. Mais, de ma chambre, je l'entendais toujours marcher et soupirer, et je souffrais tellement moi-même d'assister à son martyre à travers la muraille, que je finis par me sauver dans l'escalier où je passai le reste de la nuit.

Ce fut alors que je le suppliai de chercher l'oubli dans les distractions d'un voyage. Il consentit à explorer les bords de la Loire et à en visiter les châteaux.

Nous partîmes avec les enfants pour ne laisser derrière nous aucune inquiétude, espérant beaucoup de ce changement de vie, mais en arrivant à Orléans, notre première étape, mon mari fut frappé d'une espèce de congestion nerveuse. Il fallut le porter du wagon dans un omnibus, ses jambes lui faisant défaut.

On le déposa dans le premier hôtel venu, où nous passâmes trois semaines d'angoisse. En sortant de l'omnibus, j'appelai un médecin qui me fit tourner la tête. Il voulait saigner le malade, disant qu'il redoutait une apoplexie. Je luttai contre la saignée, connaissant le tempérament nerveux de mon mari, et, le lendemain au point du jour, je courus chez monseigneur

Dupanloup pour lui demander son propre médecin. Je savais que Monseigneur était depuis quelque temps en correspondance affectueuse avec mon mari, et qu'il s'intéresserait à son triste sort. Il était jour à peine quand j'arrivai à l'évêché. Personne n'était debout, j'attendis en pleurant dans la loge du concierge, que le premier grand vicaire fût levé. C'était à lui que je voulais m'adresser d'abord.

L'abbé Bougaud m'accueillit avec bonté, et me donna sur le médecin de l'évêché tous les renseignements que je désirais. De plus, il alla parler de nous à Monseigneur et me rapporta de sa part d'encourageantes paroles avec la promesse de venir nous voir dans la journée.

Le médecin de l'évêque me rassura. Il ne vit dans la maladie de mon mari qu'un état vertigineux provenant d'un grand ébranlement des nerfs. « J'ignore, dit-il, quelle sera la durée du mal, mais j'affirme qu'il n'est pas dangereux. »

Vers le soir, Monseigneur apparut dans notre pauvre gîte. Il fut plein de bonne grâce et de charité, voulant nous emmener tous au palais épiscopal afin d'y soigner lui-même mon mari ; mais le malade se refusa avec courtoisie à quitter son auberge, disant que le moindre déplacement le ferait mourir. Alors, ce fut Monseigneur qui vint souvent nous trouver et nous consoler. Il arrivait parfois pendant que les enfants jouaient autour de moi dans la chambre voisine de celle de leur père, et il jouait avec les enfants. Je le vois toujours avec sa belle croix d'or et son anneau de pierreries faisant une tour avec les dominos de mon petit Jacques.

Nous ne quittâmes pas Orléans sans avoir été passer

une journée à sa maison de campagne de la Chapelle.
Là, mon mari lui parla de ses craintes pour l'avenir.
« Cette dernière maladie aura raison de moi, lui disait-
il. C'est bien fini de mon talent, si j'en ai jamais eu. »
Et Monseigneur riait et prophétisait de nouveaux jours
de gloire ; ses prophéties se réalisèrent ; car, quelques
mois après, paraissait *Monsieur de Camors*.

Le voyage des bords de la Loire ayant été inter-
rompu par la triste aventure d'Orléans, il fut convenu
qu'on se dédommagerait par une excursion aux bords du
Rhin. Aucun incident grave ne marque le souvenir de
ce voyage. Cependant, j'eus encore deux alertes : une
à Anvers, devant les admirables peintures de la cathédrale. Lorsque le sacristain vint à enlever le rideau qui
cachait la descente de croix de Rubens, mon mari fut
tellement impressionné par la beauté de l'œuvre qu'il
faillit tomber dans mes bras. « J'ai de nouveau les nerfs
perdus, me dit-il. Je suis repris comme à Orléans. »
J'éprouvai une terreur sans nom en le ramenant à
l'hôtel tout tremblant et voyant toujours les grands
bonshommes de Rubens. Heureusement que dans la
nuit, l'hallucination passa et ne laissa pas de traces.
Qu'aurais-je fait ? Que serais-je devenue dans ce pays
étranger et cette fois sans monseigneur Dupanloup ?

L'autre alerte eut lieu à Mayence. Nous arrivâmes
dans cette ville un soir, vers minuit, après avoir descendu le Rhin toute la journée. Mon mari était fort
énervé par l'attention qu'il avait prêtée aux magiques
paysages que nous avions traversés. « Trop de châteaux,
disait-il en regardant les hautes et nombreuses forte-
resses échelonnées le long des montagnes au pied des-
quelles passait le bateau. Cela m'étourdit et m'écœure. »
Quand la lune éclaira les vieilles murailles des cheva-

liers du moyen âge, il prit ma main et me dit: « Je crois que je vais m'évanouir. » Il ne s'évanouit pas et marcha au contraire sur le pont d'un pas agité. Je le suivais en lui prêchant le calme mais il se démenait de plus en plus. Enfin on aborda à Mayence, où nous devions coucher et il fallut s'occuper de recueillir les colis. Pendant que j'allais à leur recherche, mon mari toujours enfiévré disparut et se sauva sur le quai, oubliant que sa femme était encore sur le bateau. Quand je sortis avec les derniers passagers, je me trouvai seule dans la rue entre les malles, les couver-tures et les parapluies. Je ne savais pas à quel hôtel nous descendions et je dus m'asseoir sur mes bagages en attendant le retour de mon mari. Le cœur me battit fort pendant cette halte, et je dois dire que dans mon abandon je pleurai comme une enfant. Ma douleur et mon étrange situation attirèrent l'attention de trois officiers allemands qui sortaient d'un café et passaient sur le quai. L'un d'eux m'offrit galamment un gîte, ce qui lui valut un coup de parapluie. Pendant cela, mon mari revenait vers moi au galop, un peu honteux de son oubli et les nerfs calmés.

Ces états nerveux faisaient que je redoutais les loin-tains déplacements et que je leur préférais les simples excursions dans notre Normandie. Nous allions souvent à Granville, à Avranches, au Mont-Saint-Michel, ou dans le pays de la Hague. Nous séjournions dans les petits villages perdus de Beaumont, de Flamanville et de Dielette. Ce fut en visitant les falaises de Jobourg que la fin tragique de Julia de Trécœur vint à la pensée de mon mari. Cherbourg nous vit aussi plusieurs fois. Mon mari adorait les bateaux, le mouvement du port et cette belle digue battue par les vents. Moi-même j'aimais Cherbourg et ses fêtes. Quand les escadres russe et anglaise y faisaient une apparition et que la ville et le préfet maritime leur donnaient des bals, j'accourais avec mon jeune frère qui me servait de chaperon. Je me souviens de l'un de ces bals offert à lord Sommerset, venu à la tête de la flotte anglaise. Il eut lieu à l'Hôtel de Ville et fut magnifique. Tout le pays avait été convié. On ne trouvait plus de place dans les hôtels. Mon frère et moi, arrivés la veille, dûmes nous loger chez un boulanger qui nous céda ses chambres. Cet homme couchait dans une espèce d'armoire où tous les cancrelats de la Hague s'étaient donné rendez-vous. A mon tour, je dus coucher avec les cancrelats. Mon frère, qui en avait également dans l'armoire où il reposait, était indigné et voulait tuer le boulanger. Moi, je préférai tuer les cancrelats et, quand l'opération fut faite, je m'endormis délicieusement devant ma toilette de bal sortie de ma caisse et posée sur une chaise. Cette robe était en tulle blanc couverte de fleurs d'iris, aux feuillages lamés d'argent. Dans mes rêves, il me sembla qu'Ophélie s'en était revêtue, et que je luttais pour la lui reprendre.

J'arrivai au bal, enchantée de me trouver si belle; le préfet de la Manche, le baron Pron, vint me dire que le duc de Sommerset, perché sur une estrade avec les officiers anglais, demandait que je lui fusse présentée. J'acceptai un peu émue le bras du préfet et me dirigeai vers l'estrade où le duc disparaissait sous les guirlandes et les drapeaux. Horreur, en montant les marches de cette espèce de trône, j'aperçois sous les flots de tulle de ma jupe et sous ses feuillages lamés d'argent passer les deux bouts de mes pieds, encore chaussés de leurs pantoufles. J'avais oublié de mettre

mes souliers ! Et ces pantoufles étaient affreuses, en
maroquin rouge, avec d'énormes bouffettes. L'escadre
entière avait les yeux sur elles ; c'en est fait de ma
gloire. Je quitte brusquement le bras du préfet, dé-
gringolant les marches et courant me perdre dans la
foule. Et voilà comment j'ai été présentée au duc de
Sommerset et à l'Angleterre !

Nous étions allés, une autre fois, mon mari et moi,
à une grande soirée donnée à l'amirauté par l'amiral
Dupouy. La veille de la fête, l'amiral nous promena
dans son canot à travers la rade où stoppait en ce
moment le navire américain l'*Alabama*. Sur notre désir
de visiter le bateau, l'amiral envoya son aide de camp
à l'*Alabama*, le priant d'autoriser notre visite. La
demande fut accueillie avec des hurras ; on jeta des
échelles. On tira notre barque et pendant qu'elle se
balançait dans le remous nous fîmes l'escalade du navire. Deux officiers à l'œil doux, qui avaient l'air de
deux frères, nous accueillirent sur le pont. Ils portaient
de longues capotes grises de la couleur de leurs yeux.
Ils témoignèrent le désir de nous présenter au capitaine
et nous les suivîmes jusqu'à sa cabine.

Le capitaine Sems nous reçut au milieu de ses chro-
nomètres dont il faisait collection. C'était un petit homme
sec et légèrement voûté, ayant un peu de la tournure
du premier Empereur. Il nous fit asseoir, nous traitant
avec la plus grande courtoisie, nous offrant des gâteaux
et du vin du Cap. On causa de la guerre que les deux
Amériques se livraient en ce moment. Il s'anima et
raconta qu'il venait d'être averti qu'un navire ennemi
le *Kerseage* stationnait devant les côtes de la Hague,
paraissant attendre l'*Alabama* au passage. Nous nous
rencontrerons, dit le capitaine, et ce sera un duel à mort.

Le lendemain, pendant que l'on dansait dans les salons de l'amiral, celui-ci nous prévint, mon mari et moi, très mystérieusement, qu'il y aurait au point du jour un combat naval en dehors des eaux françaises entre le *Kerseage* et l'*Alabama*. Cette nouvelle venait de parvenir à l'amirauté. « Ce sera un terrible et curieux spectacle, ajouta l'amiral; dans le cas, madame, où vous auriez le courage d'y assister, je serais heureux de vous conduire dans mon canot jusqu'aux abords de la digue, d'où vous verriez le combat. Si vous consentez, je serai sous vos fenêtres à cinq heures avec mon canot et mes hommes. » Notre hôtel était situé sur le quai. Nous consentîmes en remerciant l'amiral et nous nous préparâmes à cette étrange et dramatique expédition. Je ne me couchai point, me sentant tout enfiévrée. J'attendis dans un fauteuil l'heure du rendez-vous; elle sonna; à ce moment même, j'entendis le bruit cadencé des rames et la voix de l'amiral, puis le bruit de ses pas sur le pavé du quai solitaire. Il venait lui-même nous chercher. Nous descendîmes dans le canot où nous trouvâmes l'amiral Roze et l'amiral Ducrest de Villeneuve accompagnés de plusieurs officiers d'état-major. L'amiral Dupouy m'enveloppa dans ses four-rures, donna l'ordre du départ et à travers un épais brouillard dirigea notre course.

Nous passâmes devant l'*Alabama* qui chauffait. Les deux officiers qui nous avaient si bien accueillis l'avant-veille étaient encore sur le pont et nous saluèrent au passage. Pauvre *Alabama!* on pavoisait ses mâts. On faisait briller les cuivres de ses sabords comme pour un jour de fête. Quelques heures plus tard, il ne devait pas en rester une épave.

Comme nous arrivions sur le grand mur de la digue,

le brouillard se leva et nous aperçûmes à l'horizon un point noir immobile; c'était le *Kerseage* qui guettait sa proie.

Il était dix heures quand le premier coup de canon fut tiré. Jusque-là les deux navires s'étaient provoqués en courant des bordées d'une grâce terrible. Quand ils eurent rétréci leur cercle, ils s'arrêtèrent, se mesurèrent comme deux lutteurs, puis marchant l'un sur l'autre, échangèrent en même temps le feu de leurs batteries. Un nuage noir les enveloppa, et sema de plaques sombres la mer tranquille comme un lac. Des colonnes d'une fumée épaisse arrivèrent jusqu'à nous et nous cachèrent un instant les espaces. Quand elles eurent passé au-dessus de nos têtes, nous aperçûmes de nouveau les combattants. Ils reprenaient haleine! Bientôt quelques flammes, traversant les flancs du navire, nous avertirent que les canons recommençaient à tonner. Quelquefois on entendait leur grondement formidable, quelquefois le vent l'emportait vers d'autres plages. A travers les obscures vapeurs de la poudre, on voyait les boulets tomber dans la mer, puis sortant du gouffre qu'ils avaient entr'ouvert, des gerbes d'écume légère, s'élever au-dessus des flots.

Personne ne pouvait prévoir l'issue du combat. Pas un des navires ne paraissait souffrir de cette effroyable lutte. L'un et l'autre conservaient leurs mâts, leurs cheminées, leurs pavillons. Tout à coup l'*Alabama* frémit. On eût dit qu'un tremblement sous-marin ébranlât ses entrailles. Quelques vagues gigantesques l'enveloppèrent, puis s'affaissèrent autour de lui, laissant voir à son avant un immense trou béant. L'ennemi impitoyable continuait le feu de ses batteries. L'*Alabama* ne répondait plus. Bientôt ses mâts, ses cheminées volèrent en éclats dans les airs. Il essaya de fuir et de gagner la côte, mais l'eau entrant dans sa chaudière arrêta sa marche. Il hissa son pavillon de détresse. Peu de temps après, nous vîmes ce malheureux navire pencher la pointe de son avant vers la mer et disparaître dans les profondeurs. Pendant cela, nous essuyions nos larmes, et le *Kerseage* rentrait dans le port à la place du vaisseau vaincu.

Quelques barques françaises et anglaises s'avancèrent à toutes voiles pour tâcher de sauver l'équipage. Nous regagnâmes Cherbourg avec les embarcations qui ramenaient les blessés et les morts. Les malheureux blessés étaient couchés au fond des barques, recouverts par un morceau de voile. On entendait leurs gémissements malgré le bruit des rames. Quelquefois un bras soulevait la toile et se dressait vers le ciel, semblant reprocher à Dieu d'avoir permis ces ravages.

Nous étions à peu près à la moitié de la route, quand nous aperçûmes une espèce de radeau surmonté d'une tête humaine. Il s'avançait vers nous au milieu des débris du navire que la mer charriait. Nous reconnûmes bientôt que ce radeau était une cage à poules sur laquelle un homme ou plutôt un morceau d'homme était attaché : les deux jambes manquaient à ce cadavre qui vivait encore. C'était horrible à voir. On s'empara du misérable et on l'étendit dans l'une des barques, mais il n'y fut pas plus tôt descendu, que poussant un cri profond, il rendit l'âme.

Il nous devint impossible de supporter plus longtemps de tels spectacles. Nous priâmes l'amiral de reprendre

le large et nous nous séparâmes des bateaux mortuaires.
Une heure après, nous remontions les escaliers du
quai avec le capitaine du *Kerseage* qui entrait triomphalement dans la ville, les pistolets à la ceinture et le
visage noirci par la poudre.

CHAPITRE XXII

Séjour à Vichy. — Différents portraits. — Les vacances à N... — Le curé
et le comte Duplessis.— Nos charades aux Palliers et à Compiègne. —
Visite de la duchesse de Persigny à ma cuisinière.

Je dus aller aux eaux de Vichy en 1886. J'y fus
seule avec ma femme de chambre. Je retrouvai là
plusieurs des danseurs de ma première jeunesse qui
avaient perdu leurs cheveux et dont les crânes prenaient une teinte de vieil ivoire ; cela m'attrista. L'un
d'eux, le comte de F... avait dansé avec moi des cotillons sans fin. La dernière fois que nous nous étions
rencontrés, c'était à un bal travesti. Lui était en marquis et moi en soubrette Louis XV, toute poudrée,
toute fleurie comme un bouquet. Ce soir-là, en dansant un de ces fameux cotillons, M. de F... dans l'une
des figures avait sauté jusqu'au lustre pour attraper
la branche de bruyère que je venais de jeter aux val-
seurs. Il avait conquis la bruyère mais s'était brûlé les
mains, et comme je m'inquiétais de ses blessures il

m'avait dit en me faisant de nouveau tourbillonner :
pour vos yeux, on mourrait sur un bûcher.

Le passionné jeune homme qui voulait mourir jadis
sur un bûcher était devenu un des vieux ivoires. De
plus, il était racorni par les rhumatismes. La préoccupation des courants d'air l'absorbait entièrement. Il
ne venait jamais me voir, sans tenir une allumette
entre ses doigts. Si la flamme de l'allumette vacillait un
peu, il décampait. Il y avait du vent dans cette chambre, on y prendrait mal, bonsoir. Il ne consentait à
s'installer chez moi que si cette fatale allumette restait
immobile et si la sueur courait sur mon front. Alors, il
était content de voir que j'étouffais et que ses rhumatismes étaient à l'aise. Et voilà cet homme qui arrachait aux flammes vingt ans plus tôt, la fleur que
j'avais touchée !

Il y avait beaucoup d'élégances à Vichy cette année
là, et des femmes qui sentaient déjà les femmes fin
de siècle. C'étaient des affolées dont l'existence donnait
le vertige. L'une d'elle, la marquise de T... était particulièrement folle. C'était une très jolie personne ayant
un petit mari, court d'esprit comme de corps, qu'elle
faisait trimer et damner toute la sainte journée. « J'ai
une maladie d'estomac, disait-elle, qui me met les
nerfs sens dessus dessous. Il me faut d'incessantes distractions », et pour se distraire, elle brûlait la vie par
tous les bouts. Entourée de jeunes hommes que son
joli visage et son originalité passionnaient, elle inventait
sans cesse des promenades, des jeux et des plaisirs qui
mettaient ces messieurs sur les dents, et la laissaient,
elle frêle créature, aussi fraîche, aussi rose que si elle
eût reposé chaque nuit dans un lit bien clos.

Le matin à cinq heures, elle parcourait les hôtels

qui environnaient le parc, réveillant ses adorateurs et les entraînant dans la campagne pour prendre le lait On revenait à la Grande-Grille pour prendre les eaux. On faisait la réaction sur les bords de l'Allier, au pas de course. On rentrait s'habiller pour le déjeuner. Le déjeuner ! tous les garçons du restaurant suaient sang et eau pour le combiner au goût de la jeune femme. Rien ne lui plaisait. Elle finissait par demander des fraises, un peu de moutarde et un verre d'eau-de-vie ; c'était tout.

— Et moi, que vais-je manger ? demandait le mari.

— Mangez ce que vous voudrez, répondait la femme.

La moutarde et l'eau-de-vie avalées, madame de T... se levait, laissait M. de T... en tête à tête avec un triste beafsteak. Elle disparaissait, donnant de légères tapes sur sa croupe qui s'était abaissée pendant le repas, et s'en allait rassembler son état-major, lequel envahissait bientôt avec elle la petite maison de tir. Pan, pan. Elle envoie ses balles sans savoir où elle les envoie, et manque de tuer les bénêts qui l'accompagnent. Deux heures : elle grimpe dans sa chambre pour changer de chapeau. Elle quitte le petit canotier qui lui donnait l'air d'un gamin et se coiffe d'un chapeau à plumes majestueuses comme en portait Louis XIV. La voilà dans la rue hélant ces messieurs qui soufflent sous les arbres. Elle les hèle avec un petit cor de chasse, suspendu à sa ceinture. Les voici tous au grand complet. Voici également le break à quatre chevaux, qui doit mener la troupe à l'Ardoisière, manger des écrevisses. Le break se remplit ; il part. Il revient trois heures plus tard, déposant tout le monde à la source, où l'on boit en trinquant

La réaction se fait, toujours au pas de course. **On reprend** la seconde série des eaux. L'heure du dîner va sonner, il faut songer à la toilette. Ces messieurs qui s'épongent vont changer de gilet de flanelle. Madame de T... change de robe seulement et revient couverte d'adorables fanfreluches qui font pousser à ces messieurs, déjà rangés sur les marches du perron, les exclamations les plus flatteuses : « Idéal ! un rêve ! c'est épatant ! » Quelques-uns des plus audacieux passent un doigt sur les rubans soyeux, délicatement comme les chats qui trempent leurs pattes dans la crème. Pendant cela, le mari est à la fenêtre, en manches de chemise, mettant sa cravate. Toujours en retard le mari ! Les autres prennent décidément sur lui une grande avance ; il descend enfin.

— Que faites vous donc ? lui crie sa femme ; vous allez nous faire arriver là-bas à la nuit.

— Comment là-bas, demande-t-il, nous ne dînons donc pas ici ?

— Non, nous dînons à la Palisse.

— Mais c'est impossible ! Encore des lieues à faire avant de se mettre une croûte sous la dent !

— Taisez-vous, je vous en prie, s'écrie madame de T... et montez dans le break.

Le break a en effet reparu ; il est là à l'angle de la rue avec ses chevaux assoupis. Tout le monde grimpe. Ces messieurs remplissent la voiture de bouquets. Madame de T... en jette un à la tête de son mari qui s'est assis mélancoliquement sur le siège.

Onze heures : Les becs de gaz s'éteignent et les étoiles s'allument. On entend les claquements d'un fouet et le roulement du break qui revient dans les ténèbres, ramenant les voyageurs à la porte du cercle.

Le mari dort. Les autres chantent, ensevelis sous les jupes et les flots de ruban de madame de T...

— Maintenant au baccara, crie la jeune femme en sautant du break.

— Au baccara, répètent ces messieurs avec hébètement.

On monte dans l'un des salons du cercle. On taille une banque. Ces messieurs perdent. On soupe et, entre deux verres de champagne, madame de T... se souvient qu'elle quête le lendemain pour l'œuvre des orphelins.

— Je n'ai pas envoyé mes lettres de quête, dit-elle à son mari. En rentrant, vous mettrez les adresses et vous ferez partir les lettres demain à la première heure.

— Mais alors, je ne me coucherai pas, soupira le mari.

— Voilà qui m'est égal, reprend la femme.

On se sépare là-dessus ; le lendemain à la fin du jour, quête pour les orphelins ; c'est un dimanche. On va d'abord à la messe à Gannat, en poste au lieu d'aller simplement à l'église de Vichy ; on déjeune dans une auberge de Gannat. On revient sous un soleil torride par une route dénudée. Tous ces messieurs ont la migraine. Le mari a un complet mal de mer. Elle, la terrible petite femme, n'a rien ! rien que le désir de se parer et de briller à la conférence pour les orphelins. Je la rencontre dans l'escalier de l'hôtel dont elle monte les marches deux par deux. Vite, en courant, elle me demande de mes nouvelles, je m'inquiète des siennes. Elle me dit qu'elle est toujours malade et désolée de n'avoir pas d'enfants ; à quoi, je lui réponds qu'elle devrait bien s'arrêter un instant pour prendre le temps d'en faire.

En sortant des enfièvrements de madame de T...

j'aimais à reprendre l'équilibre dans l'un des couvents
de Vichy, où se trouvait une religieuse de ma connaissance dont j'admirais la piété et l'intelligence. Sœur
Sophie était une grande âme dans un corps frêle et
distingué. Elle s'occupait des jeunes filles abandonnées,
leur apprenait à travailler, à diriger une maison, même
à faire la cuisine. Tout cela avec calme et grâce. Je
la questionnais sur mes incertitudes de conscience ;
elle me répondait avec une douceur et une netteté
qui éloignaient mes doutes. Quand je lui parlais des
chagrins qui avaient déjà traversé ma vie, elle me
faisait valoir les compensations qui lui avaient été
données. En me promenant à son bras, dans son petit
jardin, à l'ombre de ses lierres, écoutant sa voix sainte
et musicale, je retrouvais la santé de l'âme, comme je
retrouvais celle du corps près des sources.

Un jour, je la surpris encourageant à la mort une
jeune novice atteinte d'une phtisie galopante. La
mourante était assise dans un fauteuil près la fenêtre
du parloir ; c'était une jolie personne aussi blanche que
ses voiles. Elle tenait dans ses mains maigres, parfaitement aristocratiques, la croix de son chapelet, tandis
que ses yeux déjà éteints restaient fixés sur le Dieu
qui la faisait souffrir. Tout à coup, sortant de son demi-
sommeil et se dressant sur ses coudes avec égarement :
« J'ai peur », dit-elle ! Sœur Sophie la prit dans ses bras
et la berça comme un petit enfant, lui parlant doucement à l'oreille. A ce murmure tendrement chrétien,
la petite novice retomba sur ses oreillers, la bouche
souriante et le cœur apaisé.

Que de fois, dans les nouvelles douleurs de mon
existence, devant la mort qui ravageait les miens, j'ai
crié comme la petite novice : j'ai peur ! Moins heureuse

qu'elle, je n'ai pas eu la sœur Sophie pour me bercer.

Nous passions le temps des vacances de mon fils Jacques chez des amis qui habitaient un château dans les plaines de la Brie. M. et madame S... avaient pour nous et pour nos enfants de touchantes bontés. En entrant dans leur domaine je retrouvais les charmes de la famille, ce sentiment si doux de la maison des parents. Jacques et son frère sentaient cela comme moi. Quand l'omnibus qui nous amenait à N... tournait autour de la pelouse avant de s'arrêter devant la porte, tous les deux criaient des bonjours attendris à la chère demeure et aux hôtes qu'ils apercevaient de loin sur le perron.

Le château était ouvert à une élite intelligente. On y menait une vie intéressante et joyeuse à la fois. Des causeries charmantes dans les bois et le soir devant les grands feux d'automne. La chasse, les promenades en voiture, les bouts rimés et les charades, quelques visites aux châteaux voisins, occupaient le reste du temps.

Il y avait un grand nombre de châteaux tout autour de nous. Guermante aux Dampierre ; La Houssaye, ancienne habitation d'Augereau ; La Grange aux Lasteyrie qui recevaient souvent les princes d'Orléans. Je me souviens que, un jour, étant allée voir madame de Lasteyrie je me rencontrai sous le porche avec le duc de Nemours, je crus voir entrer Henri IV.

Il y avait aussi le château d'A... habité par la duchesse de M... une solitaire étrange qui montait à cheval, parcourant le pays au galop, coiffée d'une toque à plumes blanches.

Son vieux manoir sortait comme une cité lacustre d'un grand lac que bordaient des bois centenaires.

Rien de plus désolé que le vieux lac aux bords fangeux sur lesquels passaient et repassaient des bandes. d'oiseaux sauvages, tandis que dans les hautes herbes du rivage les loutres et les chevreuils venaient barbotter. La vieille duchesse recevait peu de visites dans ce triste lieu. Pourtant, elle en reçut une un jour qui lui coûta cher : La princesse de G... entrant dans le salon de la duchesse, lui dit tout à coup d'une voix troublée : « Madame, je vais accoucher. — N'en faites rien, madame, riposta madame de M... retournez promptement chez vous. — Madame, je ne puis. A peine si je pourrai gagner votre chambre. » En même temps cette pauvre princesse commence à se tordre et à crier. La vieille de M... qui avait perdu l'habitude d'accoucher et de voir accoucher les autres, devint complètement folle et poussa à son tour des cris d'épouvante. Pendant ce temps-là, les domestiques enfourchaient tous les chevaux des écuries et se lançaient aux quatre coins du pays pour trouver un médecin. Mais la princesse criait si bel et si bien que le dénouement approchait. Tandis que les femmes de chambre bassinaient le lit et que madame de M... taillait une chemise pour l'enfant dans son mouchoir de poche, le cuisinier recevait le jeune prince et le présentait à sa mère comme un poulet bien troussé.

Au bout de notre parc se trouvait le petit village de N... et ses pauvres maisons abritées par l'église et le presbytère. J'allais souvent, en trottant sur les feuilles sèches, voir le curé et lui porter les journaux. Je le trouvais généralement cultivant son jardin, la serpette à la main, sa soutane protégée par un tablier de toile bleue. Pour rentrer dans la maison il fallait traverser un couloir ou étaient rangés des tonneaux pleins de chou-

croute. Le curé me les démontrait fièrement pendant
que je me bouchais le nez.

Le pauvre homme avait une nièce d'une laideur terrible. Elle s'appelait Victoire, comme ma vieille bonne,
ce qui m'aidait à supporter ses disgrâces. Le curé ne la
voyait pas sans doute si laide qu'elle était, car il ne
cessait de surveiller sa vertu; vertu de quarante-cinq
années par-dessus le marché! Quand nous eûmes les
grandes manœuvres dans les plaines de N... et que les
soldats séjournèrent pendant quelque temps dans le
village, le curé jugea prudent d'enlever Victoire à leurs
séductiors et de l'envoyer à Champ-Rose chez des amis.
Cela ne lui servit pas à grand'chose. Elle partit dans
une carriole traînée par un bidet rétif qui la jeta dans
une compagnie de chasseurs bivouaquant sur la route.
Le bidet rua, la voiture culbuta et Victoire, les jambes
en l'air, fut ramassée par un tambour qui la ramena
chez son oncle.

Les chevaux rétifs sont la cause de bien des désa-
gréments. Je me souviens de m'être promenée un jour
sur les bords de la Seine, traînée par une de ces bêtes
dont je parle.

Je sortais de chez les sœurs d'Augier, à quelques
pas de leur demeure je tombai dans un régiment qui
s'apprêtait à entrer au bain. Tous les soldats se désha-
billaient pendant que le tambour grondait doucement
en attendant qu'il donnât le signal retentissant de
l'entrée dans la Seine. « Passons vite, dis-je au cocher,
passons bien vite. » Juste à ce moment, le cheval
s'arrête et se campe sur ses quatre jambes comme s'il
eût été incrusté dans la terre. Le cocher le frappe à
coups redoublés. Le cheval ne veut pas démarrer. Et
me voilà, rivée moi-même à la place, et forcée de voir

passer sous mes yeux cent cinquante hommes nus courant vers la rivière.

Je rencontrais parfois au presbytère un hôte intéressant avec lequel je passais des heures délicieuses. C'é-
tait un vieux comte Duplessis habitant la Bourgogne ,
mais propriétaire d'une ferme dans la commune de N...
Il venait chaque année toucher ses fermages et comme
dans sa propriété il n'avait pas un lieu pour se coucher, il logeait chez le curé qui lui réservait sa plus
belle chambre : une chambre fraîchement tapissée, ornée d'un portrait du pape. Le lit, haut comme une
meule, couvert d'un surtout tricoté par Victoire, recevait aussi l'évêque de Meaux quand il venait donner la
confirmation; mais en dehors de l'évêque et de M. Duplessis, personne ne couchait dans ce beau lit moelleux que Victoire tapotait avec fierté.

Le comte Duplessis tenait à la plus vieille noblesse
française. Malgré ses soixante-quatorze ans, il conservait cette belle tournure, ces belles manières, cette
amabilité, cette bonne grâce avec les femmes qui n'ap-
partiennent qu'aux gens de sa race, à cette race vaillante et raffinée qui ne sera bientôt plus qu'une légende.
La bonté de cet homme n'avait d'égale que sa politesse. On aurait dû ajouter à sa devise : bon et poli.
Je savais par le curé tout le bien qu'il faisait dans la
contrée. Je le voyais moi-même en sortant de l'église
distribuer des sous et des gâteaux aux petits enfants
qui marchaient pieds nus. Je l'entendais donner des
consolations aux infirmes et aux affligés. Sa courtoisie
s'étendait jusqu'aux inférieurs. Je le vis un jour sous
la pluie, parler la tête découverte à une vieille saltim-
banque qui lui demandait un renseignement. Cette
femme en haillons était pour lui une femme, à ce titre

elle méritait qu'il la traitât comme il eût traité la duchesse de la Trémoïlle. Je le vis une autre fois courber sa tête blanche sur les horribles mains de la nièce du curé et les baiser respectueusement. Je dois dire que ce jour-là il perdit ses peines. Victoire ne comprit rien à de telles déférences et le baiser donné, on la vit se frotter et se refrotter la main avec son tablier.

M. Duplessis venait aussi au château des S... où il était affectueusement et galamment traité. Dès que je l'apercevais dans le salon, j'allais à lui, l'entraînant dans un coin et lui demandant de fouiller pour moi dans ses souvenirs. Que de choses il savait ! Que de personnages intéressants il avait connus, depuis son cousin M. de Roquelaure qui avait servi la messe au cardinal de Fleury, jusqu'à la marquise du Persan également sa parente. Un peu plus, il eût connu Ninon.

M. Duplessis allait beaucoup, étant enfant, chez cette marquise du Persan, qui avait un des derniers salons de Paris. On jouait chez elle tous les mardis. On y disait des vers. On y causait Académie. La place royale qu'elle habitait retentissait, grâce à elle, des échos du passé lettré et aussi du passé talon rouge.

La marquise, attaquée depuis de longues années par la goutte, recevait couchée dans un grand lit à colonnes la haute société parisienne. Toujours de belle humeur, toujours aimable et spirituelle malgré sa vieillesse et ses infirmités, elle avait su garder ses amis. Dieu lui donna la grande faveur de s'éteindre sans agonie au milieu de cette société d'élite qui lui était restée fidèle.

Un soir, elle allait atteindre sa quatre-vingt-quinzième année, la Touche, son valet de chambre qui se tenait toujours debout dans la ruelle, remarquant que sa maîtresse était plus absorbée que de coutume lui fit observer pour la distraire que la duchesse de la Force, qui jouait au réversis, trichait sur tous les points. « Mon pauvre la Touche, reprit madame du Persan, la duchesse a toujours triché. » Cela dit, elle renversa sa tête sur l'oreiller et parut s'endormir. Au moment du départ, comme tout le monde se disposait à aller saluer la marquise, on aperçut la Touche qui tirait les rideaux du lit et les fermait hermétiquement. « Messieurs, mesdames, dit cet homme d'une voix solennelle et troublée, en s'avançant vers le public: madame la marquise ne recevra plus mardi prochain, madame la marquise est morte! »

En rentrant aux Palliers, après ces bonnes vacances, c'était presque l'hiver; le temps où la Cour se rendait à Compiègne et y appelait mon mari. Quelques jours avant le départ, mon mari préparait des charades, distraction préférée de Leurs Majestés et pour juger de l'effet il nous les faisait jouer à la maison devant tout le pays.

Nous avions dans ma famille de véritables ressources pour ces fêtes théâtrales. Mon frère aîné jouait merveilleusement du piano et nous tenait lieu d'orchestre. Sa femme, une très belle et très intelligente personne, était notre jeune première! Elle était aussi notre habilleuse. Je la vois toujours coupant et taillant dans les pièces de satin, collant des étoiles d'or sur nos jupes; confectionnant des carquois, des pourpoints, des chapeaux rappelant ceux des chevaliers de Gustave Doré.

Mon mari introduisait souvent des danses dans nos charades. Je me souviens d'un ballet de Bacchantes qui me coûta bien des larmes. Je ne pouvais comprendre le pas, mon mari se fâchait; je pleurais, je dansais de nouveau. Mon mari se fâchait encore. Je repleurais et cela dura toute une semaine.

· J'ai recueilli religieusement les lettres de mon mari écrites pendant ces séries de Compiègne. Ces lettres datées des années 1862, 1863, 1864, 1865, font connaître la vie de la Cour, la vie intime et mondaine des souverains. En voici quelques-unes :

Palais de Compiègne, 2 novembre 1862.

« Chère petite amie.

» Je suis content parce que je suis logé cette fois-ci directement sur le parc, à la seconde fenêtre après le gros pavillon central, presque au milieu. Je vois de là les longues avenues qui se perdent le matin dans une brume dorée et radieuse, les déesses et les dieux de marbre, les treilles, les parterres et, tout là-bas, les hauteurs de la forêt, du côté de Pierrefonds. Je n'ai qu'un petit logement, mais mignon, très bien situé de toutes façons, puisque je suis casé entre deux dames du palais, mesdames de Rayneval et de La Poëze. Madame de Rayneval a même un petit chien qui aboie de temps à autre pour me rappeler que je suis un homme. Dès la gare, j'ai compris que notre fournée était une riche fournée. Jamais je n'ai vu ici tant de jolis visages à la fois. J'ai reconnu en montant en voiture mesdames Czartoryska, Waleska, La Bédoyère, du Moncel, de Cadore, de Clermont-Tonnerre, etc...

» Il était quatre heures quand je me suis installé dans ma chambre, au coin du feu, les jambes en l'air, fumant de toutes mes forces pour tuer mon appétit trop précoce. Au bout de dix minutes un chambellan de l'Impératrice, M. Hamelin, est venu me dire que l'Impératrice m'invitait à prendre le thé chez elle à cinq heures.

» Me voilà tout impatient de voir arriver ma malle et mon sac de nuit, n'ayant ni chemises, ni brosses, ni savon, ni gants, ni rien. Enfin Auguste paraît escorté d'un Savoyard qui m'apporte un carton à chapeau vide avec ce mot de consolation, que dans une heure j'aurai le reste. Je me fâche rouge. Je dis que l'Impératrice me fait demander. Le Savoyard se sauve et revient après vingt minutes, m'apportant la malle d'Auguste. Il était cinq heures passées. Je me décide à aller comme je suis, sans gants et avec des manchettes sales. Enfin à cinq heures et quart, ma propre malle arrive. Je fais ma toilette en deux secondes et deux secondes après, j'entrais de mon pied léger chez ma souveraine. L'Impératrice m'a tout de suite parlé de *Sibylle* et des larmes qu'elle lui a données, puis elle m'a demandé de tes nouvelles. La conversation est tombée sur les tables tournantes que je croyais enterrées. L'Impératrice, un peu mystique, se plaît à ces évocations. Elle a voulu sur l'heure faire une expérience sur la sensibilité de son guéridon ; nous voilà donc assis autour du guéridon, M. et madame de Cadore étaient aussi de l'expérience. On ne s'appliquait nullement ; j'étais un peu distrait, Cadore racontait, la petite marquise aussi. L'Impératrice disait : « Soyons sérieux », et ne l'était guère ; la table seule faisait bonne contenance et ne bougeait pas. Tout à coup, l'Impératrice se lève en disant :

» Ah, voilà l'Empereur !

» C'était l'Empereur en effet qui avait passé sa journée à surveiller les fouilles d'un camp de César dans les environs. Il m'a dit un bonjour amical après avoir au préalable embrassé l'Impératrice. Il s'est retiré aussitôt. Nous avons repris place autour du guéridon qui n'a pas bougé davantage.

» Un peu après, je suis rentré chez moi en toute hâte pour m'habiller. Les salons étaient déjà remplis. Tout étincelait de parures et d'épaules. J'ai trouvé là M. de Sacy, intimidé à un degré extraordinaire.

» J'étais placé à table entre la belle comtesse du Moncel et une jeune personne que j'ai supposé être la femme du sous-préfet de Compiègne, laquelle était passablement décontenancée dans sa gloire.

» Au retour du fumoir, j'ai fait quelque chose de bien étrange On dansait au son du fameux piano mécanique. Madame du Moncel me saisit tout à coup la main et veut me faire danser un vis-à-vis avec je ne sais qui. Tu vois mon horreur. Néanmoins je m'aligne sur le carré et si ce n'est que j'ai déchiré la garniture de la robe de madame du Moncel, je m'en suis fort agréablement tiré.

» La princesse de Metternich, qui m'avait gratifié en entrant d'une chaude poignée de main, est revenue vers moi après la danse et m'a entamé *Sibylle* avec toute l'ardeur expressive de ses yeux et de son langage. J'ai causé une bonne demi-heure avec elle et j'ai été séduit par sa franchise enthousiaste sur toutes les matières.

» Je t'écris une longue lettre, chère enfant, et pourtant cette lettre n'est pas intéressante parce que voulant tout dire, je galope tout. Enfin, je remplirai les lacunes à mon retour.

» Bonjour en attendant, aie de la patience, du courage et aime-moi bien.

» OCTAVE. »

Compiègne.

« C'est aujourd'hui chasse à courre, ma chérie, et le temps est superbe. Les gazons et les treilles du parc sont blancs de gelée et le soleil poudroie sur les collines qu'on appelle les Beaux-Monts et qui forment au loin l'horizon de la forêt. Ce beau temps se traduit à l'intérieur par des chants de fileuses qu'on entend comme à Noël dans les corridors, et par un déchaînement de vents coulis qui semblent venir des appartements de mes deux dames du palais et qui me chatouillent désagréablement les jambes pendant que je t'écris. Je ne crois pas que j'aille à la chasse, car je commence un rhume. Je compte reprendre la conversation de *Sibylle* avec la princesse Czartoryska qui reste aussi au palais. J'ai également une conférence avec la princesse de Metternich qui veut organiser une charade pour la fête de l'Impératrice. Elle est venue à moi dès hier, pour me faire part de ses projets. Le mot qu'elle a trouvé est *anniversaire*. Pour la première syllabe ce sera ma sœur Anne. Pour la seconde, hiver. Elle rêve que M. de Galliffet soit un homme qui tombe le ventre sur la glace et qui ne peut pas se relever. — Très bien princesse. Pour la fin, serre et anniversaire confondus, elle présentera un bouquet de fleurs animées à l'Impératrice en chantant trois couplets dont le prince son mari fera la musique.

» — Et qui fera les vers ? ai-je demandé.

» — Vous, m'a-t-elle dit.

» Et je les ai faits et je dois les lui montrer tantôt.

» Madame de La Bédoyère m'a présenté hier soir le mari de l'une de nos Anglaises, personnage intéressant qui m'a paru intimidé devant mon humble personne. Il s'est remis peu à peu et m'a conté un voyage qu'il a fait par-dessus les Montagnes Rocheuses, à travers toutes les prairies et tous les Indiens de Cooper. Parti de New-York avec vingt chevaux et vingt chasseurs canadiens, il est arrivé, seul à pied, en Californie après avoir failli être scalpé plus d'une fois. C'est drôle de voir cet homme circuler tranquillement dans les salons. Il m'a pris en amitié et m'a fait promettre d'aller le voir à Londres et d'apprendre l'anglais, car il n'entend pas le quart de ce que je lui dis, et il croit que tout ce qu'il n'entend pas est superbe. Après quoi, j'ai prié M. de Clermont-Tonnerre de me présenter au ministre de l'intérieur. La chose a été faite immédiatement, M. de Persigny m'a fait asseoir auprès de lui dans le coin du canapé et j'ai longtemps bavardé avec ce singulier bonhomme, qui tantôt semble distrait jusqu'à l'égarement, tantôt parle des choses les plus élevées avec une véritable éloquence. Il avait lu *Sibylle* et paraissait très frappé de la première partie et de mes petits conseils au clergé.

» On me fait dire à l'instant qu'il n'y a pas de chasse à courre aujourd'hui à cause de la gelée. Grand désespoir pour Auguste qui est d'ailleurs ravi de la situation. Il se fait friser tous les matins pour m'aider le soir à mettre mes bas de soie et mes culottes.

» Avec tout cela, je n'aime que toi, Jacques, Richard et aussi ton chien Soulouque.

» OCTAVE. »

Compiègne...

« Quand je descendis, après le déjeuner, hier matin, le préfet du palais sauta sur moi d'un air effaré :

» — L'Impératrice vous a demandé pour vous mettre à sa gauche pendant le déjeuner. On vous a cherché partout !

» J'ai fait une mine désolée. Il m'a conduit aussitôt à l'Impératrice à qui j'ai adressé mes excuses sur le ton du désespoir. Elle a ri de la meilleure grâce du monde, ajoutant : Ça se retrouvera.

» J'ai passé l'instant d'après chez la princesse de Metternich que j'ai trouvée apprenant consciencieusement son rôle pour nos charades qui devaient être jouées le soir. J'ai essayé de me débarrasser de mon méchant rôle de jardinier, d'abord sur le prince de Reuss, ensuite sur Clermont-Tonnerre, mais je n'ai pas réussi. Je me suis donc résigné. Je suis monté dans ma chambre. J'ai envoyé l'intelligent Auguste par la ville avec la mission de m'acheter de la poudre de riz et de me déterrer un costume de jardinier. Il a trouvé tout cela, et j'ai passé une heure à me poudrer devant ma glace et à m'affubler d'un pantalon tricolore et d'une veste de beau berger. A quatre heures, j'ai couru au théâtre où j'avais rendez-vous avec ces dames. J'ai répété ma scène avec la princesse de Metternich, puis, j'ai donné mes instructions pour le décor et je suis allé endosser mes culottes à la hâte. Immédiatement après le dîner, j'ai couru chercher mes nippes de jardinier, ma poudre, etc., etc., et je me suis rendu dans le grand salon qui précède le théâtre et où les hommes se travestissent derrière deux grands paravents, pendant que les dames s'habillent dans le salon voisin. Le salon des hommes sert de foyer. Tous les personnages en costumes y circulent comme dans les coulisses. L'Empereur ne manque pas d'y venir pendant les entr'actes. Il y est gai, presque folâtre. Je l'ai vu tout à coup sauter comme un écolier sur un fauteuil pour voir les hommes s'habiller par-dessus les paravents.

» La charade était composée de trois tableaux : Barbe-bleue pour *Anne*. La Scène de patinage pour *Hiver*. Notre scène finale des fleurs animées était précédée de tableaux vivants, très bien arrangés par Hébert.

» 1° *La toilette d'Esther* avec la princesse Anna charmante et le prince de Metternich, avec cent mille francs de diamants à son turban ;

» 2° *La cruche cassée*, par madame de Galliffet, admirablement jolie;

» 3° Le tableau *d'Herculanum*, avec madame Waleska pour personnage principal et Félicien David, chantant sur l'orgue dans la coulisse.

» Cependant j'avais revêtu le plus tard possible mon ridicule costume et je m'étais fait de mon mieux une tête de vieux bonhomme poudré à blanc avec mon claque planté droit sur ma tête et orné de fleurs.

» L'Empereur a ri en m'apercevant au débouché du paravent. J'ai de suite groupé mes personnages sur le théâtre. Pour relever un peu la banalité des fleurs animées, j'avais eu l'idée qui a fort réussi, de mettre en contraste un groupe d'hommes affublés de fleurs ridicules ; j'avais caché, à droite et à gauche, mes deux groupes par deux paravents que j'appelais des châssis. La princesse venait choisir des fleurs dans ma serre, je découvrais d'abord le paravent, côté des hommes et, après le

succès de rire, je passais au paravent des dames. Elles
étaient toutes enguirlandées gracieusement. Le coque-
licot était madame Lehon, la marguerite madame de
Vatry. Ces deux dames étaient particulièrement ravis-
santes. Madame de Persigny était en bluet des pieds
à la tête et très réussie. Quand je me suis présenté
devant le public impérial, tu peux croire que, malgré
l'aplomb de mes quarante ans, j'avais la langue un peu
épaisse. On ne m'a pas reconnu d'abord et j'ai entendu
mon nom sussuré dans la salle après quelques secondes, avec une bienveillance évidente. Nous avons
dialogué, ni bien ni mal, la princesse et moi. Les deux
paravents ont été très goûtés. Les couplets et les
chœurs extrêmement. On m'a naturellement rappelé,
et madame de Metternich m'a entraîné jusqu'à la
rampe devant le public idolâtre.

» Il y avait pour finir un dernier tableau vivant à
l'intention de madame de Persigny. C'était Diane
entourée de ses Nymphes et surprise par Actéon.
Trois piqueurs sonnaient de la trompe derrière le
théâtre pendant le tableau : c'était délicieux.

» Il était une heure du matin quand on est rentré
dans ses appartements. Juge de la fatigue de mes
pauvres nerfs aujourd'hui. Mais je t'aime quand
même de toutes mes forces.

» OCTAVE. »

Compiègne.

« Chère petite.

» J'ai passé ma matinée chez Mérimée que j'ai
trouvé au lit. J'ai fini par rompre l'enveloppe de glace

dans laquelle il est comme cristallisé habituellement et après trois quarts d'heure de causerie, nous nous sommes quittés sur le pied d'une vraie cordialité.

» Cette visite et deux ou trois autres m'ont enlevé une partie du temps déjà très court que je puis te consacrer. Je le regrette d'autant plus, que la journée d'hier a été pour moi d'un très grand intérêt, très riche d'incidents curieux, mais qui perdent tout leur prix à être esquissés trop précipitamment.

» Il faut que j'ajourne les détails à notre prochaine causerie au coin de ton foyer béni. Je vais te dire toutefois en courant ce que je pourrai. Malgré le vent glacial et les giboulées de pluies, l'Impératrice décida après le déjeuner qu'on irait rejoindre l'Empereur qui était parti trois heures auparavant pour chasser à tir. Je montai dans un char à bancs découvert et je m'ensevelis sous une montagne de paletots, de cache-nez et de couvertures, le tout surmonté d'un vaste parapluie. Au bout de vingt minutes de course à travers la forêt, nous arrivâmes au tiré de l'Empereur. Il pleuvait à torrents ; l'Impératrice n'en descendit pas moins de voiture et nous la suivîmes en piétinant dans l'herbe mouillée, jusqu'auprès de l'Empereur. Des rabatteurs conduits par les officiers des chasses, et des veneurs en uniforme battaient le fourré sur une ligne assez étendue et ·faisaient à toute minute lever le gibier ; la fusillade était presque continuelle et l'air sillonné de faisans et de perdreaux dont on voyait voler les plumes à chaque coup de fusil.

» Un des Écossais, arrivé depuis peu **au palais,** m'a paru un des plus adroits avec l'Empereur.

» L'Empereur fit faire une nouvelle battue pour les dames dans l'enceinte de la faisanderie. Madame de

Metternich manqua tous les faisans et faillit ne pas nous manquer. Nous avons couru d'assez grands dangers. Pourtant elle finit par tuer un pauvre petit lapin, qui roula trois ou quatre fois sur lui-même, d'une façon plaisante et triste.

» Au retour, l'Impératrice me fit inviter à aller prendre le thé chez elle. Le personnel était très limité. L'Impératrice nous montra le cadeau que l'Empereur lui avait fait pour sa fête : deux aiguières et une cuvette chinoises émaillées ; il y a seulement pour cinquante mille francs d'or. Puis, deux grands vases en or appartenant également au palais impérial de Pékin et donnés par le prince baby à sa mère.

» L'Empereur entra, alors il dit à l'Impératrice :

» — Eugénie, voilà un valet de chiens qui te demande.

» Et démasquant la porte, il laisse passer le petit prince en habit galonné de veneur, culotte courte, bas blancs, grand chapeau, le cor en sautoir et tenant en laisse deux jolis chiens blancs qui l'entraînaient plus vite qu'il ne voulait. Il était ravissant. L'Empereur avait les yeux humides en l'embrassant.

» Un moment plus tard, l'Impératrice fait venir le prince dans le petit cercle dont elle était le centre et qui se composait de quatre personnes dont j'étais. Elle lui dit de réciter une fable et comme l'enfant se tournait vers elle pour dire sa fable, elle le poussa devant moi en lui disant : « A celui-ci, » ce qui me toucha. Le prince commença sa fable et resta court au second vers. L'Impératrice s'impatienta et voulut le renvoyer. Je pris la main de l'enfant que je baisai, suivant l'usage et je lui dis doucement :

» — Voyons, Monseigneur, courage ! rappelez-vous Cela va aller très bien.

» Cela le remit et il dit sa fable d'un bout à l'autre en déboutonnant son petit gilet rouge.

» Je te dis adieu pour aujourd'hui, je t'aime du fond de mon âme.

» OCTAVE. »

Palais de Compiègne.

« Je dormais encore ce matin, ma chérie, quand Delessert est venu s'asseoir sur mon lit et me conter des commérages du palais. Je n'ai pris que le temps de passer mes babouches et d'avaler mon thé à la hâte en lisant ta chère lettre. Je dois paraître aujourd'hui au déjeuner impérial.

» Il pleuvait à verse hier, comme il pleut à verse aujourd'hui. Les chars à bancs étaient venus se ranger devant les fenêtres du salon ; on les renvoya, et nous croyant libres pour la journée, nous fîmes avec Bida, Gounod et Paul de Musset, le complot de nous enfermer dans le salon du théâtre où il y a un piano ; Gounod devait nous jouer et nous chanter tout Mozart et tout lui-même. J'en prévins mystérieusement madame de Montebello que je protège et qui adore la musique, laquelle en prévint mystérieusement la princesse Poniatowska, son amie. Nous voici heureux dans notre coin et triomphants, quand l'Impératrice apparaît avec un petit paletot d'homme à grands poils, un petit chapeau exactement pareil au tien que j'aime tant, une grosse canne en vigne dans une main et un parapluie dans l'autre. Elle était suivie de quatre chefs écossais aux jambes nues et les menait voir la vénerie, où il fallut les suivre. Nous voilà donc tous en procession sur les pas de l'Impératrice avec nos cache-nez et nos parapluies, traversant le parc, puis les faubourgs sous une pluie battante. Nous arrivons dans la cour de la vénerie. On fait sortir les chiens, et on distribue aux dames de longues et minces baguettes pour écarter les plus insolents. L'Impératrice se promène au milieu de la meute en tapant à droite et à gauche, j'étais seul dans un coin de la cour. Elle s'approche de moi et me parle des seigneurs écossais. Elle me dit que leur costume n'est point de convenance et de courtoisie, comme je le pensais. Elle me conte qu'en arrivant un soir à l'improviste chez le duc d'Athol, dans les montagnes des Highlands, elle le trouva vêtu de son costume national; il ne le quitte jamais, les autres de même.

» En causant de cela, nous avons parlé de Walter Scott, qu'elle possède bien. Juge de ma joie et de notre cordiale entente. A propos de Rob-Roy, nous avons eu une discussion sur la question de savoir à quel clan il appartenait. Alors elle a fait venir un des Écossais pour trancher la question, et il lui a donné raison.

» Madame Walewska, la princesse Anna, madame de Montebello, Gounod, le fils de l'amiral Hamelin et les quatre Écossais assistaient au thé de l'Impératrice. Le duc d'Athol paraissait radieux. On prend le thé, on cause. Sur les six heures et demie, à mon instante prière, l'Impératrice demande au duc de faire venir son joueur de cornemuse. Le *piper* arrive en grand uniforme et joue une marche guerrière en se promenant gravement et militairement dans le salon. L'Impératrice demande aux Écossais de danser leur danse nationale, et pour les mettre en train, elle, la princesse Anna et madame Walewska dansent avec eux une espèce de gigue bizarre. Puis, ils dansent seuls, tous quatre, le vieux duc comme les autres, toujours au son de la cornemuse, poussant de temps à autre des cris aigus et sauvages, pas ridicules du tout. Quelque chose de noble, de mâle et de patriarcal, dont on n'a aucune idée quand on ne l'a pas vu.

» L'Empereur avait passé la journée à Paris, où il a je crois changé de ministre des finances, c'est Fould qui rentre au ministère. L'Empereur était probablement content de son coup, car je ne l'ai jamais vu si gai. La soirée était un peu morne à cause de la mort du roi de Portugal qui empêchait de danser. L'Empereur entra dans le salon où nous étions, en se dandinant plus que de coutume, et en déclarant qu'il voulait jouer aux jeux innocents. Il vient à moi là-dessus, me prend par les épaules avec ses deux mains :

» — Voyons, vous qui faites des pièces, je pense que vous ne pouvez pas inventer un jeu innocent.

» — Innocent, sire, non.

» Il rit comme un fou, fait former un grand cercle de chaises et je tombe de mon haut quand je l'entends expliquer à un chambellan comment on joue au roi de Maroc.

» — Voyons, prenez une dame.... Bien. Marchez devant elle en tenant une bougie et dites, sans rire : « Le roi de Maroc est mort ! »

» Je causais avec madame de Rayneval, je la regarde et je la vois aussi étonnée que moi en pensant au roi de Portugal et à la singularité de l'allusion involontaire de l'Empereur. Pendant dix minutes, il essaie d'organiser le jeu qu'il ne se rappelait pas, puis enfin il dit :

» — C'est bête ce jeu-là, jouons à la « Toilette » de madame.

» Chacun prend une pièce de la toilette et l'Empereur dirige le jeu, courant de chaise en chaise avec la légèreté d'une biche et se tordant de rire. Après quoi, la princesse de Metternich indique un jeu où il y a de la farine et une bague dedans que l'on doit saisir avec les dents sans se blanchir le nez, et ainsi de suite jusqu'à minuit.

» Je suis en retard. A demain, je t'aime tendrement.

» OCTAVE. »

Compiègne.

« Chère petite.

» J'ai dormi ce matin jusqu'à dix heures et demie ayant eu une sorte d'insomnie de fatigue qui s'est prolongée jusqu'au chant du coq; je n'ai donc que quelques minutes à te donner aujourd'hui.

» Nous sommes pourtant singulièrement favorisés par le temps, quoique le froid sévisse d'une manière un peu rude. Hier, vers une heure et demie, suivant l'usage, tous les chars à bancs à postillons poudrés, les piqueurs à grelots stationnaient sur la terrasse devant la porte du salon. On est monté dans les chars à bancs et nous sommes allés rejoindre l'Empereur qui achevait de déjeuner en forêt avec quelques chasseurs et officiers de sa maison. Un moment après, un appel de clairon a donné le signal aux rabatteurs qui se sont étendus en ligne dans la plaine couverte de petits taillis. Les chasseurs, l'Empereur au milieu, s'avançaient en même temps que cette ligne des rabatteurs et tiraient continuellement sur le malheureux gibier.

Nous marchions, nous autres, au centre de la ligne en groupes confus, foulant aux pieds les pauvres victimes de cette boucherie dont un grand nombre n'étaient que blessées; nous avons fait de la sorte une bonne lieue à travers quinze cents cadavres. Je n'ai pas quitté mon brave père de Sacy qui mourait de fatigue, mais qu'une parole de l'Impératrice ressuscitait de temps en temps.

» On est rentré à cinq heures. J'avais une forte migraine et j'ai sommeillé au coin de mon feu jusqu'au moment d'enfiler mes culottes. On a dîné. Au retour du fumoir, j'ai vu danser la gigue par les filles d'Albion, auxquelles s'étaient jointes madame de Persigny, madame de Vatry et même madame du Moncel. Madame de Cadore, qui ne danse pas la gigue, m'a demandé de causer avec elle, et nous nous sommes assis tous deux en tête à tête dans le milieu du salon de l'Impératrice. Cette souveraine faisait une patience sur le coin de sa grande table. Nous nous sommes rapprochés d'elle et de madame de Galliffet, belle comme le jour et un peu triste, qui jouait d'un air distrait à l'écarté avec le prince de Reuss. Il y avait aussi le marquis de Toulongeon qui aidait l'Impératrice à faire sa patience; pour moi, je disais des bêtises sur cette même patience. Tout en remuant ses petites cartes, l'Impératrice nous a raconté qu'elle recevait chaque jour des lettres de fous, surtout en décembre et en mars. M. de Persigny, qui s'était joint au groupe, a narré quelques histoires du même genre. Comme il disait qu'un des traits caractéristiques de la folie était de souligner les moindres mots avec insistance, l'Impératrice a paru inquiète.

» — Ah! ne me dites donc pas cela... Êtes-vous sûr? C'est que je souligne beaucoup.

» — Rassurez-vous, madame, a dit le ministre, ce n'est que le premier degré.

» — Vous avez le second, a riposté vivement l'Impératrice.

» Tout le monde a paru déconcerté, et le ministre lui-même déferré.

» Pour moi, j'étais brisé de fatigue et de migraine, mais ce matin, je me sens tout reposé, et je t'aime.

» OCTAVE. »

Compiègne, 14 novembre 1862.

« Chère petite,

» La journée d'hier a été abandonnée à la fantaisie de chacun. J'étais descendu beaucoup plus tôt que de coutume pour assister à la messe dans la chapelle. Je m'y suis trouvé placé derrière la chaise du petit prince, placé lui-même à la droite de l'Empereur. Dis à Jacques que le petit César lisait attentivement la messe dans un beau livre plein d'images, et que l'Empereur son père se penchait de temps en temps pour lui dire où l'on en était. Il est difficile d'imaginer, quand on n'en a pas été témoin de très près, l'extraordinaire expression de tendresse dont l'œil sérieux de l'Empereur s'injecte quand il regarde son fils.

» Il y avait après le déjeuner conseil des Ministres. L'Impératrice est allée s'enfermer dans ce cénacle avec ces bonshommes. Alors, chacun a fait ce qu'il a voulu. Les dames anglaises ont monté à cheval avec quelques Françaises qui, sur ce terrain, sont bien écrasées. Lady Catherine Egerton et Florence Paget en costume de cheval et posées sur leur selle sont des reines sur leur trône.

» Je suis resté sur la terrasse pour les voir partir, puis j'ai marché solitairement dans les jardins en fumant, après quoi je suis allé me promener dans la ville. J'ai rencontré le prince Czartoriski, lequel m'a mené voir le musée dans ce joli hôtel de ville que tu sais. De là, le prince qui est amateur de bibelots et de bric-à-brac, à tous les degrés, m'a conduit dans la cour d'une marchande de bois, où se cache une vieille tour ruinée du temps de Jeanne d'Arc. A deux pas de la tour nous avons pu voir la première arche de l'ancien pont qui fut rompu derrière Jeanne d'Arc, ce qui la fit prendre.

» A dîner je me suis trouvé à côté du docteur Conneau qui m'a parlé tout le temps de la bonté de l'Empereur et qui m'en a conté des histoires à l'appui.

» Après ma séance au fumoir avec M. Baroche, je suis entré dans les salons où l'on dansait *la Boulangère*, menée par l'Empereur et madame de Persigny. Je me suis glissé dans le salon voisin où étaient Viollet-le-Duc et Clermont-Tonnerre. Nous étions tous les trois assis devant la grande table fleurie de Sa Majesté absente. Ces messieurs m'ont conté des histoires qui m'ont fait beaucoup rire mais que je ne puis te conter à mon tour. J'oubliais de te dire qu'une très belle et charmante personne était venue se joindre depuis trois jours à la gerbe des merveilleuses. C'était madame de Pourtalès, une vraie tête de Greuze, avec une masse superbe de cheveux blonds crêpés et bouffants de chaque côté de la tête.

» Je ne pourrai t'écrire demain. Je pars à cinq heures du matin pour Senlis, mais je penserai à toi tout le jour.

» OCTAVE. »

Compiègne.

« Chérie,

» Delessert était venu me voir et nous causions dans ma chambre, quand nous avons été interrompus par un bruit de piano et de chant dans le salon voisin. Je suis entré, c'était madame de Beyens qui chantait des cavatines espagnoles. L'Impératrice, tenant son fils sur ses genoux, était assise à côté de madame de Beyens qui a été remplacée au piano par Gounod. Il a chanté plusieurs choses de lui avec un art et un sentiment extrêmes, d'une voix un peu voilée. L'Impératrice a un vif sentiment poétique qui la rend impressionnable ; elle s'est mise à pleurer tout bonnement et a bientôt été forcée de se retirer. Gounod n'était pas trop mécontent de son effet ; il en était même très exalté. Il s'exalte d'ailleurs aisément. Il montre alors le blanc de ses yeux qui roulent d'une manière terrible. C'est un homme charmant, qui a une belle tête distinguée et qui parle bien de tout avec un feu et une *furia* d'artiste.

» La princesse de Metternich, dont les toilettes sont plus merveilleuses que jamais, s'est montrée une des plus sensibles pendant la musique de Gounod. Elle me plaît de plus en plus, cette princesse, par son naturel, sa vivacité d'esprit, une compréhension de toutes choses et avec cela une bonté extrême. Elle a eu hier en revenant de la Vénerie, une jolie fantaisie de gamin. Elle a vu passer un petit Savoyard tout noircibaut, elle a parié qu'elle l'embrasserait et elle l'a embrassé. Le Savoyard a poussé un cri épouvantable.

» Après la musique, l'Impératrice, ayant essuyé ses beaux yeux, a dit qu'on allait faire une promenade en forêt, ceux qui voudraient. Moi je suis resté à la maison avec Delessert, qui voulait me lire un roman dont il rêve.

» La soirée semblait devoir être très morne, mais l'annonce d'une prochaine charade a immédiatement répandu la vie la plus folâtre dans les salons. Le soin des toilettes, des répétitions, tout cela enchante les petites dames. Pour moi je me fais venir une perruque, un carrick et un pantalon insensé pour un rôle de voyageur, et l'idée de paraître en cette tenue et plus tard en maillot à paillettes devant Leurs Majestés, me cause par moments un profond dégoût de la vie, mais je deviens philosophe.

» Adieu, compte plus que jamais sur ma tendre amitié.

» OCTAVE. »

Compiègne...

» Ma chère petite,

» Les quatre violettes ci-jointes sont malheureusement tout ce que je peux t'envoyer de notre succès d'hier dans cette nouvelle charade. Ce succès a été énorme, absurde. Pendant la ronde du « Pont de Nantes », que l'Impératrice a fait bisser d'un bout à l'autre, nous marchions sur les fleurs et l'odeur des violettes écrasées nous montait aux narines.

» Notre premier tableau avait eu un succès non moins égal. L'Empereur riait comme un bienheureux devant ma casquette d'or. J'avais eu l'idée de me faire par-dessus le marché deux bracelets de grelots qui m'entouraient la cheville du pied, et qui, avec les castagnettes de d'Arjuzon, complétaient la symphonie. On m'a fait aussi répéter la sérénade avec délire, on cassait les banquettes. Après avoir douté horriblement pendant quatre ou cinq jours de l'effet de cette plaisanterie, j'ai été charmé de la voir réussir si pleinement et très surpris en vérité. La princesse de Beauffremont et madame Rainbeaux étincelaient sur leur balcon à tentures rouges, comme deux châsses. La princesse, couverte de diamants, les cheveux pleins de diamants, le cou ruisselant de diamants, la robe constellée de diamants. La soubrette avait une longue robe vénitienne à ramages et un immense collier de grosses perles d'or tombant en triple étage sur la poitrine. C'était un collier de la princesse Mathilde. Madame de Beauffremont n'était pas moins éclatante dans son costume de fée, et madame de Vatry en paysanne Louis XV était aussi fort avenante.

Le dernier tableau n'était pas de moi, je n'y avais contribué en rien. C'était la tentation de Saint-Antoine. On l'a fait attendre un temps infini, ce qui agaçait l'Empereur. Après avoir changé des pieds à la tête, je suis rentré dans le salon pour voir le tableau, j'ai été reçu par des salves insensées. Jamais le *Cid* n'a valu à Corneille une pareille ovation. Enfin, la toile s'est levée et on a vu Saint-Antoine représenté par M. de Nieuwerkerke avec madame de Morny et madame de Girardin en diablesses, entourées de petits diablotins. M. de Nieuwerkerke s'en est tiré très spirituellement. On s'est répandu ensuite dans les salons. Ceux et celles qui doivent figurer demain dans la charade de Ponsard faisaient des mines plaisantes de consternation, quelques-

unes remettaient leur rôle à Ponsard qui, lui, brave
et honnête cœur, se désespérait au point de se trouver
mal. C'était une lutte sourde et effroyable entre les
acteurs et actrices des deux charades. Cette lutte ne
m'a pas empêché de dormir.

Je t'écris ce soir après une journée bien remplie.
D'abord, j'ai déjeuné avec mes souverains très gais
tous deux, l'Impératrice ayant à côté de son verre un
petit pot en or massif où elle puise je ne sais quoi de
temps à autre. Dans l'intimité de ce déjeuner la conversation était générale. L'Empereur et l'Impératrice
soutenaient avec leurs convives des thèses sur ceci et
sur cela. Sur la beauté, par exemple ; sur ce qu'on
appelle une belle tête : à savoir si de beaux yeux suf-
fisent à faire une belle femme et puis comme quoi
chaque époque avait son genre de beauté.

» — Et en effet, dit l'Empereur, sous Louis XIV, dans
le grand siècle, les femmes avaient de grandes bouches.

» Et de rire. Chacun mêlait son mot. Enfin, pour la
première fois, c'était une intimité véritable, pareille à
celle qu'on peut rencontrer dans tout autre château
quand les châtelains sont aimables.

» A peine sortis de table, l'Empereur dit à tout le
monde d'aller s'apprêter pour une promenade. Je
courus chercher mon paletot, puis je descendis dans le
parc où trois voitures attendaient sous les fenêtres avec
des postillons poudrés et des piqueurs piaffants.

» Il ne faisait pas froid d'ailleurs, mais seulement un
peu de brise. On s'achemina d'abord à travers le parc
puis à travers la forêt. On allait visiter les ruines d'un
théâtre romain et d'un temple situées à trois lieues de
Compiègne, dans un village qui s'appelle Champlieu.
Ces ruines, à peine connues il y a quelques années, ont

été fouillées et mises à jour par les soins de Viollet-le-Duc, très aimable et très savant architecte que l'Empereur apprécie beaucoup. C'est lui qui a restauré Pierrefonds.

» Nous traversions donc la forêt, — tra, tra, tra, — bavardant sous le feuillage de l'automne. Il y a dans cette forêt des coins délicieux, sombres, sauvages. On montait au pas des chevaux des ravins escarpés, des gorges romantiques, en se disant que bien des malles-postes avaient dû être dévalisées là sous le Directoire. De temps à autre, nous entendions à quelques pas de nous, deux ou trois cris de : « Vive l'Empereur ! » et la minute d'après nous voyions des bûcherons accourir au bord du chemin, ou un garde au port d'armes faisant le salut militaire. Dans un de ces sites les plus retirés, deux ou trois vieilles femmes regardaient passer le cortège impérial, la bouche béante, appuyées sur leurs bourrées, l'une d'elle coiffée à la vieille mode, très âgée, répétait avec une extase radieuse :

» — C'est l'Empereur, l'Empereur avec sa suite.

» Elle se disait cela à elle-même. Cela devait être une paysanne du temps de Henri IV. Elle en avait le costume et aussi l'esprit.

» En approchant de Champlieu, nous trouvâmes la population sur pied. Le curé, le vicaire, les gamins, tout cela criant, grouillant, se culbutant, autour des voitures qui marchaient au pas sur le sol devenu marécageux.

» Au sortir de la forêt nous débouchâmes sur les ruines, qui se composent d'un petit cirque (cirque n'est pas le mot, c'est un théâtre). A côté se trouve un temple dont on a marqué l'emplacement par des fragments de colonnes et de bas-reliefs découverts dans les fouilles. Il est

très curieux de rencontrer tout cela dans cet endroit
solitaire, car le village voisin se compose de six maisons. Nous commençâmes alors à travers ces ruines
une promenade très intéressante, cela me rappelait nos
parties de campagne aux ruines de Semilly. Chacun
allait de son côté, on se perdait, on se retrouvait. J'é-
tais tout seul à examiner un fragment de colonne quand
quelqu'un me dit : « C'est curieux n'est-ce pas ? » c'était
l'Empereur qui rôdait solitairement de son côté. Je me
trouvais encore près de lui pendant que Viollet-le-Duc
lui dessinait de la main l'emplacement d'un ancien
camp de César. Cela me charmait d'entendre les réflexions de l'Empereur sur ce sujet. Puis on monta par
un escalier qui est du temps et sur la plate-forme nous
retrouvâmes l'Impératrice et ses dames qu'une bise furieuse contrariait.

» Il est minuit. Je te quitte sans avoir le temps de
te narrer le reste, à demain ma chérie.

» OCTAVE. »

Compiègne.

« Ma chérie.

» La mort du roi des Belges jette sur le château un
voile sombre. La soirée d'hier a été toute décousue et
légèrement morne, malgré une espèce de *misti* que
l'Impératrice présidait à côté de la princesse de Hohenzollern sur le visage de laquelle la mort de son grand-
oncle n'avait jeté aucun nuage.

» Nous devions avoir hier le Gymnase, qui a été
contremandé, mais nous avons eu une revue de la gar-
nison et de la garde nationale passée dans le parc par

l'Empereur. C'était une vraie fête pour moi, badaud
passionné que je suis. L'Empereur en grand uniforme,
le prince de Prusse avec son casque à aigrette retom-
bante et tous les généraux présents sont montés à cheval devant la porte du salon qui s'ouvre de plain-pied
sur le jardin. Un escadron des cent-gardes, rangé
devant les fenêtres, a pris la tête du cortège qui s'est
avancé majestueusement en descendant la grande allée
du milieu, vers l'immense pelouse qui s'étend en face
du palais jusqu'aux hauteurs boisées qui bornent
l'horizon. Les grenadiers de la garde à gauche, les dragons de l'Impératrice à droite, bordaient la pelouse. Le
soleil faisait reluire les casques et les uniformes. Les musiques jouaient. Les cris de : « Vive l'Empereur! » écla-
taient et se prolongeaient sur toute la ligne à mesure
que le groupe impérial s'avançait sur le front des régiments. Nous avions tous suivi le cortège jusqu'au bout de
la pelouse, après avoir parcouru le front des deux
lignes. L'Empereur, son fils en uniforme de grenadier
et aussi à cheval, puis l'Impératrice et la princesse
de Hohenzollern, toutes les deux en toilette de cheval
mais à pied, se sont rangés devant nous et les régiments ont défilé musique en tête, saluant les Majestés
et le prince de leurs hurras. Nous étions tout à fait
derrière l'Empereur et nous l'entendions donner des
ordres pour les manœuvres. Il a commandé à la cavalerie un nouveau défilé au galop et alors après être
retournés sur leurs pas, toute cette brillante légion est
revenue ventre à terre les officiers agitant leurs sabres
et une clameur immense s'élevant à travers le bruit
des chevaux et des armes. Pour achever la fête l'Empereur et son entourage flamboyant de cent-gardes et de
généraux ont gagné au petit trot l'extrémité de la pelouse

et sont revenus à leur tour au galop en saluant les dames.

» Je pense rester peu de jours à Paris en quittant Compiègne, mais je n'ai pas encore de projets arrêtés. Que je suis triste de voir ma vie ainsi découpée par petits lambeaux. Tu me trouves pessimiste. Il est vrai que toutes mes impressions ont quelque chose d'excessif et de maladif, pourtant je vais mieux qu'autrefois, j'ai pris le dessus, comme on dit vulgairement.

» A toi toujours.

» OCTAVE. »

J'étais bien seule pendant que la Cour s'amusait, mais je ne connaissais pas l'ennui. Ma nature active savait s'intéresser à tout, je m'occupais beaucoup de mes enfants, de leur première éducation ; c'était le matin que je donnais les leçons, aidée d'un professeur. Les études terminées, tout le monde descendait au salon pour attendre le déjeuner. Devant un feu joyeux, je passais l'inspection de la toilette des petits. « Voyons les mains, disais-je, sont-elles propres ? » Et les enfants agitaient au-dessus de leurs têtes, leurs quatre petites mains bien savonnées. Puis l'on se mettait à table en promettant d'être sages en l'absence du père.

Les soins que je donnais à la maison absorbaient aussi mon temps. Je brossais, je frottais, j'époussetais, j'arrangeais mes fleurs et mes bibelots avec amour. J'étais également très fière de ma cuisine. Les casseroles, les bouilloires, les grandes bassines à confitures, les flambeaux alignés sur la cheminée en tuyaux d'orgue, brillaient comme des pièces d'or, et faisaient l'admiration du pays. On parlait de ma cuisine à dix lieues à la ronde et les commères du voisinage qui voulaient juger de sa beauté par leurs propres yeux, grimpaient

sur les clôtures du chemin, pour apercevoir par les
fenêtres ouvertes les merveilles que je viens de
décrire.

Un soir, la duchesse de Persigny, qui traversait
Saint-Lô pour aller aux bains de Granville, fit comme
les commères. Courant en chaise de poste autour de
notre demeure qu'elle désirait connaître à cause de la
célébrité de mon mari, elle s'arrêta éblouie devant les
fenêtres de ma cuisine. Le postillon fit halte, et voilà
madame de Persigny perchée sur les coussins de la
voiture et plongeant des regards curieux dans l'inté
rieur. Ma cuisinière faisait une sauce en ce moment.
Elle faillit tout renverser quand elle aperçut cette tête
élégante à travers les grilles de son sanctuaire :
« M. Feuillet a de bien belles casseroles, mademoiselle,
dit madame de Persigny, on doit y faire de fameux
ragoûts! » Cela dit, elle disparut, emportant de nos
casseroles la plus haute opinion.

CHAPITRE XXIII

Mon mari fut nommé bibliothécaire de Fontainebleau
en l'année 1867. En 1868, la Cour s'installa pour
quelques mois au palais. Nous dûmes songer à la
suivre. Je fus envoyée en éclaireur pour prendre
quelques dispositions à l'égard de notre appartement
qui était dans le palais même, mon mari craignant de
plus en plus le bruit et le piétinement des voisins sur
sa tête.

Je fus reçue par le général de Polignac et par
madame de Polignac qui me prodiguèrent leurs aimables attentions. Ils donnèrent un lunch en mon honneur et me présentèrent à leur société de Fontainebleau. Ils voulaient me garder à coucher chez eux,
mais je préferai passer la nuit à l'Aigle-Noir, un hôtel

fort bien hanté. Je ne dormis guère à l'Aigle-Noir ; les yeux fermés je voyais toujours notre bel appartement, les grandes cours du palais, le cabinet du pavillon de Diane où devait travailler mon mari, et ces féeriques jardins qui seraient presque nos jardins. Je songeais aux fêtes auxquelles je serais peut-être conviée, aux promenades du soir dans ce beau parc, aux musiques militaires, aux chasses, à mes toilettes, à cette vie brillante où je reprendrais racine. Mais à côté de cela, je pensais aux Palliers abandonnés, à mon père qui se faisait vieux, à l'éducation de mes enfants qui souffrirait de ce déplacement. Jacques allait faire sa première communion, comment l'enlever au prêtre qui s'occupait de sa jeune âme ? Je redoutais aussi pour ma nature l'entraînement de ce monde élégant. Je me revis déjà chez Worth, dépensant l'argent que mon mari gagnait péniblement. Je me sentis reprenant goût à la vie mondaine et souffrant ensuite du retour à une vie plus simple. En regagnant le lendemain la route de Normandie, je me décidai à prier mon mari de me laisser aux Palliers, avec mes devoirs et mes saines habitudes, pendant qu'il remplirait à la Cour ses nouvelles fonctions. Il comprit mes raisons et me sut gré de les lui avoir fait valoir. Le point noir fut la longue séparation.

Cette séparation fut adoucie pour mon mari par les incessantes bontés des souverains. L'Empereur exigea qu'il prît ses repas à sa table, et chaque jour il partagea cette précieuse intimité.

Pendant ces trois mois passés à Fontainebleau, mon mari m'écrivait chaque jour d'intéressants récits que j'appelle les mémoires de Saint-Simon.

J'en pare la fin de mes souvenirs.

Palais de Fontainebleau, 10 juin 1868.

« D'abord ma chère petite amie, rassure toi. Point de
nerfs, malgré le beffroi qui est directement au-dessus
de ma tête et qui me rappelle celui de Vire. Je suis
voué aux beffrois. Mais celui-ci a sonné aux oreilles de
la duchesse d'Etampes, de Diane de Poitiers, de Gabrielle
d'Estrées. Le maréchal de Biron a été arrêté et enfermé
dans la vieille tour carrée qui lui sert de base,
cela me fait rêver et cela fait que je lui pardonne.

» Je t'ai vraiment regrettée hier de tout mon cœur.
C'était une jolie journée, dont j'aurais joui doublement
près de toi. A six heures, je partais pour la gare de
Lyon, à travers cette belle rue de Rivoli, laissant derrière moi les palais lointains dont le soleil matinal
éclairait les angles. Seul, dans mon wagon, jusqu'à
Fontainebleau, me jetant d'une portière à l'autre, pour
voir les petites villas blanches qui s'éveillaient dans la
verdure. De la gare au palais, l'animation d'une ville
qui se prépare à la réception du souverain : des mâts
chargés de banderoles, des arcs de triomphe, des festons de feuillages sentant bon et tout cela sous un
radieux soleil.

» J'entre dans la cour du « Cheval blanc » avec mon
omnibus. Tout est affairé. Les fourgons courent sur
les vieux pavés. On balaye, on sème du sable. Les
domestiques en mollets blancs circulent à la hâte. On
m'adresse au régisseur, un nouveau venu et qui me
paraît sombre et inhospitalier ; il avait la migraine.
J'entre dans mon appartement et j'y trouve la femme
du domestique qui est affecté à mon ménage. Cette femme

a un drôle de nom, elle s'appelle madame Cosinus. Madame Cosinus me guide dans l'appartement qui me plaît. Comme tu sais, la moitié des fenêtres donne sur la cour du « Cheval Blanc » l'autre sur un petit jardin solitaire, plein de grands arbres où les oiseaux chan tent; avec le beau soleil, c'est très riant. Je vais déjeuner dans un hôtel voisin. La ville s'anime de plus en plus. Les tambours battent. Messieurs les officiers déjà bottés passent avec importance en petite tenue.

» A peine rentré, je prends mon chapeau de cérémonie et je vais chez le général de Polignac, qui me présente à sa femme, tous deux charmants et comme tu me les as décrits; puis je me dirige vers la sous-préfecture où les Guibourg m'attendaient. Je m'égare en revenant, je fais un chemin du diable. Je rentre éreinté dans ma grande chambre et j'essaie de dormir. Madame Cosinus revient me dire que l'Empereur arrive plus tôt qu'on ne pensait. Il faut faire ma toilette. Pendant que j'y procède, les bruits de la foule augmentent, les chasseurs de la garde entrent dans la cour, musique en tête, puis le régiment des dragons de l'Impératrice. Les dames en grande toilette garnissent les fenêtres du palais.

» Le canon retentit. C'est l'Empereur qui entre en ville. Il est à l'octroi, me disent les femmes qui se pressent dans le vestibule. Je descends. Je traverse la cour immense. Je monte le perron en fer à cheval, l'escalier des Adieux, et je vais rejoindre sur le dernier palier qui forme la terrasse, le groupe de fonctionnaires civils du palais.

» De ce perron, le spectacle de la cour est superbe. Encore le canon. Des cris lointains. Des frémissements précurseurs de la foule. Les chevaux qui s'agitent puis

lès tambours et les musiques qui éclatent. Les cent-
gardes qui se présentent à l'entrée comme des ostensoirs et la voiture impériale qui s'avance au milieu
des hurras, des soldats et des capitaines.

» L'Empereur et l'Impératrice montent l'escalier en se
donnant le bras. En arrivant à la dernière marche,
l'Empereur me reconnait, fait un pas vers moi qui en
fais alors quatre vers lui et me serre la main. Je suis
le seul à qui il ait fait cette politesse en ce moment
et j'ai trouvé une délicatesse particulière dans cette
attention qui me tirait de suite du groupe un peu su-
balterne au milieu duquel j'étais.

» Le régisseur m'a mené ce matin à la bibliothèque
et j'y ai reçu trois messages du cabinet de l'Empereur,
qui ont légèrement éprouvé mon inexpérience. Je n'ai
pu sortir qu'à plus de onze heures, aussi je t'écris à la
diable car il faut que mon courrier parte avant deux
heures.

» OCTAVE. »

Fontainebleau, 15 juin 1868.

« Tous les jours se ressemblent tellement que je les
confonds. Les matinées me semblent assez douces. Ce
temps magnifique me prépare chaque matin un joli
réveil. Je me lève à sept heures, je fais ma toilette en
sifflant et en chantant comme un gaillard. Je vais à la
bibliothèque de huit heures à dix heures. Je lis, j'é-
cris, je range. Je mets le nez à la fenêtre et je plonge
un regard curieux dans ces beaux jardins de Diane qui
ressemblent aux jardins de Trianon. Cela est riant, singulier, poétique. Puis, je vais déjeuner, et je viens m'en-

21

fermer ensuite dans le grand appartement, en tête à tête avec ta lettre que je lis deux fois. Je passe ensuite à mes journaux et jusque-là tout va bien. Je retourne ensuite à la bibliothèque et j'y reste jusqu'à cinq ou six heures. Ici commence la mélancolie sérieuse. Je dîne seul à l'hôtel de France et me couche sitôt après.

» J'ai passé hier ma journée perché sur une échelle et allant de case en case pour faire un choix de livres qui m'était demandé par l'Empereur. Ce travail m'a mis un peu au courant de la place qu'occupe chaque genre d'ouvrage et je commence à me reconnaître dans mon petit empire.

» Ce soir, avant dîner, j'ai fait une promenade dans le parc, sous les vieux arbres contemporains des Valois. C'était un peu triste et solennel mais assez doux pourtant, avec l'odeur des foins coupés et surtout des fleurs de tilleuls qui saturaient l'air. Je suis rentré par le parterre réservé où j'ai aperçu deux belles dames, dont l'une m'a paru être l'Impératrice. Du reste une grande solitude. Il n'y a pas encore d'invités.

» Bonsoir, ma chère petite, je te serre sur mon cœur.

» OCTAVE. »

Fontainebleau, 16 juin 1868.

« J'ai beau faire, ma petite amie, toute ma philosophie n'y peut rien ; j'éprouve toujours une fièvre de première représentation quand, après un intervalle, je vais me retrouver en présence des personnes augustes et surtout comme hier avec la quasi-certitude d'être interpellé et de faire quelques-unes de ces sottes réponses qui se trouvent plus facilement que les à-propos.

» Je montais donc le perron hier soir, quelques minutes avant sept heures, les genoux serrés par cette légère angoisse. C'était la première fois que je pénétrais dans les grands appartements du palais. Ils étaient à moitié clos, à cause de la chaleur et l'on ne faisait qu'entrevoir dans les demi-ténèbres les magnificences vraiment royales de cet intérieur. Cela laisse bien loin tout ce qu'on voit aux Tuileries, à Saint-Cloud et à Compiègne. Toute la splendeur des Valois éclate en plein relief dans ces galeries, ces panneaux, ces boiseries, ces plafonds élégants et superbes. Versailles peut seul donner l'idée de ces merveilles d'ornementation avec l'infériorité de l'art du xviie siècle, sur l'art de la Renaissance. Les fonctionnaires en uniforme et un petit nombre de femmes en grande toilette apparaissaient comme des ombres minuscules au milieu de cette mise en scène écrasante.

» L'Empereur et l'Impératrice sont arrivés presque aussitôt et ont commencé leur tournée ordinaire. S'arrêtant devant moi qui étais le seul invité sans uniforme, l'Empereur m'a demandé depuis combien de temps j'étais ici, puis il m'a fait quelques questions sur la bibliothèque, tout cela avec une bonne grâce affectueuse. Il s'est éloigné pendant quelques minutes, puis il est revenu, m'a tiré d'un signe hors du cercle et m'a demandé si tu étais là. Je lui ai dit que tu étais restée près de ton fils qui faisait sa première communion. Alors, il a pris un air confiant et m'a dit :

» — Je ne vous ai pas encore remercié de votre lettre, de cette lettre que vous m'avez écrite il y a... combien... plus d'un an déjà ?

» — Sire, c'est bien à moi à remercier l'Empereur qui a bien voulu me répondre et me rassurer, car je craignais d'être sorti de la réserve qui me convient en de pareilles matières. (Il s'agissait bien entendu de la lettre où je le félicitais des réformes libérales qu'il projetait et où je le suppliais de persévérer.)

» — Eh bien, a-t-il repris avec un sourire un peu triste, nous essayons. Nous verrons si cela réussira.

» — L'Empereur, a bien raison, ai-je dit très fermement.

» — Nous verrons si nous réussirons, a-t-il répété avec la même hésitation mélancolique.

» J'ai répété moi-même en insistant :

» — L'Empereur a raison, je suis convaincu que l'Empereur est dans la vérité. L'Empereur et la France sont centre gauche, la majorité est centre droit, voilà la situation. Je m'enhardissais.

» Il a beaucoup ri et a repris :

» — Oui, oui, c'est bien; mais on va si facilement aux extrêmes dans ce pays! Et si on m'envoie des opinions extrêmes? Je sais bien qu'il faut s'attendre à un peu d'effervescence d'abord ! Mais voyez ce qui se passe.... Voilà Rochefort qui fait un journal injurieux, qui n'est pas même spirituel, je l'ai lu, eh bien! cela se vend à cent mille exemplaires, dit-on. Je conçois que quand une idée, une question actuelle qui passionne un pays, trouve dans un écrivain un interprète fidèle, éminent, son ouvrage fasse une sorte d'explosion. Mais un pamphlet sans justice, sans raison et qui a un pareil succès, qu'est-ce que cela veut dire ?

» — Sire, on lit tout cela mais on le méprise.

» — Très bien, a-t-il dit en riant, mais on méprise une femme et on couche avec elle.

» Je lui ai alors parlé de l'Angleterre et surtout des

Etats-Unis dont les violences de la presse n'ébranlent rien et sont passées dans les mœurs. Il a beaucoup insisté sur la différence de l'état social entre ces pays et le nôtre. Il m'a surtout parlé longuement des États-Unis et m'a conté d'intéressants épisodes de son séjour à New-York.

» — Quand on revient des États-Unis en Europe, a-t-il dit en terminant, on trouve que tout le monde a l'air endormi.

» Je ne sais comment nous en sommes venus de là aux livres que je lui ai envoyés il y a trois jours, et qu'il n'avait pas vus. Il a appelé Piétri qui ne les avait pas vus davantage. Il en a ri et l'a prié de les lui retrouver.

» L'Impératrice arrivait et m'a dit à son tour quelques mots charmants sur toi, puis on est allé dîner. La table était dressée dans la galerie de Henri II qui est la plus belle salle de fêtes qu'il y ait dans aucun palais du monde. La musique de la garde jouait pendant le dîner. On a pris le café à table.

» On est descendu ensuite dans le salon chinois qui est au rez-de-chaussée sur les bords de l'étang. Il y avait un vapeur qui fumait sur l'étang au milieu de petits navires à voiles. Quelques dames se sont embarquées. La nuit tombait, mais magnifique, et ces barques, ces toilettes, ces lumières dans l'eau, ces verdures sombres dans le fond, tout cela avait un véritable aspect de fête et de cour.

» L'Impératrice qui était restée dans le salon et qui causait avec l'archevêque de Sens m'a fait signe de m'asseoir auprès d'elle. La conversation a duré près d'une demi-heure, après quoi l'Impératrice s'est levée et a disparu. Puis elle est rentrée au bout d'un quart d'heure pour présider son thé. Elle avait changé de toilette. Elle avait quitté sa grande traîne blanche et bleue et revêtu une robe courte et étroite, parfaitement décolletée, et chaussé des petites mules blanches comme celles du pape, brodées de paillettes d'argent. J'ose dire que jamais aucune Diane, aucune Corisande, aucune Gabrielle n'a fait dans ces salons une entrée plus gracieuse, plus triomphale, plus légère, plus aimable. Elle avait vingt ans ! Elle s'est assise sur un grand canapé, tournant le dos à l'immense porte ouverte sur le lac. J'étais assis en face d'elle, je la voyais dans ce cadre de verdure lointaine, d'eaux lumineuses, d'azur sombre et d'étoiles ! On a causé jusqu'à près de minuit, de toutes choses, du palais, des souvenirs qu'il rappelle, de Marie Antoinette, de Monaldeschi, de madame de Motteville. Puis on est passé dans le salon voisin où l'Empereur faisait sa partie d'échecs. On était gai. L'Empereur lui-même plus que de coutume. Il m'a demandé avant de quitter le salon beaucoup de détails sur Saint-Lô, sur Avranches et le Mont Saint-Michel. L'Impératrice m'a questionné également sur nos Palliers et sur nos charades. Elle prétend que nous menons une vie charmante.

» Mais tu juges que le temps me presse et que je suis forcé d'abréger. Je veux encore t'apprendre que Lezay-Marnesia est venu me dire ce matin de la part de l'Impératrice que j'étais invité tous les jours à dîner. Tu vois qu'il est impossible de me traiter avec plus de bonté.

» Bonjour, ma chère mignonne, quel malheur de n'avoir pas plus de temps et d'écrire si mal toutes ces choses intéressantes.

« OCTAVE. »

Fontainebleau.

« Chère enfant,

» Je t'écris au saut du lit, pour garder toute ma matinée aux affaires, car je n'ai guère avancé ma besogne, pourtant, j'ai terminé à peu près ce qui regarde la bibliothèque.

» Hier, après t'avoir écrit j'ai reçu la visite de Mario et de Marnezia. Ces messieurs m'ont entraîné dans le jardin anglais qui entoure l'étang et qui est le jardin particulier de Leurs Majestés. En sortant du salon chinois qui y mène, nous avons trouvé l'Empereur installé sur une pelouse et surveillant ses puits artésiens dont l'application sera très utile aux armées en campagne. L'Empereur était assis dans un fauteuil de jardin avec un chapeau rond, couleur d'amadou et une plume de je ne sais quel gibier passée dans le cordon. J'ai goûté de l'eau d'une des sources qui était fortement sulfureuse et je lui ai dit : — Cela doit être bien salutaire, Sire, car c'est bien mauvais.

» Puis nous avons fait le tour de l'étang; c'est là que la tradition place la scène de Henri IV relevant Sully : « on croirait que je vous pardonne ». Là, comme partout, des arbres gigantesques à l'abri desquels les dames lisent et travaillent.

» Point d'Impératrice au dîner d'hier. Elle souffre d'un gros rhume. Je me suis trouvé à table en face de l'Empereur, qui était en belle humeur. Il nous a conté un menu de dîner fait pour Alexandre Dumas et dans lequel figure une pieuvre rôtie. Le prince impérial qui était près de son père, s'est mêlé à la conversation et se penchant tout à coup vers moi :

» — Monsieur Feuillet, dit-on des combats navals ou des combats navaux ?

» — Autant que possible ni l'un ni l'autre, Monseigneur.

» Et l'Empereur de rire de son bon rire d'enfant qui lui faisait sauter les épaules.

» Comme on prenait le café, l'Empereur m'a appelé :

» — Vous m'avez envoyé les *Mémoires* de Pontis qui m'amusent beaucoup.

» — J'en suis enchanté, Sire.

» — Je voudrais placer ce livre-là dans des bibliothèques militaires. Ce Pontis était un brave officier. Il a même des petites ruses de guerre qui seraient encore bonnes aujourd'hui.

» Et en s'exaltant sur Pontis, l'Empereur prenait un œil affectueux et caressant. Il m'a encore parlé longuement d'un livre de M. Champollion sur Fontainebleau et qui lui paraît excellent. Il a semblé s'intéresser à quelques détails historiques que j'ai pu lui donner sur les fêtes de Louis XIV avec Henriette d'Angleterre et mademoiselle de la Vallière à Saint-Germain, Chambord et Versailles et comme je lui citais un vieux livre d'estampes qui reproduisait l'état des résidences royales sous le grand roi, il m'a prié de le lui porter aujourd'hui.

» J'étais au fumoir, en train de causer avec de Piennes, quand on est venu me chercher pour jouer aux petits papiers. L'Empereur et le prince étaient déjà installés dans le second salon devant une table chargée de canifs et de crayons. Chacun avait pris place, les uns directement devant la table, les mystérieux en arrière.

» — Madame de Sancy, dit l'Empereur, venez vous mettre à côté de moi.

» — Sire, je n'osais pas, dit madame de Sancy, en quittant vivement sa place près de ton mari.

» — Tout le monde, reprend l'Empereur, se met à côté de M. Feuillet et on m'abandonne.

» Puis il écrit ses questions en tirant sa moustache. Il y a eu de très jolies réponses de lui et des autres. Chaque fois que la réponse était un peu remarquable le prince criait : « Monsieur Feuillet; » et le public se tournait vers moi d'un air congratulateur; mais chaque fois c'était une erreur, car mes réponses étaient de la dernière insignifiance. On a joué aussi à la dictée. C'était M. de Montbrun qui dictait des mots impossibles. Chacun écrivait en se torturant l'esprit. L'Empereur a fait onze fautes, moi, je ne sais combien j'ai pu en faire. C'est madame de Sancy qui a remporté la victoire.

» Après quoi on est entré dans le salon chinois pour prendre le thé. Ses curiosités sont magnifiques : pagodes d'or et d'émail, idoles énormes, vases gigantesques étincelant à la lueur des lustres et des girandoles. Pendant qu'on savourait son thé on a reçu la nouvelle de l'élection du Jura qui est détestable. L'avocat Grévy, candidat républicain, nommé à 22 000 voix contre 11 000, remplace M. de Toulongeon attaché à la personne de l'Empereur. Il y a là un symptôme inquiétant. Le gentil petit prince ne se préoccupe guère de tout cela et trouve la vie superbe. — Je la trouverai superbe aussi quand je te reverrai.

» OCTAVE. »

Fontainebleau, 1868.

« Me voici de retour et ça va bien jusqu'ici. Pourvu que ça dure, comme disait Pierrot en tombant de sa tour.

» Ce voyage d'hier m'a paru long et triste après vous avoir quittés de nouveau toi et les enfants. Heureusement que le temps s'est maintenu pendant la route entre sourire et grimace, sans soleil, mais sans pluie. J'espère que vous n'aurez pas été moins heureux que moi et que le cher petit Jacques aura pu faire sa procession sous un ciel clément.

» Cette première communion de notre fils m'a bien ému, malgré l'éloquence à rebours de l'abbé Fontaine et le malheureux cantique sur l'air du premier pas. Quand j'ai aperçu le col blanc du petit Jacques devant le vieil autel, mon cœur endurci pourtant a craqué tout à coup. Tant de souvenirs dans le passé. Tant de rêves pour l'avenir. Tant de pensées, de sentiments qui fondent subitement toutes les glaces de la raison et de l'orgueil.

» Je ne suis rentré à Fontainebleau que ce matin. A peine débarbouillé je suis allé faire un tour dans le parc, qui était vraiment charmant à cette heure matinale avec ses longues avenues sombres, sa pièce d'eau et ses nymphes dans leurs grottes fraîches. Je suis revenu en côtoyant les bords de l'étang couvert d'une flotille de barques et de petits trois-mâts pavoisés. Les barques circulaient à travers les îles, étalant au soleil leurs voiles blanches comme des ailes de cygnes. Il y a au centre de l'étang, sur un îlot, un pavillon dont les

tentes, les stores et les drapeaux flottants ont un joli
air de fête

» Comme je passais cette après-midi dans la cour
de la Fontaine, j'ai vu un groupe de messieurs dont
quelques-uns semblaient jouer au bouchon. J'ai reconnu
l'Empereur dans le groupe. Je me suis esquivé discrètement. Mais j'ai retrouvé Sa Majesté deux minutes
plus tard auprès de ses puits et de ses pompes qui pa-
raissent l'intéresser beaucoup. Il y avait huit pompes
à la file l'une de l'autre. L'Empereur s'est mis à pom-
per. L'Impératrice de même et tout l'entourage également, essayant de remplir le bassin qui est au-dessous.
J'ai pompé comme les autres et j'avais du mérite, car
je commençais un rhume et ces pompes bavaient fort.
On pompait sur ses pieds, sur ses mains, sur son rhume,
n'importe, on pompait toujours. Voilà les pompes de la
Cour.

» Je crois que cet excercice a mis l'Empereur en
retard pour le dîner, aussi a-t-il été forcé de payer
l'amende comme cela se passe habituellement au palais
pour ceux qui manquent d'exactitude. L'amende est de
cinquante centimes. Quand l'Impératrice est en retard,
elle arrive avec sa pièce de dix sous dans un petit papier
qu'elle remet en entrant au général Le Pic. Elle fait
cela avec un grand sérieux, comme si elle accomplissait
un devoir.

» La soirée s'est terminée par une loterie en l'honneur des Aguado qui avaient passé la journée au
château. L'Empereur était allé lui-même choisir les
lots, il y en avait bien pour six à sept cents francs.
C'était l'Empereur qui appelait les numéros d'une voix
grave. Je n'ai gagné qu'un affreux porte-plume. Il y
avait pourtant de jolis bibelots que j'enviais pour toi.

» La fête n'a fini qu'à minuit et je suis rentré chez moi, m'étonnant que ma femme me reproche de me coucher de trop bonne heure.

» OCTAVE. »

Fontainebleau, 1868.

« Chère petite amie,

» Hier matin, par un temps admirable, je me suis acheminé de mon pied léger tout le long du canal, à l'ombre des grands arbres enveloppés de lierres, et je suis tombé à l'autre extrémité du parc, dans le petit village d'Avon. Il était tendu de draperies blanches et de fleurs et il y avait un joli reposoir au milieu de la rue. J'ai songé à notre cher voyage de l'an dernier, quand nous avons traversé ce village de Couterne, pavoisé et enguirlandé avec les chemins pleins de roses. T'en souviens-tu ?

» Je suis entré dans la toute petite église d'Avon, où un prêtre disait la messe pour lui tout seul. J'ai cherché la tombe de Monaldeschi. Ce fut le prieur du couvent d'Avon qui fut chargé par la reine Christine de préparer Monaldeschi à la mort; c'est lui qui a laissé le récit naïf et poignant de la galerie des Cerfs : ce fut lui qui demanda vainement à Christine la grâce du marquis et qui obtint pour toute réponse cette atroce parole adressée au capitaine des gardes : « Blesse-le pour qu'il se confesse. » Ce fut encore ce pauvre moine qui enleva le corps massacré et qui l'enterra dans l'église d'Avon.

» La pierre tumulaire est près de la porte, sous le bénitier. En m'agenouillant, j'ai pu lire encore la

vieille inscription du temps, disposée bizarrement :
Gy gist Monal dixi.

» Je suis revenu par l'autre rive du canal. Les beaux
arbres ! Jamais je n'en ai vu de pareils. Ils ont cent
mètres de haut, et des lierres de la tête au pied, puis
des oiseaux comme dans une volière.

» En rentrant à Fontainebleau, j'ai rencontré la
procession de la Fête-Dieu, solennisée par des coups de
canon. Il y avait en tête au moins cent cinquante
petites filles, portant des drapeaux bleus et blancs. Une
chose m'a paru drôle, c'est qu'on tend sur la tête de
l'évêque, entre le dais et le reposoir, une espèce de
parapluie à franges d'or, qu'on referme après tranquillement.

» Qui l'aurait cru? la pluie est tombée vers le soir.
J'aurais voulu que cette pluie continuât à tomber ce
matin, car c'est aujourd'hui la grande revue que l'Empereur doit passer à Paris, et dont on semble se
préoccuper ici. Tu n'es pas sans remarquer qu'il
souffle en ce moment un assez mauvais vent dans les
régions politiques. Les procès de presse, les petites
émeutes d'étudiants se multiplient, et les factions
encouragées s'agitent. Le petit prince a reçu dans son
aile un coup de cette méchante brise. On paraît
redouter pour la journée quelques manifestations hos-
tiles. Néanmoins, l'Empereur et l'Impératrice sont
partis avec les dames du palais, et tout ce monde
reviendra pour dîner, s'il plaît à Dieu.

» Nous avons fait hier, vers quatre heures, une nouvelle expédition aux rochers. Elle a été fort rude, et
l'Impératrice y a laissé les derniers lambeaux de sa
robe puce. Le prince était de la partie. Il est intrépide, très leste et très fort sur la gymnastique.

» L'Impératrice avait réglé l'ordre et la marche :
Corvisart en tête, à cause de son talent pour découvrir
les obstacles impossibles. Marie d'Albe ensuite, comme
la plus invincible des grimpeuses. Puis le prince, puis
moi et l'Impératrice. Le prince a pour officier d'ordonnance en ce moment M. d'Espeuilles, beau garçon,
sympathique, franc, les cheveux en brosse, une belle
tête militaire. Rien de plus amusant que de le voir
avec son impérial baby. Il est impossible d'avoir l'air
moins nourrice que M. d'Espeuilles, et ses soins pour
son prince, mêlés de rondeur, d'embarras et de délicatesse, ont quelque chose de comique et de touchant.

» L'Impératrice m'a paru un peu souffrante, et je crois
qu'elle s'est trouvée à moitié mal sur le sommet des rochers. Elle s'est assise longtemps silencieuse et l'œil vaguement fixé sur la ceinture sombre de la forêt. Mais elle ne
se plaint jamais et on est forcé de deviner qu'elle souffre.

» Nous sommes rentrés tard au palais, et j'ai dû
allumer mes superbes lustres pour faire ma toilette.
La course avait été horriblement fatigante et j'aurais
voulu dormir au lieu d'aller causer avec les dames,
mais j'ai causé et je n'ai pas dormi.

» La comtesse de Toledo m'ayant beaucoup parlé de
son envie de jouer *le Cas de Conscience*, j'avais fait
venir deux exemplaires de la pièce. Nous l'avons lu
tout haut. Madame de Sancy faisait le mari, madame
de Toledo la femme, et moi Raoul. Cela a beaucoup
amusé. L'Impératrice était auprès de l'Empereur, qui
était resté chez lui. Elle est revenue fort tard. On n'a
pris le thé qu'à minuit.

» Bonjour, chérie, j'espère que la bonne pluie d'hier
est également tombée sur tes pelouses.

» OCTAVE. »

Fontainebleau, 1868.
Du cabinet de Diane (Signe de santé).

« Chère enfant,

» Je dis signe de santé, parce que pour t'écrire du cabinet de Diane, il faut que je sois levé de bonne heure; mais ce n'est pas du tout la faute de l'Impératrice si je jouis ce matin d'une santé de colibri (pourquoi de colibri?)

» Notre dernière excursion dans les rochers avait laissé çà et là des foulures et des courbatures dont on n'osait se plaindre, mais qui faisaient généralement désirer l'ajournement de toute fête analogue. L'Impératrice, sollicitée par ses jeunes nièces, a résolu qu'on recommencerait cette expédition. Il avait plu tout le matin, et le ciel, quand on s'est mis en voiture, était horriblement menaçant; n'importe, Sa Majesté Impériale ne recule devant rien. Elle jette même un regard tragique à ceux qui ont l'air de regretter que les voitures ne soient pas couvertes. On part. J'étais sur le premier banc de la seconde voiture, chargé de tourner la mécanique et à côté de mesdames Redel et Le Breton. Derrière nous étaient mesdemoiselles d'Albe et mademoiselle de Larminat. Il faut te dire que Nigra, l'ambassadeur d'Italie, était de la partie et qu'on attendait le soir à dîner l'ambassadeur d'Angleterre et le ministre des affaires étrangères, lord Stanley, et que le dîner était fixé à sept heures moins le quart. Le ciel devenait de plus en plus noir et la promenade en voiture avait déjà plus d'une heure. Nous commencions à nous flatter que l'Impératrice, occupée de sa conversation

avec Nigra, avait oublié les rochers, d'autant plus que
le temps nécessaire pour une escalade semblait maintenant nous manquer. Comme nous nous abandonnions
à ces illusions, la pluie commença à tomber fort dru.
Nous ouvrons les grands parapluies qui sont à poste
fixe dans les courroies des voitures et nous voilà assez
heureux. Bientôt le char à bancs de l'Impératrice
s'arrête sous un gros arbre pour se mettre à l'abri.

» — Croyez-vous, crie l'Impératrice, qu'il y en ait
pour longtemps?

» On hoche la tête pour dire que cela est bien pris.
Madame Le Breton tire sa montre et dit timidement :

» — Je ferai remarquer à Votre Majesté qu'il est
cinq heures, que nous avons mis une heure pour
venir et que le dîner est pour sept heures moins un
quart.

» Sur quoi l'Impératrice descend de voiture :

» — Alors nous n'avons pas de temps à perdre,
mettons-nous en marche.

» Et l'on se met en marche vers les rochers voisins en jetant un regard désespéré à madame Le
Breton qui n'a fait que hâter la catastrophe. Il pleut
à verse. Les parapluies restent dans les voitures et
l'escalade commence à travers les rochers ruisselants,
les hautes herbes et les broussailles imprégnées de
pluie. En quelques minutes, les robes, les habits n'ont
plus figure humaine. Les chapeaux sont changés en
gouttières, les bottines en galoches fangeuses, les
gants en marmelade. On grimpe toujours. L'ambassadeur d'Italie suit gravement avec son beau chapeau
noir lustré et défoncé par la pluie.

» Cette pluie n'empêche pas la chaleur qui est accablante, et la sueur tombe de nos fronts avec l'eau du

ciel. Je nageais dans mes bottines, et, tout en prêtant la main à cette belle Impératrice, j'étais un peu tenté de ne pas la trouver aussi belle qu'à l'ord'naire.

» Trois quarts d'heure de cette course folle ; juge dans quel état nous sommes revenus aux chars à bancs. On retrouve les coussins changés en cuvettes. On s'enveloppe tout fumants dans les gros paletots d'hiver et on rentre au palais vers sept heures pour se mettre en grande toilette en l'honneur des Anglais.

» J'ai pris mon temps, je t'assure, et il en fallait pour ôter mes vêtements collants et mes chaussures recroquevillées. Je me suis frotté de la tête aux pieds comme si je sortais de ma douche et je suis rentré dans les salons illuminés. Sa Majesté est arrivée bientôt après, souriante et éblouissante, en traîne et en diamants. Elle était à table entre lord Stanley qui est un vigoureux mylord blond, et lord Lyons ambassadeur. Ces deux seigneurs paraissaient absolument sous le charme de Sa Majesté.

» Un incident pénible a terminé la soirée. Corvisart a reçu de Saint-Cloud une dépêche qui le mandait en toute hâte auprès de son fils qui venait de faire une chute de cheval et s'était grièvement blessé. On mandait aussi Nélaton qui avait dîné en qualité de sénateur nouvellement promu. Le pauvre Corvisart était fou de douleur.

» Adieu ma chère petite. Je vis de tes lettres.

» OCTAVE ».

Fontainebleau.

« Chère petite,

« Jolie promenade hier soir sur l'étang, dans la pirogue de l'Impératrice, remorquée par un petit vapeur. A bord, l'Impératrice et ses deux nièces, madame de Sancy, le général Frossard, M. Conti, Mario et moi, — pirogue noire, — coussins en cuir noir, — cordon noir tout autour du bordage, — balustrade en cuivre doré, ornée de têtes de cygnes. On parle des Mémoires de Catherine II. L'Impératrice donne de curieux détails sur l'empereur Nicolas. La conversation tourne, je ne sais par quelle transition, sur les tristesses de la souveraineté, sur la difficulté d'opposer un visage toujours égal et serein aux inquiétudes de chaque jour, de chaque heure.

» L'Impératrice raconte que l'an dernier, quand elle est venue à Fontainebleau avec l'Empereur et le Tsar, le préfet de police les avertit à la gare, qu'un homme soupçonné d'intentions criminelles était parti pour Fontainebleau le matin, qu'il avait envoyé un agent en toute hâte mais qu'il n'en avait pas de nouvelles, qu'il suppliait Leurs Majestés de ne point partir ou du moins de ne pas aller dans la forêt. Ils partirent cependant sans rien dire à l'empereur de Russie. De la gare de Fontainebleau au palais, l'Empereur et l'Impératrice se serraient autour du Tsar pour le protéger. L'Impératrice montra en grand détail à son hôte tout l'intérieur du palais, lui contant des histoires, en inventant même pour gagner du temps, de façon que la promenade en forêt devînt impossible. Elle a ajouté qu'on ne s'habituait pas à ces angoisses. L'élan héroïque devant le danger ne lui coûte rien, mais la fermeté impassible de chaque jour, de chaque heure n'est pas chez elle sans effort. Elle rêve parfois le repos qu'elle n'aura jamais ou de grandes occasions qui sont rares. Elle écoute les rafales de vent dans les arbres, et elle pense aux vieux châteaux, aux grands corridors et aux solitudes perdues. Il lui faut tout ou rien. En pénétrant dans cette âme, comme on sent la vanité profonde de tout ce qui n'est pas simple!

Rentrés au palais, nous avons essayé dans le salon chinois la ronde du Pont de Nantes. Mais ça n'a pas marché. On a dansoté entre jeunes filles. Mademoiselle Louise d'Albe est venue s'asseoir auprès de moi avec un jeu de solitaire sur lequel elle m'a montré ses talents. J'ai brisé l'éventail de madame Redel, pendant que l'Impératrice nous appelait dans le salon voisin pour prendre le thé. Il m'a fallu, à mon vif regret, plonger un chalumeau dans une drogue composée de lait gelé et de râpure de cannelle dont Sa Majesté venait de faire le mélange dans un verre. Il n'y avait pas moyen de reculer. J'ai dit que c'était très bon, mais je me sentais verdir. Enfin, l'Impératrice ayant dit qu'on avait l'air bête avec un chalumeau, j'ai saisi ce prétexte avec enthousiasme. J'ai dit que j'aimais mieux me priver que d'avoir cet air-là aux yeux de Sa Majesté et j'ai déposé mon verre sur le billard, ce qui a fait rire l'Impératrice. On lui a apporté son courrier qu'elle a dépouillé gravement. Puis est entrée une chauve-souris qu'un de ces messieurs a abattue d'un coup de canne. L'Impératrice s'est fait apporter l'horrible petite bête qu'on a posée sur l'une des dépêches et voilà l'Impératrice qui se met à la manier, à lui poser son ongle rose sur son affreuse petite poitrine velue, à lui écarter les ailes, à lui ouvrir la bouche avec un chalumeau et enfin à souffler dans ce chalumeau pour lui rendre la vie. Et, comme la vie ne revenait pas sous cette insufflation de la plus belle bouche du monde, je me suis permis de dire qu'il fallait que la bête fût bien décidément morte. Mais quel étrange spectacle que celui de cette belle et impériale créature, tourmentant et manipulant ce petit monstre avec la curiosité d'une enfant sauvage.

» Bonjour, ma chère petite femme, bonjour aux enfants que j'aime comme toi.

» OCTAVE. »

« L'Empereur est bon, il l'est presque trop — pas pour moi, mais pour bien d'autres. Pour moi, je m'attache vraiment à lui personnellement. On dirait qu'il le sent. Il me regarde souvent et je trouve une sorte de curiosité affectueuse dans son regard. »

Fontainebleau.

« Ma chérie,

» Ta soirée solitaire et attendrie aux pieds de Vénus en face de tes riantes corbeilles et de mes persiennes fermées est un tableau charmant qui se grave au fond de mon cœur.

» J'ai été réellement assez souffrant d'une espèce de grippe, ce qui ne m'a pas empêché d'aller dîner hier en forêt, ayant reçu le matin une invitation de l'Impératrice. A cinq heures donc j'étais dans la cour de la Fontaine avec mon petit paletot sous le bras et mon chapeau blanc sur la tête. Il y avait trois chars à bancs avec de beaux postillons poudrés et des piqueurs à grelots. Je m'apprêtais à monter dans la seconde voiture quand l'Impératrice m'a fait appeler et monter derrière elle à côté de madame de Montebello.

» Comme nous entrions en forêt, l'Impératrice, qui n'avait plus à distribuer ses saluts et ses sourires aux populations, s'est mise à causer avec une gaieté de jeune fille.

» Nous avons rencontré le prince impérial avec sa suite. Il était à cheval, son petit chapeau en toile blanche sur le nez, crâne et charmant.

» — Qu'il est joli, mon petit garçon, a dit l'Impératrice.

» Quand nous l'avons croisé, il s'est arrêté et a fait face à sa mère comme un petit soldat au port d'armes, puis il a pris le galop à côté du char à bancs.

» La conversation a continué très nourrie et très gaie. M. de Brissac est plein d'esprit et bon compagnon. J'ai dit aussi quelques bêtises qui ont fait rire. Je ne voyais guère la forêt pendant cela. Après trois quarts d'heure de course, il y a eu de l'hésitation en tête. Le maître piqueur a avoué qu'il était égaré. On a consulté les cartes. Il a fallu tourner bride non sans quelques risques dans la route étroite; nous avons longé toute la caravane des chars à banc et des fourgons de suite qui portaient les provisions. Enfin on est arrivé sur un plateau couvert de bruyères et de rochers d'où l'on dominait d'un côté la forêt en contre-bas, un océan de cimes ondulées, mêlées de récifs, de l'autre une plaine immense. On est descendu. On a déballé les provisions. L'Impératrice a choisi sa place sur un rocher plat, les pieds dans un fouillis de bruyères. Tout le monde s'est groupé irrégulièrement autour, en avant, en arrière. L'Impératrice m'a montré le rocher en face d’elle. Je m’y suis assis respectueusement. Le creux qui nous séparait n’avait pas deux pieds de largeur. Je lui ai dit :

» — Madame, je ne pourrai jamais manger si près de l’Impératrice.

» Et il est vrai que cela me paraissait fort gênant. De plus, je n’avais pas de place pour mes longues jambes. Enfin j’ai pris le parti de m’asseoir sur le propre rocher de Sa Majesté, très vaste et fort commode. Chacun est allé picorer alors dans les provisions étalées sur une nappe par terre à deux pas. Le duc d’Albe, assis en face de moi, m’a donné l’exemple de charger mon assiette d’un entassement de viandes, de salade russe, de gelée, et je suis revenu avec ce garde-manger m’asseoir près de la souveraine.

» — Je ne mangerai jamais tout cela, lui ai-je dit, mais c’est pour ne pas y retourner.

» Elle riait et disait : « Vous êtes si paresseux ».

» On riait tout autour avec beaucoup d’abandon, mais aussi de réserve et de convenance. Mesdemoiselles d’Albe étaient aux pieds de l’Impératrice un peu plus bas. Elles étaient animées par ce beau temps, ce beau ieu, ce bon petit repas sur l’herbe. Mais tout ce monde a par habitude un tel sentiment de goût et de réserve, que la gaieté la plus vive reste toujours convenable. Moi j’aime ce genre-là, je suis plutôt l’homme du sourire que de la grosse farce.

» Le repas terminé, l’Impératrice nous indiquant de sa canne au-delà de l’océan de verdure qui était sous nos pieds, une montagne de rocs assez éloignés, a déclaré qu’il s’agissait d’arriver là, à travers tous les obstacles. On a commencé alors à descendre vers le vallon, de rocher en rocher, à travers les broussailles,

les houx, les genévriers épineux, puis il a fallu escalader la montagne au milieu des mêmes difficultés. Il y en avait de fort raides et même de dangereuses, mais Sa Majesté ne craint rien.

» Tout cela eût été charmant, sans l'épouvantable chaleur que ce steeple-chase forcé développait dans nos personnes. Tous les visages étaient cramoisis. Quant à moi, la sueur me ruisselait comme la pluie, sur tout le corps. Je pensais à ma grippe, je toussais pas mal et j'ai cru vraiment que cette fête serait la dernière pour moi.

» En montant dans le char à bancs, j'ai vite endossé mon paletot qui me paraissait insuffisant, mais l'Impératrice qui voit tout, qui pense à tout, excepté au mal, s'est aperçue de ma détresse et m'a donné sa couverture de voyage, ce qui m'a préservé d'un refroidissement mortel. Elle est si bonne, l'Impératrice, que je n'ai pas de paroles pour dire combien j'en suis touché. Tu as raison de l'aimer comme une amie.

» Je me suis couché au lieu de souper et j'ai lu Walter Scott, mon meilleur ami et ma seule famille et mes seuls Palliers...

» Bien tendrement à toi ma chère petite.

» OCTAVE ».

Montereau, juillet.

« Ce matin, dimanche, j'étais éveillé dès l'aube, ma chère petite. J'ai vu le temps superbe, j'ai saisi mon livret Chaix. Je me suis levé en toute hâte, j'ai mis sous mon bras un gilet de flanelle roulé dans un journal et me voilà parti pour Montereau.

» Pourquoi Montereau ? d'abord pour sortir de la

forêt pieuvre et pour ne plus la voir pendant quelques
heures. Ensuite parce que je ne sais pas, mais ça doit
être un bon petit trou de province, ce Montereau. Il
doit y avoir une vieille église du temps de Jean sans
Peur, et le vieux pont où il a été assassiné, et sous ce
pont des pêcheurs tranquilles comme ceux de la Vire,
et pas un Parisien dans les rues, les simples habitants
bâillant leur dimanche sur leurs portes, et quelque vieil
hôtel avec un banc à l'entrée, et sur ce banc un voyageur attendant le déjeuner.

» En effet, ma chérie, j'ai trouvé tout cela à Montereau et je ne peux pas te dire quel plaisir d'enfant
j'ai éprouvé. J'ai cru être à Valognes, la patrie de
Barbey d'Aurevilly. Le mouvement parisien s'arrête à
Fontainebleau et au delà c'est la pure province. C'est
la Bourgogne, la campagne vraie, simple, la nature
et le naturel.

» Je suis à l'hôtel du Grand-Monarque que j'aimerais, je l'avoue, un peu moins simple, c'est-à-dire un
peu plus propre. Il est ignoble ! Néanmoins je m'y
plais, à cause de ce banc qui est devant la porte et
du voyageur qui est dessus. C'est moi qui suis le
voyageur. Me voilà bien loin des pompes de la Cour !
Mon Dieu, je les apprécierai encore mieux ce soir.

» Nous avons eu hier à Fontainebleau le premier
orage de la saison, un bel orage qui grondait comme
un lion dans les profondeurs de la forêt. L'air était
épais comme de l'huile. Les roulements de la foudre,
au-dessus de ces grands dômes de feuillage étaient
imposants.

» Enfin, ma chérie, il faut pourtant que j'aille m'asseoir sur ce banc. Je vais ensuite déjeuner, fumer
une pipe sentimentale au bord de l'eau et repartir pour

Fontainebleau où je trouverai une lettre de ma très chère petite femme.

» OCTAVE. »

Fontainebleau, juillet.

» Je ne sais plus trop où t'envoyer mes lettres, ma chère enfant, puisque tu entreprends ce petit voyage d'aventures. J'espère que celle-ci t'arrivera avant ton départ. J'ai dîné hier à la gauche de madame de Montebello qui avait à sa droite le prince impérial assis à côté de sa mère. Après le dîner, le temps s'étant tout à fait remis au beau, l'Impératrice nous a entraînés dans l'une de ses longues et rapides promenades qu'elle aime. Après avoir circulé dans le jardin anglais, on a franchi la grille qui est au bout de l'étang et on est entré dans la forêt, l'Impératrice marchant vite avec sa casaque pareille à une cuirasse d'or, sa canne à la main, son pas élégant et intrépide, la tête haute, causant avec animation, presque toujours sur des sujets historiques. Le ciel était d'un azur sombre, avec un croissant de lune qui paraissait marcher devant nous comme un signe, au-dessus des longues avenues pleines d'ombre et de silence. Ce cortège, cette marche rapide, cette souveraine avec son corsage éblouissant d'or, tout cela passait dans cette forêt comme un souvenir fantastique des Diane, des La Vallière, des Marie-Antoinette, de toutes les ombres royales et charmantes qui ont laissé leurs traces dans ces mêmes sentiers.

» Je t'assure qu'on est étonné de voir tout ce que sait l'Impératrice, tout ce qu'elle a lu, tout ce qu’elle a pensé, toute la culture de son aimable esprit. Ce sera vraiment un joli souvenir dans ma vie que celui de cette belle promenade, sous ce beau ciel et à côté de cette belle souveraine, intelligente, animée, rieuse, sincère, confiante. Il est impossible avec cela d’être plus simple, plus gentille, si ce mot pouvait s’appliquer à cette grande dame qui sait si bien se mettre à l’aise quand elle est en confiance, et y mettre les autres, sans jamais oublier ce qu’elle est, ni donner la tentation qu’on l’oublie.

» Au sortir de la forêt on a pris le boulevard de Magenta, qui mène à la grande entrée du château. C’est la ville ! On rencontrait des promeneurs qui s’arrêtaient soudain et se parlaient bas. Comme nous entrions dans la cour du Cheval-Blanc, Monaldeschi se trouvait être encore sur le tapis. Je demandai à l’Impératrice si elle avait vu un tableau que j’avais remarqué la veille dans un corridor et qui représente Monaldeschi demandant grâce à Christine. L’Impératrice a voulu voir ce tableau, il faisait noir dans le corridor ; on a apporté vivement une lampe que j’ai tenue devant le tableau pendant que l’Impératrice le regardait. Puis on s’est remis en marche. Le suisse a frappé les dalles de sa hallebarde. On a déposé ses paletots sur les palanquins qui sont dans l’antichambre et on s’est assis près de la table à thé.

» L’Empereur est au camp de Châlons, il a envoyé une dépêche à l’Impératrice. Elle l’a lue tout haut. « Arrivé en bonne santé. Beau temps. J’ai oublié de recommander à Louis de ne pas approcher de la machine du jardin. » Cette machine est une petite machine à vapeur qui fait marcher huit pompes. La préoccupation de l’Empereur à ce sujet m’a rappelé

toutes nos inquiétudes de ce genre au sujet des enfants.
Surveille bien ce sournois de Richard.

» L'Impératrice était un peu fatiguée. Elle s'est retirée
de bonne heure. Avant de partir elle m'a remis les
Mémoires de Catherine II, dont elle m'avait parlé et
qu'elle avait rapportés de Paris la veille pour me les
faire lire. N'est-ce pas aimable? J'ai là ces deux volumes tirés de sa bibliothèque personnelle et décorés
de ses armes.

» Adieu, ma petite amie, bien à toi toujours.

» OCTAVE. »

Fontainebleau, juillet.

« Je ne te gronderai pas de ta tristesse, ma chère
petite, mais je la partagerai, je t'en avertis, si tu ne
parviens pas à la chasser de ton brave petit cœur. Je
la pressentais déjà hier, quand je te pressais de faire
le petit voyage auquel tu parais renoncer aujourd'hui.
Tu me ferais vraiment plaisir si tu donnais suite à ton
projet. Tu me soulagerais du fardeau qui me pèse sur
l'esprit quand je pense à ta longue solitude.

» La canicule continue à verser toutes ses laves sur
nos têtes et le ciel, après une légère rosée matinale, a
repris sa terrible sérénité. Je vois ici bien des santés
ébranlées par ces terribles chaleurs. Pour moi, je me
porte très bien et je dois, je pense, ma solidité à une
complète abstinence de boissons rafraîchissantes entre
mes repas.

» Cette excellente Impératrice, me voyant traverser
toutes ces cours torrides pour gagner la bibliotheque,

m'a permis de passer par le jardin de Diane à l'ombre des bosquets, ce qui abrège la route et me la fait charmante.

» Elle est revenue hier de Paris un peu fatiguée. A travers le conseil des ministres, elle avait encore eu une pensée aimable pour moi. Elle s'était souvenue d'une bague étrange dont elle m'avait parlé la veille et elle l'avait rapportée. Elle avait aussi apporté sa bible, pour me montrer la page et le passage sur lequel son doigt s'était arrêté quand elle consulta le livre sacré dans un élan de piété exaltée après l'attentat d'Orsini.

» Je n'ai su toutes ces gracieuses attentions qu'un peu tard dans la soirée. J'étais allé un instant au fumoir pendant la promenade sur l'étang. Quand je suis rentré au salon, la promenade durait toujours et je n'ai trouvé que les deux demoiselles d'honneur, rangeant les armoires de l'Impératrice. Je leur ai proposé une course à pied et nous voilà partis tous les trois. Nous sommes allés jusqu'au bout de l'avenue qui ferme l'étang et qui fait face aux salons. Quand nous sommes revenus, l'Impératrice était assise avec deux ou trois dames devant la porte. Elle nous a reconnus de loin et s'est écriée : « A propos, je vous ai rapporté la bague de Salzbourg », et elle l'a ôtée de son doigt. Cette bague, que je me suis mis à examiner à la lueur des feux qui sortaient des fenêtres ouvertes, a pour chaton une sorte de petit loup d'or émaillé blanc et noir avec des yeux de diamants. Le chaton est creux et contenait du poison, dit l'histoire. On lit sur la monture : *Sous le masque, la vérité*, ce qui est passablement énigmatique. C'est d'ailleurs un riche et charmant bijou qui sent son XVIme siècle, élégant et sombre et qui doit être vénitien ou florentin, bien que l'Impératrice l'ait trouvé à Salzbourg.

» Après avoir conversé à outrance sur cet objet mystérieux, l'Impératrice s'est levée et je l'ai suivie dans le salon où elle m'a montré sa bible, marquée à la page fatidique. Je lui ai demandé la permission de copier les versets qui lui ont rendu la foi et le courage; je te les rapporterai.

» Pendant que j'y étais, j'ai pris la liberté de lui rappeler qu'elle m'avait promis de me laisser copier une pensée d'elle, écrite dans son livre à serrure, car elle aussi a des livres à serrures. Je croyais qu'elle l'avait oublié, mais elle n'oublie rien. Elle m'a dit en prenant un air un peu honteux qui donne à sa jolie tête fière un charme extrême :

» — Mais vous vous moquerez de moi.

» J'ai juré que non, et vraiment je n'en avais pas envie. Je te rapporterai encore ce souvenir.

» En prenant le thé, l'Impératrice en confiance nous a conté son entrevue avec madame Miramon, veuve du général qui a été fusillé à côté de Maximilien.

» La pauvre femme, jeune et jolie, est venue en Europe d'après les instructions de son mari et de l'empereur qu'elle a suivis jusqu'au lieu du supplice. L'Impératrice a eu de sa bouche tous les affreux détails et en particulier celui-ci qu'elle me racontait avec ses beaux yeux humides et exaltés. Il y avait deux pelotons de soldats chargés de l'exécution, l'un formé de bons tireurs et destinés à l'empereur, l'autre de recrues mal exercées. Quand l'empereur et Miramon arrivèrent, un officier désigna à Maximilien le peloton qui lui était réservé. Maximilien se tourna alors vers Miramon et lui dit : « Je ne puis plus vous donner qu'un témoignage de mon amitié; mettez-vous là, je l'exige »; et il le fit placer devant le groupe des vieux soldats, se plaçant lui-même devant l'autre. Miramon fut tué sur le coup et l'empereur fut massacré et souffrit longtemps. N'est-ce pas touchant? Il faut entendre l'Impératrice prononcer avec son accent espagnol le nom de Juarès. Elle y met une passion et un mépris de haine indiscible.

» Je suis bien fatigué et te dis adieu. Adieu ma chérie.

» OCTAVE. »

Fontainebleau.

« Chère enfant,

» J'ai eu ce matin un tête-à-tête de près de deux heures avec madame de Saulcy. Moi je l'aime, cette madame de Saulcy, elle est étrange, elle a l'air d'un grand scarabée noir. Belle femme d'ailleurs, sévère et mystérieuse et poussant tout à coup des éclats de rire féroces, qui montrent de fort belles dents blanches et aiguës. Nous avions parlé ensemble de la pièce, de cette *Julie* qui m'occupe tant, et de fil en aiguille, il avait été convenu que je la lui lirais. L'épreuve, qui était de ma part une sorte de trait de désespoir, a beaucoup réussi. — Nous étions tous deux dans un petit boudoir, chez elle, au coin d'une fenêtre qui donne sur le jardin anglais. Elle était à moitié dans l'ombre, drapée dans sa robe de chambre, droite immobile, glaciale; ses grands yeux noirs fixés sur moi avec une dureté implacable. Pas un mot, pas un geste. Je lui avais dit d'ailleurs que tout signe d'approbation ou d'improbation était interdit. Cependant, il me semblait bien entrevoir dans cette ombre son regard étinceler vaguement d'une clarté humide. Le premier acte fini, elle m'a donné son avis nettement en termes d'une justesse parfaite et avec une profondeur d'appréciation étonnante. Elle m'a dit exactement ce que je désirais qu'elle me dît. L'impression a été la même pour le second acte et même elle s'est mouchée dans le courant. Puis je lui ai lu la première scène du troisième, car j'en suis toujours là et je lui ai conté le reste de l'acte ; mais alors, elle m'a supplié d'en demeurer là ; c'est-à-dire, de ne pas faire de quatrième tableau et cela par des raisons si éloquentes, que vraiment elle m'a convaincu. En résumé, son impression est celle-ci : c'est poignant. La vérité même. Du réalisme distingué et délicat. Une porte qu'on ouvre sur un salon du vrai monde, pas une ficelle. Simple, vrai et terrible.

» La soirée d'hier a été triste. Le prince était allé dans la journée assister à la distribution des prix du grand concours. Il était revenu pour dîner, mais nous étions déjà réunis depuis longtemps dans le salon de Saint-Louis, l'Impératrice même y était, et ni l'Empereur ni le prince ne paraissaient. Cette longue attente a fini par sembler extraordinaire et la cousine de l'Impératrice, la comtesse Sclafani m'a dit tout bas, qu'elle avait vu rentrer le prince très triste et qu'elle pensait qu'il avait dû se passer quelque chose de pénible à Paris. L'Empereur est enfin arrivé avec le prince et son service et on a passé dans la galerie.

» J'étais placé en face de Leurs Majestés. L'Empereur avait l'air grave, doux et tranquille comme à l'ordinaire. Le prince de même, mais l'Impératrice était

visiblement préoccupée et très silencieuse. Le général
Frossard avait une mine plus sévère que de coutume.
Après le dîner on est venu prendre le café dans le salon
de Saint-Louis, puis tout le monde s'est écoulé peu à
peu par l'escalier qui donne dans la cour de la Fontaine.
Sept à huit personnes seulement prolongeaient la causerie dans le salon, entre autres M. Conti et moi.
Nous étions tous deux assis dans l'embrasure profonde d'une fenêtre, quand tout à coup un rire étrange,
saccadé, continu, a éclaté dans l'embrasure de la fenêtre
voisine. Un petit frisson m'a passé et j'ai regardé
M. Conti qui m'a dit tranquillement :

» — C'est l'Impératrice qui rit.

» — Mais c'est une attaque de nerfs, ai-je dit.

» — Non, non, pas du tout.

» Enfin, ce rire continuant avec plus de violence, il
n'y a plus eu de doute possible, nous nous sommes
levés et nous avons passé dans le salon voisin. Piétri a
vivement fermé les deux battants de la porte que
l'Empereur a entr'ouverte la minute d'après en demandant Corvisart de sa voix douce et calme. Le bruit
de ce rire effrayant a cessé, on entraînait l'Impératrice
chez elle ; mais les fenêtres du salon où nous étions
retirés ouvraient sur la cour ovale où sont les appartements de l'Impératrice, et bientôt nous avons entendu
de nouveau ce rire terrible retentir bruyamment; la
cour en était remplie et un groupe de domestiques et
de surveillants écoutait au milieu du silence du vieux
palais ce rire sardonique qui glaçait le sang.

» J'ai interrogé alors M. Conti sur ce qui s'était
passé. Il paraît que le prince a été assez mal accueilli
à cette distribution des prix et qu'il a été chuté. L'Impératrice, intrépide et indomptable dans un danger per-

sonnel, avait défailli devant l'offense adressée à son fils par le jeune Cavaignac, lequel avait refusé le prix offert par le prince.

» La pauvre femme a reparu une heure après dans le jardin. On s'est groupé à cinq ou six autour d'elle. J'étais assis, contre son fauteuil, un peu en arrière, sur une des marches du perron. À toute minute elle entr'ouvrait la bouche pour essayer de bâiller et de se détendre. Elle portait sans cesse à son nez un gros flacon d'éther, puis renversait sa tête sur le dossier et regardait le ciel noir. Elle essayait de suivre la conversation, mais elle disait des choses décousues, répétant à tout instant avec une tendresse d'intonation extrême: « Mon petit garçon, mon petit garçon ! » Nous étions rares autour d'elle comme si déjà le malheur l'eût touchée. A onze heures elle s'est levée et s'est retirée comme un fantôme.

» Bonsoir, chérie. Voilà sérieusement du mauvais temps je crois. Je le souhaite pour tes pelouses et pour mes légumes.

» OCTAVE. »

Fontainebleau.

« Je te remercie, chère petite, de te mieux porter, d'être plus gaie et de me le dire si tendrement. J'espère que vous éprouvez comme nous aujourd'hui un peu d'adoucissement et de détente dans le temps et que tu ne te seras pas promenée cette nuit sur ton balcon.

» Hier, la chaleur était effroyable et je m'épongeais à toute minute le front en t'écrivant. Je me livrais au même exercice dans le cabinet de Diane, quand sur les

trois heures un petit coup discret frappé à ma porte
m'a annoncé l'apparition des demoiselles d'honneur.
Elles sont entrées un peu rouges et troublées de leur
escapade, l'haleine un peu courte et avalant les syl-
labes. Puis elles se sont mises à fureter dans le cabinet
et nous n'avons pas tardé à nous trouver en confiance
comme des petits camarades. Elles se sont bientôt installées debout devant un grand pupitre fait exprès pour
déployer les grands livres d'images, et j'ai fait défiler
devant elles tous les beaux albums préparés à leur
intention. Elles sont toutes deux fort spirituelles et
goguenardes; moi, je sais me prêter un peu à tous les
âges, de sorte que la conversation s'est soutenue assez
gaiement pendant plus d'une heure. Après quoi je les
ai reconduites le long de la galerie et elles sont ren-
trées mystérieusement dans les appartements de l'Impératrice, ravies d'avoir goûté à cette ombre de fruit
défendu.

» On a dîné à six heures, parce que la promenade
devait avoir lieu après dîner. L'Impératrice m'a interpellé d'un bord à l'autre en me demandant si j'avais
reçu enfin la visite de ses demoiselles.

» — Oui, madame, et ça été une heure solennelle
dans ma vie de bibliothécaire.

» — A quelle heure y êtes-vous allées? a-t-elle
demandé en riant à mademoiselle Marion.

» — A trois heures moins un quart, madame.

» — Et à quelle heure en êtes vous sorties?

» — A quatre heures, madame.

» L'Impératrice a fait avec sa jolie bouche une moue
féroce et a éclaté de rire. Mérimée qui est arrivé hier
et qui était à côté d'elle, s'est mis à plaisanter avec
elle et avec nous sur ce sujet, demandant quels livres

je montrais à ces demoiselles, et si l'Impératrice me
permettait de leur montrer les miens.

» — Non, excepté deux.

» — Et combien de M. Mérimée, madame ? ai-je
dit.

» — Aucun.

» Les chars à bancs attendaient dans la cour, la
chaleur était affreuse. On ne respirait pas. Des nuées
livides et déjà sillonnées d'éclairs muets s'amassaient
au-dessus des arbres. On est parti avec les forestiers,
les piqueurs, les postillons jaunes : tra la la. L'Impératrice avait la tête nue, son chapeau sur les genoux.
Toutes les dames l'ont imitée. Après être sorti du bois
on a suivi presque toujours les bords de la Seine. La
nuit était tombée ; les éclairs entr'ouvraient sans trêve les
horizons sombres. On avait allumé les lanternes et on
traversait des villages dont les habitants se pressaient
aux portes et aux fenêtres dans les plus simples appa-
reils, criant de temps à autre : « Vive l'Impératrice ! »
Le petit prince était dans notre char à bancs, devant
moi, à côté de sa cousine d'Albe. Quand je contais à ces
demoiselles quelque chose qui l'intéressait comme le
combat de l'*Alabama* à Cherbourg, il se retournait,
écoutait et me pressait de questions. C'est une chose
étrange et même effrayante que le mélange d'enfantil-
lage et de sérieux précoce qu'il y a dans cette jeune
tête et qui se sent dans son langage. Je ne pus m'empêcher de rire, quand le prince se redressant tout à
coup, et le coude appuyé sur le rebord du break m'a
dit gravement :

» — Avez-vous lu le *Péché de Madeleine ?*

» En rentrant dans le parc, les éclairs ouvraient des
perspectives fantastiques dans la profondeur du bois.

Il tombait quelques gouttes d'eau, mais l'orage n'a pas éclaté.

» Je me suis couché avec Walter Scott. Adieu, je t'aime bien.

» OCTAVE. »

Fontainebleau.

» Crois bien, ma chérie, que je ne suis pas étranger aux réflexions tristes qui te viennent à l'esprit avec les premières brumes de l'hiver. Les feuilles poussaient encore quand je t'ai quittée et elles tombent déjà. Les odeurs de l'automne ont remplacé les parfums des tilleuls que je respirais en arrivant ici. Oui, cela est triste, mais je n'y veux pas penser et l'idée de te revoir bientôt et de ressaisir ma vie ne laisserait place à aucun sentiment pénible, si le prochain départ du petit Jacques et toutes les préoccupations qui s'y rattachent, ne se mêlaient à une douce perspective de retour.

» Il faut te dire que j'étais un peu souffrant et légèrement inquiet ces jours-ci. Notre dernière excursion dans les rochers n'avait pas été tout rose pour moi. Un des jeunes Toledo, que je voulais recevoir et soutenir au moment où il se laissait dévaler le long d'un rocher à pic, m'était arrivé comme un paquet. Son genou pointu s'était incrusté dans ma poitrine. J'avais immédiatement senti une douleur très vive. Le soir, je bus de l'arnica en me couchant, mais le lendemain i'avais beaucoup de peine à respirer. Cette oppression douloureuse a été chaque jour en augmentant. Enfin, avant-hier et hier, je me sentais la poitrine meurtrie, e ne pouvais faire un geste ni prendre ma respiration sans crier. Je commençais vraiment à croire qu'il y avait quelque épanchement à l'intérieur et avec tout cela, ne voulant pas faire le douillet, je continuais d'aller dîner au palais et de causer avec les dames Madame de Sancy et de Varaigne qui sont des amis, me faisaient apporter le soir des bouillies de graine de lin que je m'appliquais tant bien que mal dans mon petit coin. Tu penses bien au reste que si je te parle de ce bobo, c'est que je n'en ai plus aujourd'hui que le souvenir insignifiant. Je respire ce matin avec délices et j'ai fait une longue promenade en chantant comme une alouette.

» L'Empereur et l'Impératrice, prévenus de mon indisposition, m'ont accosté tous deux avant le dîner et interrogé longuement avec toute la bonté possible. Tous deux d'ailleurs semblaient s'être donnés le mot hier pour redoubler envers moi de gracieuses attentions. L'Empereur, après dîner, m'a envoyé chercher par son chambellan pour causer avec lui dans son cabinet. Le chambellan m'a introduit et s'est retiré aussitôt. L'Empereur était assis au coin de la cheminée où il y avait grand feu. J'ai fait ma révérence. Il s'est levé :

» — Vous fumez ?

» — Oui, Sire.

» Il a pris alors une cigarette dans une coupe posée sur son bureau et me l'a donnée. J'ai allumé ma cigarette à la lampe. Je me suis assis à l'autre coin de la cheminée sur le fauteuil qu'il m'indiquait et nous voilà tous deux fumant en tête à tête comme une paire d'amis.

» — Nous craignons de vous faire perdre bien du temps, a repris l'Empereur.

» Je lui ai dit combien j'étais reconnaissant de ses
bontés et quel précieux souvenir j'emporterais de ce
séjour.

» — Mais pouvez-vous travailler ici ?

» — Oui, Sire.

» Mensonge, n'importe.

» — Le théâtre, a-t-il continué, est bien pauvre en ce
moment. Et puis toujours des pièces violentes où l'on
ne nous montre que des vices. Je crois qu'une pièce
honnête serait aujourd'hui reçue avec enthousiasme,
que le public l'attend, etc...

» Je lui ai dit naturellement que je le croyais aussi,
mais que le théâtre semblait condamné quant à présent à une certaine infériorité par la qualité même du
public démocratique auquel il s'adresse.

» J'ai marqué la différence de celui-ci avec celui du
temps de Louis XIV qui était une élite. Nous avons battu
l'eau sur ce texte. Nous avons parlé d'Augier, de Paul
Forestier, puis de la *Lanterne* et de Rochefort comparé
à Courier. Je lui ai dit que les pamphlets de Courier
étaient des pamphlets et ceux de Rochefort des gami-
neries. Puis nous sommes arrivés tout doucettement à
la décentralisation, à la prépondérance excessive, fié-
vreuse et factieuse de la capitale en France, à l'inertie
du reste du pays, au défaut d'initiative du parti con-
servateur. Je lui ai encore rappelé l'état social si diffé-
rent de l'Angleterre, de l'Allemagne, de l'Amérique.
Il m'a objecté comme toujours, la différence des tra-
ditions, des caractères nationaux, la difficulté de changer les mœurs.

» — Il est vrai, a-t-il dit, que les lois peuvent les
modifier mais graduellement, bien à la longue. J'ai déjà
augmenté les attributions des conseils généraux, mais

voyez, on ne peut les retenir en session dès que la chasse est ouverte. Quant aux conseils municipaux, ils votaient leurs impôts en Savoie, et quand nous l'avons annexée, toutes les communes étaient obérées. A mon arrivée ici rien ne paraissait plus simple et plus juste que de laisser nommer les maires par les communes J'avais beaucoup vécu en Angleterre et en Suisse où cela va de soi. Eh bien, on me nommait des maires qui payaient à boire au cabaret. L'initiative, elle, n'est pas non plus dans les mœurs de ce pays. J'ai voulu essayer à Plombières sur une petite échelle, de susciter une association indépendante de l'État pour l'exploitation de leurs eaux qui sont pour eux une source de revenu, eh bien, ça n'a pas marché. Vous dites que la révolution a fondé l'égalité plutôt que la liberté. C'est vrai, il y avait en principe plus de liberté vraie sous l'ancien régime, des individualités collectives plus indépendantes et plus fortes, des individualités personnelles aussi.

» — La province envoie aujourd'hui à Paris tout ce qu'elle fournit d'hommes capables, Sire, parce qu'il n'y a pas en province de quoi les occuper, les retenir sans doute.

» — J'ai beaucoup pensé à votre décentralisation, c'est bien difficile.

» — Il n'y a pourtant que l'Empereur qui ait assez de puissance pour l'entreprendre et si cela est bon et nécessaire...

« Il n'a rien répondu et s'est absorbé dans ses pensées. Je voyais dans l'ombre ses grands traits pâles et son large front appuyé sur sa petite main. Quels rêves poursuivait-il ?

» Il s'est levé bientôt après; s'est avancé vers

la fenêtre, a regardé le ciel où il y avait quelques étoiles.

» — Il fait beau... Voyons où est l'Impératrice.

» Il s'est dirigé vers le salon chinois, nous y sommes entrés tous deux. L'Empereur est allé s'asseoir auprès du prince qui jouait aux dames, et moi je suis allé jouer avec les dames.

» Forcé de t'embrasser bien vite, ayant oublié l'heure.

» OCTAVE. »

Fontainebleau,

« Ma chère petite,

» Les projets de départ sont décidément ceux que je t'avais annoncés. L'Empereur partira pour le camp, le 30. Il y restera trois jours, reviendra prendre ici l'Impératrice et s'en ira directement à Biarritz avec elle, le 5 ou le 6 septembre ; les nouvelles sont officielles.

» Hier, l'Empereur m'a fait demander l'atlas des campagnes du maréchal de Gouvion-Saint-Cyr sur le Rhin. J'ai même eu la chance de le trouver deux minutes après avoir écrit à Piétri qu'il n'était pas à la bibliothèque. Je ne sais si mon imagination, un peu tournée au noir, m'abuse, mais je vois approcher à grands pas des temps difficiles.

» Dans la promenade d'après dîner, je me suis trouvé un moment seul avec l'Impératrice qui avait dirigé la marche vers la grande avenue qui borde l'étang. La nuit était presque noire, je ne pouvais même plus voir le visage de l'Impératrice, je ne voyais que son ombre blanche et vaguement la forme délicate ct presque enfantine de sa tête nue. Elle me parlait de l'Espagne, me contait des anecdotes de sa jeunesse, puis des mœurs et des usages de son pays natal.

» Elle en est venue à la France, à son état politique et social. La femme n'était plus là, il n'y avait plus que l'Impératrice et cependant cela m'intéressait beaucoup. Tu peux croire que je n'ai pas manqué l'occasion de décentraliser la France. Je lui ai brièvement développé mes idées là-dessus. La suprématie dangereuse de Paris, l'inertie relative de la province, l'utilité pour l'Empereur et pour elle de trouver, dans la vie régulière et active de la province, le contrepoids permanent de la fièvre parisienne, la nécessité d'habituer la province, par l'usage de fortes institutions locales, à une confiance en soi, à une initiative, à une indépendance qui seraient une force et une protection pour l'Empereur, comme autrefois les communes libres et puissantes avaient été un appui pour les rois. Elle comprenait tout à merveille, allant au-devant des arguments, disant comme moi que c'étaient là les vraies, les grandes libertés, qu'on avait fait déjà beaucoup dans ce sens-là, mais qu'on ne pouvait pas aller trop vite.

Tout en devisant sur ces graves matières, nous étions allés jusqu'à l'extrémité de l'avenue, puis nous revenions sur nos pas. Malgré la préoccupation de l'entretien et ce qu'il avait de positif, je ne pouvais m'empêcher de fixer dans mon imagination les moindres traits du poétique décor où se passait cette scène que je n'oublierai jamais : les grands arbres s'élevant vers le ciel noir, comme des piliers d'église; le vent frissonnant dans leurs cimes invisibles, l'étang sombre, agité de petites vagues et les barques clapotant contre la berge. Sur l'autre rive, quelques fanaux perdus sous les

arches de verdure comme des lampes de chapelle, et
bien loin, en face de nous, au fond de l'avenue, le
vague scintillement des salons. — Et quand je me disais
que cette blanche créature qui glissait dans l'ombre à
côté de moi, plus poétique à elle seule que tout le reste
ensemble, était cette douce et vaillante Majesté, qui
laissera dans l'histoire du monde sa trace éternelle, son
charme, sa grâce, son parfum, je croyais rêver !

» Nous avons fait, à deux reprises, cette longue promenade solitaire cordiale et politique. Un officier
d'ordonnance est venu nous interrompre avec une
dépêche urgente.

» L'Impératrice m'a demandé si j'avais des allumettes.
J'en ai vite tiré une de ma poche et, à la lueur de ma
petite bougie, l'Impératrice a lu sa dépêche.

» Revenue dans le salon, elle est allée prendre son
livre à serrure, l'a ouvert avec sa petite clei et m'en a
même lu beaucoup de passages. Il y en avait pas mal
de moi. Comme je lui parlais de la tirade de *Camors*
sur la passion, elle a voulu la lire et la copier séance
tenante. Tu vois si tout cela est gracieux et bon et s'il
faut l'adorer.

» Bonjour, ma mignonne, mille baisers plus tendres
qu'héroïques.

» A toi et à bientôt

» OCTAVE. «

Fontainebleau.

« Encore une lettre gaie et heureuse de mon aimable femme, après une matinée gaie et heureuse que
j'aurais voulu lui faire partager. Il s'agissait d'une jo-

lie promenade et d'une bonne action, et tu étais doublement appelée à cette petite fête.

» Je t'ai dit que l'Empereur m'avait donné six cents francs pour un vieux curé. Ce curé est le curé de Bourron. Je suis allé lui porter les six cents francs à travers la forêt. Il faisait un petit temps d'automne frais et vif. La route était solitaire. Au bas d'une longue côte, je me suis trouvé dans la vallée aux Cerfs où j'ai cru voir passer Bas de Cuir et sa longue carabine, au milieu des clairières sombres rayées pourtant de jets lumineux. Bientôt, j'ai aperçu le village noyé dans ses pampres. La vieille église infirme et son presbytère en ruine. Le curé a reçu le don impérial en pleurant sur mes mains. » Oh! monsieur, disait-il, que l'Empereur est bon. Nous allons boire quelque chose à sa santé. N'est-ce pas, monsieur? » J'ai consenti seulement à visiter son jardin et ses treilles de chasselas qui sont magnifiques. Il m'a donné un panier de raisins que je compte offrir aux Polignac.

» Je suis revenu par Marlotte, le village cher aux peintres. J'ai vu les maisonnettes avec leurs jardinets et les poules sur le fumier des cours, et j'ai pensé aux Palliers, à tes poules, à tes fleurs et à toi surtout.

» J'ai le remords d'être resté deux jours sans t'écrire. J'étais brisé de fatigue et plus nerveux que jamais. On s'était couché très tard tous ces temps-ci. Avant-hier, les causeries se sont prolongées longtemps après minuit. L'Impératrice était aimable, rieuse, charmante. Elle disait cependant : « Je suis triste, c'est l'automne ! car nous voilà en automne, vous ne trouvez pas? Je suis triste » — mais elle était gaie. Elle avait rencontré dans l'escalier, en venant dîner, un monsieur qui s'était rangé en lui disant galamment : « Passez, mademoiselle. » Quand mademoiselle a passé, le monsieur galant a reconnu l'Impératrice ; « et il court encore », disait-elle. Puis elle répétait : « Passez, mademoiselle. » en prenant un ton doux et avec une petite révérence.

» Avant la causerie, nous avions fait une promenade en voiture avec postillons poudrés. Il y avait trois voitures. Dans la première, attelée de six chevaux piaffant comme des diables, l'Empereur et l'Impératrice. Dans la seconde Mario, Marnezia, mademoiselle Marion madame de Sancy et ton serviteur. Les petites d'Albe dans la troisième. Tout cela s'est ébranlé à grand bruit sur le pavé et sous les voûtes sonores. On franchit la grille. On bat aux champs et nous filons au grand trot le long de la treille célèbre. Nous sommes dans la campagne longeant les lisières de la forêt et les grilles des parcs, quelquefois traversant des villages. Les habitants accourent sur les portes, agitent leurs chapeaux et crient « Vive l'Empereur ! » Bientôt nous apercevons la Seine qui a l'air par là d'un fleuve sauvage, tout plein de roseaux. Nous entrons en forêt. On cueille des feuilles fraîches en passant sous les grands vieux arbres et on se plonge le nez dedans. Les longues allées, les clairières sont déjà remplies d'ombre et de mystère. Les piqueurs avec leurs grelots courent au galop dans les ténèbres comme des chasseurs noirs. L'odeur des derniers foins parfume l'air épais. On rentre dans le parc. Les tambours battent ; on est de retour au palais et on y bavarde comme je viens de te le dire.

» Hier, l'Impératrice a organisé un feu d'artifice sur l'étang et sous les bosquets qui font face au salon chinois. Toute la population de la ville avait été conviée et il était même venu beaucoup de monde de Paris. Les cours, les parterres, les terrasses, les avenues qui bordent l'étang ont été envahis par une foule immense, aussitôt que Leurs Majestés et leurs convives ont eu traversé la cour de la Fontaine pour se renfermer dans l'enceinte du jardin anglais. L'Impératrice appuyée sur la balustrade qui sépare le jardin de la cour a fait gaiement la conversation avec la population enchantée et elle a entrepris en particulier un petit garçon de la plus humble condition qui était ahuri de tant d'honneur.

Des cris tumultueux de « Vive l'Empereur! » nous ont fait retourner. C'était le collège de Melun qui venait d'être admis tout entier dans le jardin réservé L'Empereur lui-même a rangé cette masse d'enfants petits et grands et les a fait asseoir sur le talus gazonné de l'étang, devant les salons. Puis la nuit étant tout à fait tombée, on a vu l'Empereur sortir de son cabinet avec une flamme bleue dans la main et un immense cri de « Vive l'Empereur! » est sorti de cette foule perdue dans les ténèbres. Il s'est approché d'un poteau et a mis le feu à la fusée de signal qui s'est élevée majestueusement au-dessus des arbres. Au même instant, tout le parc s'est illuminé de feux rouges, bleus, argentés et des jets de feu, des cascades ont jailli du sein même de l'onde. Tout cela retombant en pluie d'or et de pierreries, comme ces arbres fantastiques qu'on voit sur les laques du Japon. C'était vraiment le pays de la féérie. Des feux de Bengale brûlaient sans interruption dans les profondeurs des bosquets et y ouvraient des grottes enchantées, des perspectives aériennes. On voyait passer sur l'étang, dans cette poussière de feu et dans ces nuages d'or, les petites barques des artificiers habillés de blanc comme des génies. Les cygnes effarés apparaissaient comme de gros flocons neigeux ; et toujours, sans intervalles, des explosions retombant en pluie d'étincelles, en laves bleuâtres, en cendres lumineuses. L'Impératrice se détachait sur ce fond d'apothéose comme dans son élément. Elle était muette de plaisir, disant seulement à demi-voix : « On dirait les tableaux de Gustave Doré. » Un bouquet idéal a terminé ce spectacle vraiment royal. Puis tout de suite, un bruit de fanfares a éclaté, et une légion de fantômes à cheval portant des torches a défilé dans l'avenue de Maintenon, se dirigeant vers le palais. C'était le régiment des dragons de l'Impératrice qui lui faisait la surprise d'une retraite aux flambeaux. On s'est aussitôt transporté à travers les salons et les escaliers sur le haut du grand perron du fer à cheval ; les cavaliers armés chacun d'une torche, la musique au milieu, ont débouché sous les voûtes et sont venus se ranger dans l'immense cour des Adieux. Ils ont exécuté là une sorte de carrousel, pendant que les trompes de la vénerie et les fanfares du régiment jouaient alternativement. C'était étrange et superbe. Ces chevaux, ces lumières, ces casques, se mêlant comme dans un tournoi, donnaient l'illusion avec le cadre de ce vieux palais, des fêtes magnifiques du temps des Valois. Une belle soirée enfin et qui n'a eu pour moi qu'un point noir. C'était ton absence.

» OCTAVE. »

Trois ans ont passé depuis ces jours de fêtes. Nous avons traversé la guerre et la Commune.

Le sang des otages séchait encore sur le seuil des prisons, quand nous arrivâmes à Paris, mon mari et moi à la recherche des amis que la mort avait épargnés. Il y avait une semaine que les Versaillais étaient entrés dans la capitale incendiée, lorsque nous y rentrâmes nous-mêmes le cœur désespéré.

C'était le soir. Après avoir traversé Paris désert, sans voitures et sans lumières, nous arrivâmes à notre hôtel de Rivoli dont la cour était encore pleine d'obus. Du balcon de nos chambres qui planait sur les Tuileries détruites, nous nous mîmes à considérer les ruines dans un douloureux recueillement. Il ne restait du palais de nos rois que des murailles calcinées et quelques fenêtres béantes à travers lesquelles la lune lançait des jets lumineux, comme si l'incendie ne fût pas encore éteint. Au milieu du chaos, nos yeux en pleurs cherchaient les maîtres de ces lieux qui avaient été nos amis, cherchaient les ombres brillantes et les poétiques élégances d'un passé envié des nations. Plus rien, qu'un gouffre noir sur lequel planaient quelques étoiles. C'était un monde disparu !

Peu d'heures après, nous rentrions aux Palliers, nous sentant nous-mêmes perdus dans ce grand effondrement de nos affections et de la patrie !

TABLE

—

CHAPITRE IV

CHAPITRE V

CHAPITRE VI

CHAPITRE VII

CHAPITRE VIII

CHAPITRE IX

CHAPITRE X

CHAPITRE XI

CHAPITRE XII

CHAPITRE XIII

CHAPITRE XIV

CHAPITRE XV

CHAPITRE XVI

CHAPITRE XVII

CHAPITRE XVIII

CHAPITRE XIX

CHAPITRE XX

CHAPITRE XXI

CHAPITRE XXII

CHAPITRE XXIII

ÉMILE COLIN ET Cie — IMPRIMERIE DE LAGNY — 16110-1-08.
E. GREVIN Succr.